개정판

인간의 이해

-인간 행동의 심리학-

장선철 저

태영출판사

머리말

전혀 미래를 예측할 수 없는 21세기를 살아가는 현대인은 첫 사람 아담처럼 '금단의 열매'로 자기를 채우며 실낙원의 아픔을 겪고 있다. 작은 편리함, 풍요로운 삶을 소망하며 달려 온 산업화, 세계화, 정보화의 조명이 밝아질수록 오히려 현대인은 실존적 고독, 인간성 상실, 물질만능주의에 심한 가슴앓이를 하고 있다. 날이 갈수록 인간성 상실의 문제가 심각하다.

눈이 부시도록 화려한 도심의 한복판에서 현대인은 자기를 찾는다. 잃어버린 나를 찾기 위해 먼 길을 떠난다. 손에 잡힐 듯 무엇이 쥐어질 것 같은 데 아무것도 잡히지 않는다. 나를 알 수 없으니 남이 눈에 들어올 리가 없다. 인류사를 아무리 살펴보아도 21세기, 오늘날처럼 인간 그 자체가 문제가 된 적이 일찍 없었던 것 같다. 비인간화 현상이 심화되면서 인간의 실존 그 자체가 위협받고 있다.

이 책은 육체적, 정신적, 영적으로 건강하게 살아가기를 소망하거나, 나를 비롯한 너, 인간을 깊이 이해하길 원하는 사람들에게 조그마한 도움이라도 되었으면 하는 취지에서 집필하였다. 인간의 행동을 깊이 이해하기 위한 심리학 이론이 이 책에 담겨져 있다. 모두 10장으로 구성된 이 책의 화두는 변화이다. 한 생명의 출생에서부터 죽음에 이르기까지 인간의 변화와 그 과정에서 경험하는 주요 사건을 심리학적인 시각으로 분석하였다.

제1장의 주제는 출생과 발달이다. 제2장은 인간행동의 원동력인 동기와 정서가, 제3장은 아무것도 가져갈 수 없지만 무덤에까지 가져간다는 성격이 주제이다. 눈만 뜨면, 아니 눈을 감고 있어도 부딪치는 그 수많은 정보와 자극을 어떻게 받아들이고 기억하며 망각하는가를 제4, 5장에서 다뤘다. 제6장의 주제는 대인관계다. 21세기 리더십에서 가장 중요한 요건이 성공적인 대인관계를 맺는 적응력임을 생각할 때, 깊이 학습하여야 할 부분이다. 대인관계의 어려움을 겪는 사람은 스트레스를 경험한다. 제7장에서는 적응과 스트레스를 다뤘다. 자아실현을 이루는 실제적 수단이 되는 진로선택과 직업, 그리고 사랑과 결혼이 제8, 9장의 내용이다. 제10장에서는 죽음과 적응을 소개했다.

언제나 느끼는 것이지만 탈고 후에는 아쉬움만 남는다. 어쩔 수 없어 또 다시 내일을 기약한다. 부족한 부분은 판을 거듭하면서 수정, 보완하고자 한다. 먼저 이 책이 만들어지기까지 자료를 수집하고 분류하며 정리해 준 제자들에게 감사한 마음을 전한다. 그리고 언제나 기도와 후원을 아끼지 않는 태영출판사 김현태 사장과 찌는 더위를 아랑곳하지 않고 책을 편집하고 제작해 준 오세복 상무를 비롯한 제작팀에게도 감사함을 전한다.

2005년 8월

저자 씀

차 례

출생과 발달

제1장

하나의 수정체가 아이로 태어나고, 아장아장 걷던 아이가 뜀뛰기를 하고, '가나다'를 배우던 아이가 '실존적 삶의 원리'를 논한다. 이러한 놀라운 변화는 어떻게 가능한 것일까? 10년 전 사진 속의 나의 모습과 지금 거울에 비친 나의 모습에는 현격한 차이가 있음에도 분명히 내가 '나'임에는 변함이 없다. 초등학교 시절에 유달리 키가 작고 미련해 보였던 단짝 친구가 10여 년 세월이 흐른 후 만났더니 키 크고 총기가 넘치는 멋진 청년으로 변해 있다. '무엇이 변한 것이고 무엇이 변하지 않은 것일까?, '또 무엇이 변하고 무엇이 변하지 않는 것일까?'

인간을 이해하기 위해서는 이런 변화의 모습, 즉 인간 발달에 대한 이해가 선행되어야 한다. 인간발달에는 다양한 의미와 원리가 있다. 발달에 관한 일반적인 원리와 사실은 인간을 수용하고 깊이 이해하는 데 많은 도움이 된다.

1. 발달의 기초

가. 발달의 의미

발달이란 '임신에서 사망까지의 전 생애에 걸쳐 진행되는 모든 연령에서의 변화'(Woolfolk, 1987)이다. '발달'에 대한 관심은 '어느 연령층에서, 어떤 부분들이, 어떻게 변화되느냐?'에 있다.

Koffka는 발달을 유기체나 그 기관이 크기에 있어서 증대하고, 구조에 있어서 정밀화되고, 기능에 있어서 유능화되어 가는 과정이라고 하였다. 인간의 발달은 신체, 운동기능과 관련한 신체적 발달, 지능, 사고, 언어와 관련한 인지적 발달, 성격, 정서 등과 관련한 인성적 발달, 다른 사람과의 대인관계나 사회성, 도덕성 등과 관련한 사회적 발달 등 인간의 모든 특성들을 포함한다.

발달을 기술할 때 변화라는 용어로 개념화한다. 발달과정에서 나타나는 변화는 성장과 성숙과 밀접한 관계를 가지고 있다. 성장은 신장, 체중, 골격 등의 변화나 기능의 변화 같은 양적 변화를 말한다. 성장은 학습에 의해 크게 영향을 받지 않으며 일정한 시기가 되면 자연히 발생한다. 초등학교 1학년 때 120cm이었던 아이의 키가 10년 후에 160cm로 성장한 것이 양적 변화다. 성숙은 기능의 분화와 통합으로 일어나는 지극히 복잡한 질적 변화까지 포함한다. 배고프면 무조건 울던 아이가 일정 시간 참을 수 있고, 자기만을 위하던 아동이 타인에게 선행을 베풀 수 있게 됨은 성숙의 결과다. 학습이 이루어지려면 그 학습을 가능하게 하는 시기가 전제가 되어야 한다는 점에서 성숙은 매우 중요한 의미가 있다. 이제 옹아리를 시작한 생후 3개월 영아에게 '할아버지'를 따라 하라는 언어자극은 아무 의미가 없다. 또한 방광을 통제하는 신체적 성숙에 도달하지 못한 영아에게 배뇨훈련 역시 아무런 의미가 없다.

나. 발달의 원리

인간의 발달에는 기본적인 경향성이나 원리가 있다.

1) 발달의 방향성과 순서성

발달에는 일정한 방향성과 순서가 있다. 발달의 속도는 다르다고 할지라도 그 과정을 밟아 나가는 단계나 순서는 일정하다. 언어발달에서 보면 '맘마', '응아', '저거' 등 간단한 낱말을 구사하다가 '국에 밥 말아주세요'와 같은 문장을 구사한다. 신체, 운동기능의 발달은 '머리 부분에서 다리 부분으로(위에서 밑으로)', 그리고 '중심부에서 말초부로(안에서 밖으로)'의 방향으로 진행된다. 또 사고의 발달은 일반적으로 '구체에서 추상으로' 또는 '자기중심성에서 객관성 · 사회성으로'의 방향성을 나타낸다.

2) 발달의 연속성과 주기성

발달은 연속적이고 점진적인 변화의 과정이다. 발달은 낮은 단계에서 높은 단계로 연속적으로 진행된다. 보행발달의 경우, 도움을 받지 않고 앉기 시작한 생후 9~10개월 영아가 차츰 부축을 받거나 무엇을 잡고 일어서고, 서서히 발을 떼고 걷다가, 생후 13~14개월이 되면 혼자서 걷는다. 이런 과정은 연속적이고 점진적으로 이루어진다.

또한 발달의 과정에는 같은 형태가 주기적, 반복적으로 나타난다. 신체의 발육단계에 있어서 키가 자라는 신장기와 체중이 특히 증가하는 충실기가 주기적으로 반복해서 나타난다. 사회성 발달에 있어서도 제 1반항기와 제 2반항기가 되풀이되어 나타난다. 3세와 7세 때 자기주도적으로 세상을 지배하려는 욕구에서 출발한 반항기는 청소년기에 또 한

번 나타난다. 초등학교 입학 시기의 아동이 유달리 '싫어'라는 말을 많이 하거나, 청소년이 기성세대의 행동을 신랄하게 비판하는 것이 모두 반항기에 나타나는 특징이다.

그러나 주기성은 동일 현상의 재현이 아니라, 그 내용에 있어서 더 높은 발달의 단계를 향한 재구조화, 재체제화의 성숙현상이란 의미가 있다.

3) 발달의 분화성과 통합성

발달은 분화와 통합의 과정이다. 인간의 성장은 여러 국면들이 서로 연결되어 있어 한 부분의 발달이 다른 면의 발달의 기초가 되고, 또 영향을 받는 가운데 전체로서의 유기체가 균형을 이루어 나간다. 미로찾기를 하려면 눈과 손의 협응이 이루어져야 하며, 아이가 공을 잡으려 해도 공의 거리를 인식하여, 이것이 운동기능 능력과 통합되어야 한다. 엄마 얼굴과 다른 사람의 얼굴을 구별할 줄 아는 4세 유아가 동그라미 속에 점 몇 개를 찍어 놓고 엄마 얼굴이라고 말하는 것은 전체적인 것을 지각하기는 했지만 세부적이고 특수한 것을 지각하지 못하였고, 손의 운동능력이 덜 분화되었기 때문이다.

4) 발달의 상관성

발달은 성숙과 학습의 상호작용의 산물이다. 발달은 심신의 각 측면, 즉 신체적, 지적, 정서적, 사회적 측면이 서로 밀접한 관련을 맺으면서 이루어진다. 일란성 쌍생아라 할지라도 각기 다른 환경에서 키웠을 때는 지능이나 성격 등에서 차이가 난다는 연구결과 등은 발달이 유전과 환경과의 역동적 상호작용에 의해 이루어진다는 것을 밝혀 준다.

5) 발달의 개인차

모든 사람이 동일하게 발달하지는 않는다. 소질, 성별, 환경 등의 조건에 따라 개인의 발달 속도는 다르다. 같은 형제라도 형은 언어영역에서 빠른 발달을 보이고 동생은 수리영역에서 더 빠른 발달을 보일 수 있다. 같은 7세라도 키 차이가 있으며, 어릴 때 많이 크는 아이가 있고 청소년 시기에 키가 쑥 자라는 경우도 있다.

다. 발달과업

발달과업(developmental task)이란 Havighurst(1972)가 제시한 개념으로써 특정한 발달단계에서 개인이 배우지 않으면 안 되는 여러 가지의 과업을 말한다. Havighurst는 개인의 생애 중 어떤 일정한 발달단계에서 그 과제를 훌륭히 성취하면 행복해지고 그 후의 과제도 성공적으로 수행하지만, 실패하거나 기회를 놓치면 개인은 불행해지고 사회에서 인정을 받지 못하며, 그 후의 과제 달성에도 어려움을 겪는다고 하였다. 특히 영유아기 때 '언어학습'이라는 발달과업에 실패하면 아동기의 '읽고, 쓰기'라는 발달과업뿐만이 아니라 '또래관계 형성'에도 심각한 영향을 미치게 된다.

다음은 Havighurst의 발달과업의 내용이다.

표 1-1 Havighurst의 발달과업

1 영아 및 유아기 발달과업(1~5세)

① 보행을 배운다.
② 고체(딱딱한)음식을 먹는다.
③ 언어를 배운다.
④ 배설통제를 배운다.
⑤ 성차를 알고 성예의를 배운다.
⑥ 생리적 안정을 유지하는 것을 배운다.
⑦ 사회적 환경에 대한 단순한 개념이 형성된다.
⑧ 부모 · 형제 · 자매, 타인과의 정서적 관계를 배운다.
⑨ 선악을 구별하는 것을 배우고 양심이 발달한다.

2 아동기 발달과업(6~12세)

① 보통 경기에 필요한 신체적 기능을 습득한다.
② 성장하는 유기체로서 자기에 대한 건전한 태도를 형성한다.
③ 동년배 친구와 사귀기를 배운다.
④ 성의 적절한 사회적 역할을 배운다.
⑤ 읽고, 쓰고, 셈하기의 기본적 기술을 배운다.

⑥ 일상생활에 필요한 개념이 발달한다.
⑦ 양심적 · 도덕적 가치척도가 발달한다.
⑧ 인격적 독립의 성취를 학습한다.
⑨ 사회적 집단과 사회제도에 대한 태도가 발달한다.

3 청년기의 발달과업(13~22세)

① 남녀간의 새롭고 보다 성숙한 관계를 이룩하는 것을 배운다.
② 남성으로서 역할과 여성으로서의 관계를 이룩하는 것을 배운다.
③ 부모나 다른 성인과의 정서적 독립을 이룩한다.
④ 경제적 독립의 필요성을 절실히 느낀다.
⑤ 직업의 선택과 그 준비를 절실히 느낀다.
⑥ 시민적 자질로서 필요한 지적 기능과 개념이 발달한다.
⑦ 결혼과 가정생활의 준비를 한다.
⑧ 적절한 과학적 지식에 맞추어 가치관과 윤리체계를 습득한다.
⑨ 사회적으로 책임있는 행동을 하며, 이를 실천하는 습관을 기른다.
⑩ 자기 체격을 인정하고 신체를 효과적으로 구사하는 것을 인식한다.

4 성년기의 발달과업(22~30세)

① 배우자를 선택한다.
② 결혼 후 배우자와 동거하는 것을 배운다.
③ 가정생활을 준비한다.
④ 자녀를 양육한다.
⑤ 가정관리를 배운다.
⑥ 직업을 가지며 가정경제의 기반을 다진다.
⑦ 공민적 책임을 감당한다.
⑧ 마음에 맞는 사회적 집단에 적응한다.

5 중년기의 발달과업(30~60세)

① 성인으로서 공민적 · 사회적 책임을 수행한다.
② 생활의 경제적 표준을 확립 · 유지한다.
③ 성인다운 여가활동을 배운다.
④ 하나의 인격자로서 자기 배우자와 관계를 맺는다.
⑤ 중년기의 생리적 변화를 인정하고 이에 적응한다.
⑥ 연로한 부모에 대해 적응한다.
⑦ 10대 청소년들이 책임감이 있고 행복한 성인이 되도록 도와 준다.

6 노년기의 발달과업(60세 이상)

① 쇠퇴하는 체력과 건강에 적응한다.
② 은퇴로 인하여 수입감소에 적응한다.
③ 배우자의 사망에 적응한다.
④ 자기의 동년배와 친밀한 관계를 맺는다.
⑤ 사회적 · 공민적 책임을 이행한다.
⑥ 만족한 생활조건을 구비한다.

라. 유전과 환경

인간발달에 대한 유전설과 환경설은 각기 다른 근거를 제시하면서 발달의 근원을 탐색하고 있다. 오늘날은 대체적으로 발달은 유전과 환경의 상호작용에 의하여 이루어진다고 본다.

인간 발달에 대한 유전설은 인간의 성장 · 발달은 유전적 소질에 의해서 지배되고 환경의 힘으로는 변할 수 없다는 입장을 취한다. 그 근거로 가계연구와 쌍생아 연구를 제시한다. 유전설은 생물의 본질은 생식세포에 있는 염색체의 유전형질 또는 유전자에 의하여 선천적으로 결정되기 때문에 후천적인 것들은 큰 영향을 주지 못한다는 입장을 취한다. 이에 반해 환경설은 인간의 성장 · 발달은 가정, 학교, 사회환경 등의 영향에 의하여 결정된다는 입장을 취한다. 즉, 개인의 선천적인 유전형질은 단지 발달의 가능성을 나타낼 뿐이며, 실질적으로 발달은 학습과 경험에 의해서 결정된다는 것이다. 환경설은 교육환경의 영향, 중요성을 깨우치는 데 지대한 공헌을 했으며, 교육의 역할에 대한 관심을 부각시켰다.

적응설은 모든 개체의 발달은 유전적인 요인과 환경적인 요인이 통일되어 형성하는 생리적 · 물리적 · 사회적인 특정한 힘이 이루는 장(場)의 구조에 의해서 규정된다는 입장을 취한다. 적응설을 지지하는 Gestalt학파는 발달을 개체가 가지고 있는 내부의 힘과 외부의 생활환경의 힘이 고차적으로 작용하여 새로운 하나의 체제가 이룩되는 역학적인 과정으로 보았다.

중요한 점은 발달을 수동적 과정으로 생각하지 않는 것이다. 많은 발달적 변화에는 개인과 환경과의 적극적인 관여가 요구된다.

2. 아동기 이전의 발달

가. 태아기 및 신생아기의 발달

생명의 시작은 정자와 난자가 결합하는 과정, 즉 수정의 순간부터 시작된다.

태아의 운동은 반사적인 운동이기도 하지만 외부로부터의 자극에 영향을 받는다. 따라서 어머니가 스트레스나 불안을 느끼면 태아도 뱃속에서 평소보다 훨씬 많이 움직인다. 태아도 어머니가 느끼는 불안을 함께 느끼기 때문이다. 임신 중 스트레스와 불안을 많이 경험했던 어머니에게서 태어난 아동은 쉽게 예민하고 불안해한다. 또한 모체가 해로운 약물을 복용했거나 오염된 환경에 노출되면 태아는 치명적인 손상을 입는다.

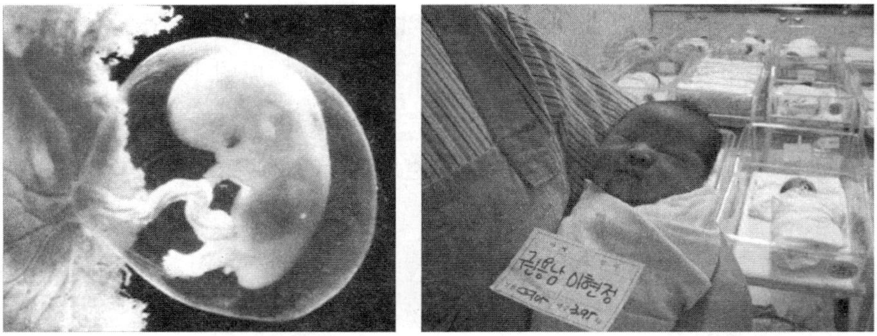

태아의 뇌가 성장함에 따라 1분에 250,000개의 새로운 신경세포가 생성된다. 이는 아기가 생존을 위해 선천적으로 계획되어 있음을 보여 준다.

예를 들어 얼굴 기형은 임신 첫 2개월간의 어머니의 음주에 의해 발생하기 쉽다(Coles, 1994). 또한 임신기 동안의 흡연은 유산, 조산, 저체중 아기의 출산 위험을 증가시킨다. 임신기 동안 간접 흡연에 노출된 임산부도 저체중 아기를 출산할 가능성이 높다(Dejin-Karlsson et al., 1998). 해로운 약물의 경우, 예를 들어 코카인은 태반을 통해 태반의 혈류와 산소공급을 위축시킨다. 산소결핍이 심하면 태아의 뇌 혈관은 파열되는데, 이 같은 태아 뇌졸중은 일생 동안 정신지체가 되게 한다(Koren et al., 1998; Singer et al., 2002).

신생아기는 출생 직후부터 1개월까지다. 이 시기는 모태의 자궁이 아닌 낯설고 새로운 환경에 적응하면서 발달해간다. 신생아기에 나타나는 지각의 특징은 주로 감각기관을 통해서 대상의 성질을 인지하고 반응한다는 것이다. 신생아는 생후 15일이 되면 흰색, 황색, 녹색, 적색, 청색 등의 색채 식별이 가능하며,

소리의 강약에 차이를 느낀다. 이 때, 지속적인 음의 자극은 활동을 억제하는 효과가 있다. '자장, 자장, 우리 아가……'와 같은 어머니의 자장가는 지속적인 음의 자극으로 신생아를 잠들게 한다.

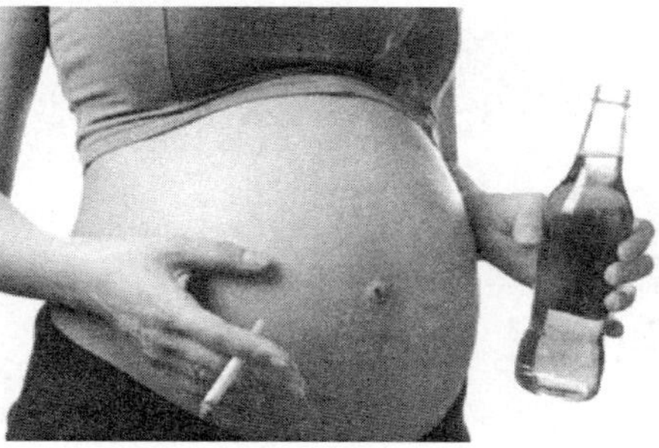

신생아는 단 것을 먹이면 빨고, 쓰거나 신 것을 먹이면 내뱉는다. 그리고 차갑거나 뜨거운 것에 대해 민감하게 반응한다. 그래서 적당한 온도의 우유만 먹는다. 신생아의 감각은 유전적 영향과 환경, 건강상태와 자극요인 등에 따라서 발달에 개인차가 있다.

신생아는 울음을 통해 신체적, 정서적 긴장을 해소하고 따뜻한 모성애적 돌봄을 요구한다. 이 때 적절한 모성애적 돌봄을 받지 못하면 정서적 불안과 공포

등 이후의 성장에 치명적인 결손이 나타난다. 신생아기는 신체적인 접촉이 가장 중요한 시기다. 신생아는 출생 후 미지의 외부 세계에 대한 두려움과 무력감을 느낀다. 모성애적 간호와 신체적 피부접촉은 신생아가 느끼는 무력감, 두려움, 고통을 해소하게 하여 빠른 성장 · 발달을 도와 준다.

신생아의 여러 가지 욕구에 대한 만족 경험은 '신뢰감'을 형성하고, 이 신뢰감은 성인이 되어서도 정서적 안정감, 믿음, 긍정적인 자아상 형성에 큰 영향을 미친다.

나. 영아기의 발달

생후 2주부터 약 2세까지는 영아기로 일생에서 가장 빠른 신체적 발달이 이루어진다. 이 시기에 영아는 뒤집고, 기고, 앉고, 서는 활동을 통해 신체의 이동이 자유로워지면서 환경과 접촉을 하게 되고, 이 과정에서 얻은 경험을 토대로 인지능력과 정서표현 방식을 학습한다. 이 때, 엄마가 아이의 요구에 적절하게 반응을 하면 아이는 자신의 욕구와 자신의 신체 기능을 잘 조율한다. 생후 8주가 되면 발성이 가능해지면서 엄마에 대해 반응하거나 혹은 자발적으로 옹알이를 한다. 이 때 부모의 반응 정도에 따라 지속적인 발성 발달이 강화될 수 있다. 늦어도 3살까지는 어른의 얼굴 표정을 모방하는 데, 복잡하고 다양한 모방 행위는 정서 생활의 시작과 함께 이루어진다.

1) 신체 및 운동발달

영아기는 신체발달이 가장 빠른 1차 발육급등기이다. 영아는 출생 후 1년쯤 되면 신장은 출생 시의 1.5배, 체중은 약 3배가 된다. 영아기의 운동발달은 정신발달과 높은 상관이 있는데 이것은 대뇌중추의 통제 하에서 이루어지기 때문이다. 영아기의 운동기능 발달은 '머리에서 다리'의 방향으로, 그리고 '전체에서 부분'으로 발달한다.

영아는 생후 15개월쯤 되면 보행을 시작한다. 생후 5개월쯤부터 손바닥으로, 8개월쯤 되면 손가락으로, 다시 14개월쯤 되면 손가락 끝으로 물건을 잡는다. 이 때 영아는 지속적이고 반복적으로 물건을 잡으려고 시도를 한다. 잡았던 물건을 떨어뜨렸을 때 누군가 집어주면 다시 떨어뜨리고, 또 다시 집어주면 다시 떨어뜨리는 반복적인 행동을 통해 환경과 접촉하는 법을 학습한다.

2) 인지기능의 발달

영아기는 지각발달이나 지능이 싹트는 시기다. 영아가 5개월에서 6개월쯤 되면 '보이는 것'은 모두 손을 뻗쳐 잡으려고 한다. 감각과 신체운동의 협응에 따라 목적적 행동이 나타난다. 영아기는 감각과 운동의 협응을 통해 인지적 활동을 되풀이하는 시기이므로 다양한 감촉의 사물을 만져보고 그 차이를 변별하게 하는 경험이 중요하다.

영아는 주로 원형을 좋아하고 4개월경에는 파란색이나 빨간색을 오래 쳐다본다. 2개월쯤이면 모양을 지각한다. 그러나 거리 감각이 없어서 천장 위에 매달린 모빌을 잡으려 손을 뻗치다가 엄마에게 안아달라고 해서 모빌을 잡고 만족해한다.

영아는 기거나 걷게 되면 자기가 원하는 물건을 집어온다. 반사행동을 종합하여 의도적인 행동을 할 수 있게 된 것이다.

3) 언어와 지능 발달

전 언어 형식인 울음은 약 2개월쯤부터 높이, 크기, 리듬 등이 변화되어 간다. 발성이 가능해지는 4개월쯤 되면 '바브브' 또는 '아바부-부' 등의 옹알거림이 나타난다. 1살 전후에는 최초의 말인 초어가 나타난다. '맘마', '엄마' 등의 초어가 이루어진 후 반년간은 '어문'의 시기로서 한 낱말씩 소리를 낸다.

영아는 모든 사물이 살아있다고 생각하는 물활론적 사고, 공상적, 주관적 생각을 현실과 혼돈하는 현실론적 사고, 외계의 자연현상이나 사물을 모두 사람이 만들었다고 생각하는 인공론적 사고 경향을 지닌다.

4) 정서 및 사회성의 발달

K. M. B. Bridges는 출생시의 신생아에게는 흥분이라는 정서뿐이라고 하였다. 이후, 생후 3개월쯤 되면 불쾌와 쾌의 정서가 생기며, 생후 5개월이 되면 분노와 혐오가 분화되고, 7개월쯤에는 공포가 분화된다. 애정과 기쁨은 10~12개월 사이에 나타나며, 2세경에는 질투심이 나타나서 성인에게 보이는 정서가 모두 분화된다.

영아와 어머니 사이의 애착은 영아가 최초로 경험하는 대인관계이며 사회성 발달의 기초가 된다. 따라서 신뢰할 만한 사회적 지지를 제공하는 성인에 대해 애착하는 것은 다양한 친사회적 행동을 배우게 해 주고, 위험을 감수하게 하고, 새로운 상황에서 모험하게 하며, 개인적 관계에서의 친밀성을 추구하고 수용할 수 있게 해 준다.

아이가 어머니와 떨어지지 않으려 하고, 분리되면 울면서 어머니를 찾는 행동이 '애착행동'이다. 애착행동은 아기의 울음, 아기의 미소, 옹알이, 잡기, 따라다니기 등에서 쉽게 볼 수 있다. Bowlby는 수용시설에서 자란 많은 아동들이 어렸을 때 타인과 밀접한 유대관계를 맺는 능력을 발달시킬 수 없었던 까닭에 이들은 성인이 되어서도 깊은 인간관계를 맺지 못함을 밝혔다.

일반적으로 영아는 엄마를 양육과 보호의 대상으로, 아빠는 놀이의 대상으로 인식한다. 엄마와 아빠에 대한 애착 양상이 다르기 때문에 이혼 상황일 때 영아는 보통 엄마에게 간다. 8~9개월 때 영아는 낯선 사람에 대한 불안뿐만이 아니라, 어머니로부터 분리되는 것에 대해 공포를 나타낸다. 때문에 이 시기의 애착도 환경에 대한 신뢰감 형성의 기초가 된다.

적절하지 않은 어머니의 양육행동으로 인해 불안하게 애착된 아동은 애착행동과 탐색행동 간의 불균형을 이룬다. Main은 아동의 불균형 반응을 '주의'를 최소화(불안정-회피애착)하거나 최대화(불안정-저항애착)하는 전략으로 해석하고 있다. 즉, 불안정-회피 애착 영아는 불안감을 경험하는 상황에서 어머니가 지속적으로 애착행동을 거부했기 때문에 불안감이 가중되곤 하였다. 이에 가중되는 불안감을 피하기 위해서 영아는 애착대상에 대한 주의를 '최소화'하고, 오히려 물건탐색에 '주의'를 기울이는 전략을 사용한다. 따라서 불안감으로 인해 애착행동이 일어나야만 하는 낯선 상황에서도 애착행동이 나타나지 않고 오히려 탐색행동만 지속적으로 되풀이한다. 이에 반해, 불안정-저항 애착 영아는 불안감을 느끼는 상황에서 언제 어떻게 어머니가 위로를 해줄지를 예측할 수 없기 때문에 위험을 줄 수 있는 환경을 과잉경계하며 어머니의 위치와 상태에 '주의'를 기울인다. 따라서 최소한의 불안감이 예상되는 상황－장난감이 많은 낯선 상황에 어머니와 함께 있는 것－에서도 탐색행동을 거의 보이지 않고 어머니에게 접근해 있는 애착행동만을 보인다.

부모와의 애착을 통해 영아들은 스트레스 상황에서 자신의 부정적인 감정들을 처리하는 법을 배운다. 회피 애착된 아동들은 자신이 울 때 어머니가 자신을 거부하거나 무시했었기 때문에 자신의 부정적인 감정표현을 억제한다. 이에 비해, 저항 애착된 아동들은 어머니가 예측할 수 없이 비일관적으로 반응했었기 때문에 조금만 긴장되는 상황에서도 심하게 울면서 어머니에게 화내고 저항하면서 동시에 이내 접촉에의 욕구를 표현한다. 즉, 불안정 애착된 영아들은 스트레스 상황에서 자신의 감정을 적절하게 조절하지 못하고 너무 억제하거나 과도하게 표현한다. 그러나 안정 애착된 영아들은 울 때마다 어머니가 와서 달래주었기 때문에 그 과정에서 적절하게 자신의 정서를 표현하고 대처하는 것을 배운다.

이러한 역동과정을 Crittenden(1992)은 다음과 같이 설명하고 있다.

"안정애착을 형성하고 있는 아이들은 위협 상황에서 느끼는 불안감을 인식하고 불안한 정도에 따라서 위험 정도를 인식한다. 또한 자신의 감정을 있는 그대로 애착대상과 나누면서 도움을 구하고 그러한 감정을 처리할 수 있는 방법을 개발한다. 반면에, 불안정-회피 애착된 아이들은 자신이 감정표현을 해도 애착대상이 위로를 해주지 않았기 때문에 자기 혼자서 정서를 조절하는 법을 개발한다. 따라서 자신의 정서표현을 억제하고 그러한 정서를 일으키지 않는 다른 활동에 몰두한다. 불안정-저항 애착된 아이들은 자신의 부정적 정서를 어머니가 일관성 있게 조절해주지 못하였기 때문에 불안감을 인식하기는 하지만 어떻게 조절해야 할지 모르고, 결국 불안감에 싸이게 될 위험이 높아진다. 결국, 불안-저항 애착된 아이들은 자신의 정서조절을 위해 전적으로 애착대상에게 의지하기 때문에 상당히 요구적이고 무기력한 아이가 되고, 자신의 정서를 과장되게 표현한다."

Main(1985)은 6세 아동을 대상으로 마음 속에 새겨진 애착표상을 측정하였다. 그는 ① 분리상황과 관련된 그림에 대한 아동의 반응 ② 가족사진에 대한 아동의 반응 ③ 가족화 그리기 ④ 1시간 분리 이후 재결합에서의 부모-아동 간의 대화 등을 통해 나타난 말과 반응을 통해 안정형 애착, 불안정 애착으로 분류하였다.

분리상황 그림에서, 안정 애착된 아동들은 일관되고 개방적인 반응을 하는 반면, 불안정 애착된 아동들은 슬플 것이라고 말은 하지만 아동이 어떤 행동을 했을지는 모른다고 대답하였다. 가족사진을 제시했을 때, 안정 애착된 아동은 사진을 쳐다보며 좋아하며 이야기를 하는 반면, 불안정 애착된 아동은 제시된 사진에서 피하여 고개를 돌리거나 사진을 떨어뜨리는 반응을 보였다. 또한 가족화 그리기에서 안정 애착된 아동은 인물들이 모두 개별적으로 그려져 있고 밖으로 펼친 팔을 가지고 있는 반면, 불안정 애착된 아동은 가족들이 모두 비슷한 웃는 얼굴을 하고 있으며, 가족원간의 거리도 멀리 떨어져 있고, 팔이 없는 경향이 있었다.

그리고 1시간 분리 이후에 이루어진 부모-아동간의 대화에서, 안정 애착된 아동들은 이야기를 하는 과정에서 말이 끊어지는 경우가 거의 없고 대화를 할 때 일방적으로 끌려가거나 혼자서 주도하지 않으며, 다양한 주제를 가지고 이야기를 하였다. 그러나 불안정 애착된 아동은 개인적이지 않은 주제들, 즉 특정 활동이나 물건에 대한 이야기를 주로 하며, '예', '아니오'로 이루어진 간단한 질문만을 주고받았다.

다. 유아기의 발달

유아기는 2세말부터 6세까지로 신체발달은 경험과 연습을 통해 복잡한 활동도 가능한 만큼 분화되고 정교해진다. 또한 언어, 학습, 지각, 기억 발달도 양적 · 질적 변화가 두드러진다.

1) 신체 발달과 운동의 발달

신장과 체중의 발육이 두드러지고, 뇌의 발달이 6세까지 90%에 이른다(H. Vierordt, 2002). 운동감각, 위치감각 등이 발달하면서 공 던져서 받기 등의 여러 가지 협동 동작이 능숙해진다. 달리기, 미끄럼 타기, 세발자전거 타기 등의 전신 운동이나 구멍에 실 꿰기 등의 세부적 동작이 가능해지다. 4살이 되면 원이나 사각형을 그리고, 단추 풀고 잠그기를 한다.

2) 지적 발달

유아기에는 문장을 사용하며 단어 각각의 의미를 이해한다. 유아기는 피아제(Piager)의 전조작기에 해당하며, 자아 중심적이고 직관적이고 전 논리적인 사고가 가능하나 인과관계를 이해하지는 못한다.

유아기에는 지각기능의 발달이 두드러져 도형의 변별이 가능하며, 크기의 차이도 지각한다. 이 때, 유아들은 아직 사물이나 동물을 인간처럼 살아서 움직이는 것으로 지각한다.

유아기에는 보존개념이 형성되지 않아 컵의 크기를 바꾸어 물을 담으면 물의 양이 달라졌다고 지각한다. 그러나 이 시기에는 '왜?', '어떻게?'라는 의문이 많아지면서 무엇이든 호기심을 가지고 열심히 탐색한다.

3) 정서발달

유아기에는 경험적으로 규칙을 터득할 수는 있지만 다양한 관점의 도덕체계를 이해하지는 못한다. 이 시기가 되면 일차적인 사회화를 위한 과제들인 대소변 가리기, 스스로 옷 입기, 혼자 밥 먹기, 쉽게 울지 않기, 화를 조절하기 등이 완수된다. 즉, 이 시기는 벌을 받으면 나쁜 행동이지만 칭찬을 받으면 착한 행동이라고 여기는 외적통제 시기이다.

유아 초기에는 사랑, 불행, 질투, 부러움 같은 복잡한 감정을 '싫어', '미워' 등 단순한 언어나 신체언어로 표현한다. 이 시기에는 여전히 배고픔, 피곤과 같은 신체적 사건에 의해 정서가 쉽게 영향을 받는다. 유아는 친구나 친절한 사람에 대한 애정 등이 생기면서 서로 협조하는 일이 가능해지며, 약한 대상에게 동정심을 느낀다.

유아는 배변훈련이나 질책 등으로 수치심과 모멸감 같은 감정을 많이 느끼고, 또래, 동물, 식물에게 공감과 애정을 표현한다. 그런 반면 동생에게는 그동안 독점했던 사랑을 빼앗겼다는 질투감을 많이 느낀다. 이 시기에 일부 유아는 놀이터에서 놀다가 다치거나 자동차 사고 등에 의한 불안과 공포심으로 이후의 활동에 제약을 받기도 한다.

4) 사회성 발달

유아들은 운동능력이 발달하면서 활동범위가 넓어지고 무엇이든 부모에 의존하지 않고 혼자서 하려고 한다. 모자분리 경향이 나타나면서 자존심과 자립심이 싹튼다. 부모나 주위 어른이 기본 생활태도를 지도하려하면 유아의 자립심과 종종 충돌한다. 유아기가 제1 반항기라 불리는 이유는 자기 주도적으로 하려는 자아가 발달하면서 외부의 통제를 거부하려 하기 때문이다. 이 과정에서 적절히 독립심과 자기 주도성의 발달이 이루어지면 진취적이고 책임감 있는 아이로 성장하지만, 그렇지 못하면 지나치게 흑백 논리적이고 융통성이 없거나 의존적이고 수동적인 아동으로 성장한다.

유아기에는 형제자매간의 경쟁이 나타나는데, 편애 받는 아이는 형제들의 분노를 사며, 이러한 경험은 훗날 동료와 상사와의 관계에 부정적인 영향을 미칠 수 있다. 유아는 형제간의 놀이, 싸움, 경쟁 등을 통해 자기주장과 양보심을 학습한다. 유아들은 하루의 대부분을 놀이로 보내므로 생활 그 자체가 놀이이다. 유아기에는 혼자놀이가 많기 때문에 상상의 친구(imaginary companions)가 흔히 나타난다. 그러나 3세 이후에는 이웃으로 생활의 장이 확대되면서 협동놀이가 가능해진다.

라. 아동기의 발달

아동기는 7세에서 12세까지로 생활의 중심이 가정에서 학교로 옮겨지고 또래와의 인간관계가 확장되는 시기이다.

1) 신체적 발달과 운동능력의 발달

아동기는 안정되고 완만한 상승곡선을 보이는 시기이다. 아동기에는 신장,

체중, 흉위가 직선적인 발달을 이룬다. 근육의 골화작용이 10~12세 때 급속히 진행되므로 바른 자세를 습득해야 한다. 나쁜 자세가 지속되면 등뼈가 휘어질 수 있다. 아동기에는 단순한 협응에서 복잡한 협응으로 발달하고 협응동작이 크게 발달하면서 야구, 테니스를 할 만큼 정교화된다. 또한 아동기에는 글쓰기, 정교한 그림 그리기 등 평형성, 유연성, 민첩성, 근력, 지구력, 체력 등의 운동능력이 발달한다.

2) 지적 발달

아동기에는 객관적 인지력이 향상되고 주의집중 시간이 영, 유아기에 비해 현저하게 발달한다. 3, 4세경이 되면 어제와 오늘을 혼동하는 등 시간지각이 잘 이루어지지 않지만, 아동기에는 과거, 미래가 분화하기 시작하며, 시계를 보고, 시간의 흐름을 이해한다.

아동기에는 '보존개념을 획득', '가역적 사고'가 가능하고 형식적, 조작적, 객관적, 논리적인 사고가 가능해 진다.

E. Brunswik의 기억력 실험 결과에 따르면, 11~12세경에는 기계적 기억이, 15~16세경에는 순서나 위치의 기억이, 17~18세경에는 논리적으로 내용을 기억하는 의미기억이 정점에 이른다. 또한 8세 이전까지는 청각적 기억이, 9세경부터는 시각적 기억이 더 발달한다(F. Smealley, 2003에서 재인용). 그러므로 초등학교 2학년 정도까지는 부모가 책을 읽어주는 것이 좋은 방법이며, 초등학교 2~3학년경 이후부터는 스스로 책을 읽는 습관을 기르는 것이 좋다.

3) 정서 발달

아동기는 정서면에서 혼란이나 흥분이 비교적 적은 일종의 충실기 또는 안정기이다. 학교, 또래집단 등 활동 범위가 확대되면서 아동은 정서통제력이 높아지고, 울음의 통제가 가능해진다. 아동기에는 공포감정이 분화되어 저학년은 동물에 대해, 고학년은 죽음, 전쟁 등에 대한 공포를 보인다. 분노하거나 욕구충족이 안되면 유아기는 격정적 행동을 나타내지만, 아동기에 이르면 격정적 행동이 적어진다. 아동은 자신이 좋아하는 사람의 가치관을 받아들이는 한편, 나름대로 불의를 보고 참지 못하는 정의감이 나타난다.

4) 사회성의 발달

아동기의 특징 중 하나는 사회성의 발달이다. 학급집단과 또래 친구집단 사이에서 강한 연대감과 소속감과 폐쇄성을 경험한다. 나아가 아동기에는 또래나 집단 속에서 규범과 규칙을 익히면서 적응력과 사회성이 발달한다. 아동기를 도당기(gangage)라 부르는 이유는 친구와 놀이를 선호하고, 친구로부터 인정받고 싶어하고, 친구의 의견에 동조하고, 그 속에서 '우리'라는 의식을 형성하기 때문이다.

학령기 아이들은 같은 성의 아이들과 어울리는 것을 더 좋아하는데 이를 심리성적, 심리 사회적 지불불능(psycho social moratorium)이라고 한다. 이 때 동료와의 관계 맺기에 실패하거나 부모에 대한 연대감 형성에 실패하여 분리불안이 일어나면 등교거부나 고립행동이 나타난다.

아동기에는 과제에 대한 성실한 수행을 통해 근면성을 획득하는 것이 중요하다. 근면성을 통해 일하는 능력과 기술이 습득되고 끈기와 생산성이 생긴다. 이 과정에서 자신감 있고 성취 지향적인 아동으로 성장한다. 지속적으로 부적절한 과제수행으로 주위로부터 지적 받게 되면 열등감이 생기고 자존감이 약한 아이로 성장한다.

아동기에 이르면 외적 통제 대신 자기 통제가 가능해진다. 유아기 때는 벌을 회피하거나 칭찬을 받는 것이 행동의 잘못을 구별하는 기준인데, 아동기에는 스스로 가지는 내적 동기나 자기 강화가 기준이 된다.

아동기에는 장래의 '가치 있는 결과'를 손에 넣기 위해 환경욕구를 억제할 줄 아는 만족지연 행동과 자기 강화 행동의 발달도 이루어진다. 즉 박지성, 박주영과 같은 축구선수의 모습을 기대하면서 열심히 공을 차거나, 높은 성적을 내기 위해 놀고 싶은 마음을 참고 열심히 공부를 한다.

3. 아동기 이후의 발달

가. 청소년기의 발달

청소년기는 대략 12세~26세경에 해당하는 시기로서 중학생~대학생 정도까지의 시기이다. 청소년기에 나타나는 생리적 기능이나 체격 변화는 개인차가 심하다. 청소년기에는 신장, 체중의 증가에 따라 신체내부의 각 기능도 변화한다. 특히, 생리적으로 내분비계의 변화가 심하여 호르몬의 작용으로 2차 성징이 나타난다. 2차 성징으로 남자는 11~14세경에 변성, 체모, 몽정, 단단한 근육, 여자는 11~12세경에 유방발육, 월경개시, 골반확대와 같은 급격한 신체적 변화가 나타난다.

최근에는 발달가속 현상에 따른 신체성장과 성적성숙의 저연령화로 많은 문제들이 생기고 있다. 신체는 어른만큼 성숙한데 비해 정서적, 사회적으로는 아직은 미성숙한데서 오는 부적응 행동의 증가, 성적비행의 저연령화 등의 문제이다.

청소년기에는 급격한 신체변화로 인해 자신에 대한 불안정한 자아상을 가지고 용모의 변화에 관심을 가지면서 타인에게 비춰지는 자신의 모습에 집착한다. 이 때문에 외모에 대한 열등감은 자아감 형성에 부정적인 영향을 미친다. 청소년기에는 이성에 대한 관심이 높아지고 사춘기 특유의 수치심이나 불안이 나타난다. 건강한 이성관계를 통해 긍정적인 자아상이 형성되기도 하지만 비현실적이고 지나치게 이상적인 이성을 갈망하거나 자괴감에 빠지기도 한다.

1) 지적 발달

청소년기에는 감각, 지각기능이 분화되고 정밀화됨으로써 객관적 사고, 추상화, 일반화 능력이 발달한다. 또한 논리적 기억과 사고력, 추상적 사고력, 개념적 사고력이 발달한다. 따라서 청소년기에는 대상을 분석하여 보편적이고 본질적 특성을 추리해 논리적으로 바르게 파악하는 개념적 사고와 대상의 본질을 이해하고 논리적 관계와 구조적 관계를 파악하게 되면서 객관적 추리가 가능해진다. 이 시기에는 대체로 지식이 증대하고 사고력이 발달하면서 창조적 구상력 역시 발달한다.

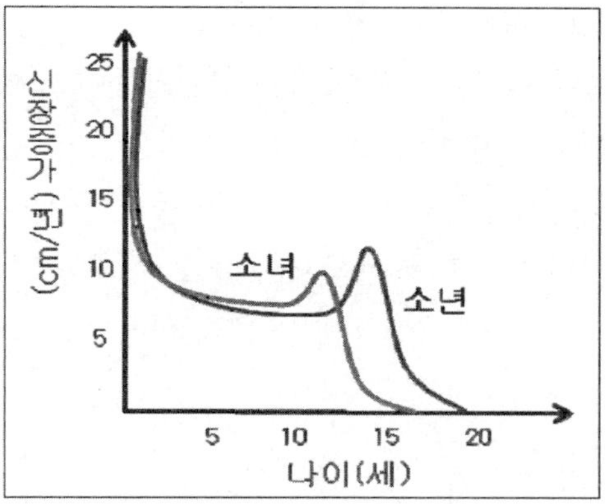

[그림 1-1] **청소년기 남녀 성장속도**

청소년들은 이상적인 자아이상이나 사회정의의 실현을 추구한다. 자아 탐구 또는 사회나 정치에 비판적 시각을 가지면서 지나친 일반화, 추상화로 문제를 단순화하거나 경험부족과 약한 현실감으로 흑백논리나 극단적인 방식으로 문제를 해결하기도 한다. 현실과 이상의 괴리로 인해 허무적, 회의적인 생각에 빠져 비합리적인 행동을 보이기도 한다.

2) 정서발달

청소년기의 정서적 특징은 막연성, 격정성, 동요성, 내면화의 지속, 억압과 왜곡성이다. '나란 누구인가?', '왜, 사는가?' 등의 물음과 고민 속에서 자아를 확립해가는 과정에서 매우 불안정하고 반항적이며 혼란스러운 정서를 경험한다. 이 시기에는 정서적 긴장이 심해서 질풍노도기라고 부르기도 한다. 하지만 오늘날에는 청소년기를 질풍노도기라 부름으로 생기는 청소년에 대한 오해와 편견 때문에 이런 용어의 사용을 자제할 것을 주장하는 이론도 나왔다. 그러나 이 시기의 청소년들은 불안, 고독, 열등감, 공허함과 더불어 미래의 세계에 대한 막연한 동경심을 갖는다.

청소년기에는 보다 추상적이고 정교한 정신활동이 이뤄짐으로 감정, 정서, 지적 관념인 정조관념(情操觀念)이 발달한다. 어려운 수학 문제를 풀었다는 지적 희열감을 느끼거나 아름다운 음악이나 미술품 등을 통해 심미적 가치를 추구하기도 하며 사회정의나 도덕적 질서를 추구한다. 이러한 정조 추구 활동은 일상생활 적응과 건강한 성격형성에 바람직한 영향을 미친다.

3) 사회성 및 성격의 발달

청소년기는 자아 발견의 시기로써 대상이나 객체로서의 자기 존재에 관심을 갖는다. 심리적 이유(psychological weaning)가 이루어짐으로 독립의 욕구가 강하게 나타나고, 부모에 대한 심리적 의존에서 탈피하려는 성향을 보인다. 자기만의 독립적 지위 획득을 위해 부모라는 위성에서 탈피하려는 탈위성화(desatellization)의 시기인 것이다(C. D. P. Ausubel, 1999).

흔히들 청소년기를 제2반항기라고 한다. 독립된 주체로써 인정받지 못해 나타나는 현상이다. 청소년 전기에는 가정적 반항이, 청소년 중기에는 사회적 권위나 관습에 대한 비판이 이루어진다. 그러다가 청소년 후기에 이르면 반항이 사라져 점점 안정이 된다.

청년후기를 제2의 탄생기, 자아 확립의 시기라고 한다. 이 시기에는 자의식의 과잉이나 분열 등으로부터 통일 확립하는 일이 일어난다. 또한 성인 역할의 유예기간(moratorium)기라고도 한다. 즉, 과도기로써의 청년기는 '주변인(marginal man)'이란 사회적 위치로 인해 정서가 불안정하고, 동요, 부조화 등의 행동이 일어난다(K. Lewin, 1998).

가장 중요한 특징은 청소년기가 자아정체감이 형성되는 시기라는 것이다. 자아정체감은 자신이 독자적 존재라는 자아의식과 사회에서의 역할, 다른 사람과 가치관 등을 공유한다는 사회의식 등을 토대로 형성된 자신의 본디에 대한 인식을 의미한다.

청소년기에는 부모, 어른 등 권위자에 대해 반항하는 과정을 통해 새로운 인간관계를 형성하며, 독립적 인격체로써의 새로운 애정관계를 경험한다. 특히, 교사에 대한 신뢰가 약해지면서 반항이 나타나기도 한다. 교우관계에서는 일시적으로 부정적 경향을 보여 혼자 독서를 하거나 백일몽에 빠지며 회의적, 비판적인 성향을 지니기도 한다. 이런 의미에서 청소년기를 부정기(the period of negativism)라고도 한다.

청소년기에는 자아가 확립되면서 목적에 따른 소집단을 형성하기도 한다. 같은 목적을 지닌 친구끼리 독서집단이나 밴드그룹 등을 만들어서 활동하거나, 흥미나 관심사가 비슷한 또래끼리 어울려 다니면서 다른 사람들을 배타하는 짝패를 만들기도 한다.

청소년기에는 아동기까지 형성된 성 역할을 주체적으로 재구성하여 새로운 성 역할을 탐색, 성 정체성을 확립한다. 청소년 후기에는 직업의식이 생기면서 자기의 적성이나 직업관에 합치되는 직업을 모색한다. 자신의 진로에 대한 정보, 직업선택에 대한 방향을 모색하는 진로탐색 및 여기에 기초한 진로결정 행동이 나타난다.

4) 부적응 행동

(1) 청소년 비행

비행이란 살인, 강도 등의 범죄와 퇴학, 방랑 등의 모든 불량 행위를 포함하는 부적응 행위를 말한다. 비행은 사기, 폭행, 주거침입, 방화 등과 같은 범법행위와 난폭, 가출, 부녀유혹, 불량교우, 불건전 오락 등 우범행위로 나뉜다.

최근의 청소년 비행은 폭행이나 강도 등과 같은 악질화, 집단화, 저연령화, 재범율 증가의 경향을 보인다.

청소년 비행의 주된 원인은 가정의 애정적 · 교육적 기능의 약화, 결손가정의 증가 등에 있다. 또한 매스컴을 통한 도시 생활권의 확대, 저속한 매스컴 문화, 소비적 · 향락적인 사회분위기 등도 주원인이다. 또한 주변인으로써의 반발심, 왜곡된 청소년 문화, 경제적 불평등에서 오는 계층분화의 심각성, 학교제도의 모순에서 오는 교육의 역기능, 호텔, 술집 등 학교주변 환경의 오염도 원인인 것으로 알려졌다. 극단적 이기주의나 패배주의 등 현대사회의 병리적 현상도 청소년 비행을 일으키는 원인이다.

청소년기 흡연과 음주

* 출처 : 조선일보

애정결핍, 충동범죄 부른다.

– 10대 흉악범 키우는 '정서적 방임'

서울신문 2010. 07. 12 이민영 기자

지난달 22일 서울 홍은동에서 친구들과 함께 김모(15) 양을 때려 숨지게 하고 시체를 유기한 혐의로 구속된 혜정(15 · 가명)이는 항상 혼자였다. 엄마 아빠는 도배일을 하러 지방을 떠돌았다. 한 번 나가면 한 달씩 집에 들어오지 않는 일이 부지기수였다. 11일 혜정이 집 인근에서 만난 지인은 "혜정이가 어렸을 때부터 그런 생활이 반복됐다."고 말했다. 5월 봉천동에서 또래 여학생을 성폭행하고 숨지게 한 정수(14 · 가명) 부모는 장사를 했다. 집에 혼자 있는 일이 많아지면서 정수는 가출을 밥먹듯이 했다.

전문가들은 이 둘의 상태를 듣고 '전형적인 정서적 방임에 해당된다'고 지적했다. 부모가 다 생존해 있지만 생계를 위해 맞벌이를 하면서 양육에 소홀할 수밖에 없었던 것. 선우현 명지대 아동심리치료학과 교수는 "밥을 주지 않은 것이 물리적 방임이라면, 사랑을 주지 않은 것은 정서적 방임에 해당된다."면서 "아이 돌보기 위해, 돈을 벌기 위해서였다고 해도 같이 생활하지 않으면서 정서적 유대를 쌓지 못한 것이 문제다."고 말했다.

방임아동은 쉽게 범죄에 빠질 수 있다. 장화정 중앙아동보호전문기관장은 "경제적 문제로 방임되는 '나홀로 아동' 수를 헤아릴 수 없다."면서 "집에서 혼자 지내는 아이들은 홀로 배회하다 비행청소년의 길로 빠져든다."고 말했다. 이수정 경기대 범죄심리학과 교수도 "방임되면서 겪는 애정결핍이 아이들을 충동적으로 만든다."면서 "욕망에 취약하고 충동적인 성격이 결국 비행으로 이어진다."고 진단했다.

(2) 행동장애

청소년기에 흔히 나타나는 행동장애에는 시험불안, 등교거부, 자살, 거식증, 우울증, 학습된 무기력, 신경증적 정신쇠약증, 정신분열증 등이 있다.

시험불안은 시험에 대한 과도한 부담과 스트레스로 시험을 앞두고 무기력해지고 집중이 안 되며 기억력이 쇠퇴해지는 증상이다. 시험 일자가 다가올수록 학습 시간이 늘어나고 집중도가 높아지는 것이 일반적이지만, 심하게 시험불안을 겪는 경우, 시험일자가 다가올수록 오히려 학습의 효율성이 떨어진다. 긴장 이완 훈련 등 시험불안에 대한 인내강도를 높이는 훈련이 도움이 된다.

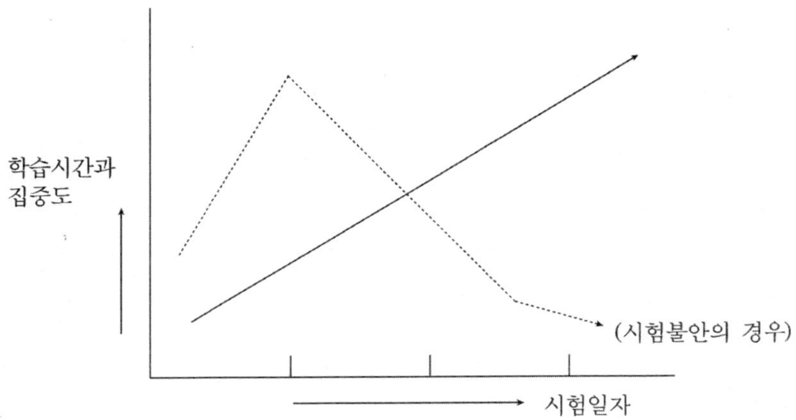

[그림 1-2] **시험불안강도와 학습집중도의 관계**

학습된 무기력이란 반복되는 실패로 인해 주어진 상황에서 자신이 해결하거나 대응할 수 있는 힘이 아무 것도 없다는 인식이다. 장애물을 넘으면 먹을 것을 얻을 수 있었던 쥐에게 어느 날 그 장애물에 전기충격을 주었다. 반복되는 시도 속에서 지속적으로 전기충격을 받은 쥐는 더 이상 그 장애물을 넘으려 하지 않는다. 장애물과 전기충격이 연합한 결과 무기력함이 학습된 것이다. 시험이나 학습경험에서 지속적으로 야단맞거나 벌을 받아왔을 경우 대개의 청소년이 학습된 무기력증을 보이게 된다.

그 밖에 청소년기에는 뚱뚱한 외모에 대한 병적인 공포와 함께 날씬함을 추구하면서 자기 신체에 대한 왜곡된 상을 갖고 음식을 거부하는 거식증에 걸리는 경우도 있다.

흔하지는 않지만 청소년기에는 삶에 대한 의욕과 동기의 상실, 또는 타인으로부터의 관심을 얻기 위해 자살을 시도하기도 한다. 최근 수많은 자살사이트는 사회적으로 많은 문제를 나타내고 있다. 불확실한 미래와 정체감의 혼란, 학습에 대한 과중한 스트레스 등은 만성적 피로감, 권태감으로 나타나는데 이런 경향은 우울증을 불러 오기도 한다.

나. 성인 초기의 발달

1) 성인 초기의 발달

실제적으로 성인 초기는 약 25세에서 30대 초반까지를 말한다. 이미 10대 후반에 신체적 성장은 거의 완료되었고 부모로서의 역할, 개인적 정체감의 확립 등 심리·사회적 변화를 포함하는 성장이 이뤄지는 시기가 성인초기이다.

성인 초기는 개별화의 시기로 자신에게 적합한 일을 찾으면서 개인과 사회의 요구 사이에 균형을 찾는다. 직업, 대학원 진학, 결혼 등 인생의 중대사를 결정해야 한다는 압박감 속에서 정체감이 확립되지 않으면 주체성의 폐쇄형(Erikson), 감금형(G. Sheehy)의 인간이 될 수도 있다. 이 과정에서 무조건 윗세대에게 높은 보상을 받는 직업이나 역할, 주변에서 무난하다고 보는 직업이나 삶의 유형을 쫓기도 하고 자기 성취적이고 개체적인 일을 추구하기도 한다.

최근에는 교육시기가 연장되면서 20대 후반과 30대 초반까지 성인으로서의 책임이 유예되는 경향이 나타난다. 때로는 결혼을 하고서도 부모로부터 경제적 독립을 하지 못한 경우도 있다. 이러한 성인으로서의 유예기간이 연장됨으로써 직업선택에 실패하거나 원만한 인간관계를 형성하지 못하는 캥거루 신드롬(kangaroo syndrome)이 나타나기도 한다. 캥거루 신드롬이란 결혼을 하여 가정을 꾸리면서도 독립하지 못하고 부모의 품에 머무는 현상을 말한다. 성인으로서의 책임과 역할을 계속 유예하는 젊은이들을 일컫는 말이다.

2) 성인 초기의 문제

성인초기에는 사회적 관계형성이 매우 중요하다. 자기 과업을 완수하는 일과 직장과 개인생활, 가족생활에 있어서도 만족스러운 관계를 유지하여야 한다는 복잡하고도 커다란 도전에 직면한다. 특히 여성의 경우 직업과 결혼 그리고 육아문제 사이에서 역할 분담에 어려움을 겪으며, 남성은 직장에서의 진급과 가족과의 친밀감을 형성하기 위한 시간 확보 사이에서 심한 괴리감을 느낀다.

30대 초반에 접어들면서 대부분의 사람은 자기 반성적으로 된다. 20대에 꿈꾸었던 열망과 현실과의 괴리를 느낀다. 뭔가 원하는 일을 하기 위해 충분한 시간이 있지만 인생이나 직업을 바꾸기에는 너무 위험하고 시기가 늦었다고 생각한다. 이 시기의 이와 같은 '자기의문'은 가족과의 관계, 직장 동료와의 관계 등에서 경험하는 수많은 긴장에서 비롯되며, 이러한 긴장과 불안은 친밀했던 인간관계에까지 부정적인 영향을 미친다.

다. 중년기의 발달

성인 중기는 평균수명의 중간점인 30대 중반에서 시작하여 50대 초반에 이르는 시기이다. 경제적으로 안정되고 자녀 교육에 높은 관심을 표명하는 생산적 시기이다.

1) 신체적 변화

성인 중기의 가장 명백한 신호는 쇠약해져 가는 신체적 변화이다. 신체적 힘과 원기가 감퇴하면서 모든 신체 체제가 점진적으로 하락하고 있음을 느낀다. 쉽사리 피로해지며, 피로와 스트레스를 회복하는데 이전보다 많은 시간이 걸린다. 당뇨, 암, 심장병, 만성피로 등 성인병에 노출되는 시기이다. 최근에는 직장에서의 과도한 업무, 과잉 스트레스, 운동부족 등이 원인이 되어 40대 남성의 신체적 건강이 악화되고 있으며 사망률 또한 높아지고 있다.

2) 지적 기능의 변화

중추신경 체제의 기능이 저하되면서 기억력이 감퇴하고 정신적 반응속도가 느려지기 때문에 중년기에는 빠른 사고를 요구하는 테스트나 문제를 능숙하게 해결하지 못한다. 하지만 숙련된 어휘 또는 문제해결을 요구하는 과업을 잘 수행한다. 문제해결을 위해 더 많은 변인을 고려하고 다양한 각도에서 사고하는 등 효율적인 판단력을 갖고 일한다. 보편적으로 한 개인이 겪는 삶의 문제를 의논해 주고 의지의 대상이 되는 사람들의 연령범위가 35세에서 55세에 걸쳐 있다는 것도 중년기의 이러한 특징을 잘 반영한다.

3) 성적 변화와 결혼관계

중년기에는 여성의 출산능력 상실, 생리적 현상 중단 등의 갱년기 현상이 나타난다. 신체적으로는 자궁, 질, 가슴의 위축에서부터 현기증, 두통, 정신질환에 따르는 불편과 같은 여러 가지 징후가 나타난다(강봉규, 2002). 그러나 때에 따라서는 임신에 대한 두려움이 감소되면서 성적 감응이 증가되는 경우도 있다.

남성에게는 정력 감퇴, 남성호르몬 분비의 감소, 성욕 감퇴 등 남성갱년기 현상이 나타난다. 대체로 남성은 여성보다 5년 혹은 10년 늦게 갱년기에 도달하며 생리적으로 그 속도도 또한 점진적이다. 심리적으로 남성은 자신이 남성다움을 상실하고 있음을 느끼며 이는 우울증을 불러 오기도 한다. 중년기에 경험하는 이러한 변화를 자연스럽게 극복한 남성과 여성은 자신의 생활이 전보다 더 만족스러워졌음을 발견한다.

C. Cuber와 K. Harroff는 결혼관계에 대한 연구에서 5가지의 유형을 제시했다(장선철 외, 2003에서 재인용).

① **습관성 갈등관계** : 습관성 갈등관계 유형은 잔소리와 말다툼을 습관적으로 한다. 이러한 습관 때문에 이들은 일치점을 찾지 못한다.

② **약화된 관계 유형** : 한때 깊은 사랑에 빠져서 일치감을 경험했던 부부들이 결혼 초기가 지난 후에는 공허한 결혼생활로 전락하여 단지 자녀나 사회적 지위 때문에 결혼을 유지한다.

③ **수동적 무감동 관계 유형** : 결혼을 사회적, 경제적 약속으로 생각하여 타산적이고 이성적인 측면에서 결혼생활을 유지하는 부부들이다. 갈등을 거의 일으키지 않지만 개인적인 만족감도 느끼지 못한다.

④ **절대적 관계 유형** : 서로가 강한 개인 주체성을 지니고 개방적이고 정직한 대화를 나누며 갈등이 있을 때나 매우 중요한 문제가 발생했을 때 문제를 곧 수습하고 해결안을 모색 한다.

⑤ **전체적 관계 유형** : 절대적 관계와 거의 유사한데 부부가 일심동체가 되어 있어 사적인 경험이나 갈등을 최소화하고 완전히 하나로 결합되어 있다.

4) 중년기의 위기

(1) 이 혼

최근에 '결혼은 영원한 것'이라는 생각이 급속히 사라져가고 있으면서 이혼율이 급격하게 상승하고 있다. 남편보다는 아내가 두 배 이상으로 부부관계에 불만을 토로하고 있다. 남편이 아내의 정신적인 학대, 집안과 자녀에 대한 무관심, 불신, 성생활에 대하여 불만을 가지고 있는 반면, 아내는 육체적, 정신적인 학대, 경제, 음주와 같은 문제 때문에 불만을 가지고 있는 것으로 나타났다.

특히 고등교육을 받고 전문적인 직업을 가지고 있는 부부에게서 이혼이 두드러지고 있다.

(2) 자아문제

인생의 반이 지나갔음을 깨달으면서 그 동안의 삶 속에서 무엇을 이루어 왔고 앞으로 무엇을 하고 싶은 가에 대해 질문하기 시작한다. 이러한 자아성찰 과정에서 직업, 결혼 혹은 개인관계 양상에 변화가 나타난다. 이것 때문에 중년기 성인은 세계를 더 살기 좋은 곳이 되도록 사회, 국가적인 일에 능동적으로 참여하기도 하고 새로운 흥미를 개발하기도 한다.

그러나 주변의 친구나 동료의 사망, 노부모의 사망, 직업과 자녀 양육에 대한 회의 등으로 불안과 허망함을 갖고 우울이란 늪 속으로 깊이 침체되기도 한다.

라. 성인 후기의 발달

50대 중반에서 60대 중반에 이르는 성인 후기에는 노화현상이 나타난다. 이 시기에는 노화현상이 나타나 외계에 적응하는 능력이 소실됨으로 신체적, 심리사회적, 사회경제적 스트레스를 견디는 힘이 약해진다.

1) 신체적 변화

노화가 되면서 감각기관의 예민도, 운동능력, 근력이 현저하게 저하된다. 노화와 더불어 생리적으로도 신경세포수가 감소하고, 동맥경화 과정이 진행된다. 기타 내장기관의 기능도 전반적으로 쇠퇴하고 심장병, 고혈압, 당뇨병, 녹내장 등의 질환이 발생하기 쉽다. 성기능이나 성감도 크게 감소하고 만성병과 사망률이 증가한다.

2) 지적 기능과 정서적 변화

노화가 되면서 지적 활동도 저하된다. 기억력 감퇴도 현저하게 느끼는 변화

중의 하나이다. 정서적으로는 융통성이 없어지고 과거 경험에 얽매이는 경향이 생긴다. 그리고 보수적이며 내향적인 성향이 증가되고 독단적이 되기 쉽다.

배우자와의 사별, 치매와 같은 정신장애, 직장에서의 은퇴는 노인들에게 사회적 소외감과 고독감을 증대시킨다. 특히 배우자의 상실은 죽음에 대한 불안과 우울증을 초래하고, 심각한 경우 착란, 정신병적 장애에까지 이룰 수 있다.

자신이 쓸모없어졌다는 무력감은 처음에는 아직 일할 수 있는데도 물러나야 한다는 분노감으로 나타났다가 후에는 죄의식과 학습된 무기력증으로 나타난다.

3) 은 퇴

직장에서의 은퇴는 특히 남성에게는 중요한 사건이다. 그러나 은퇴를 품위있고 태연히 극복하는 사람들, 책임감에서 벗어난 자유로움을 느끼면서 자신의 필요를 충족시킬 기회로 여기는 사람들, 활동을 계속함으로써 신체쇠퇴에 대한 공포를 피하려는 사람들은 비교적 은퇴를 성공적으로 받아들인다. 그러나 은퇴에 적응하지 못하거나 실패한 사람들은 사회나 타인을 비난하거나 자기 자신을 비난한다.

4. 노년기 이후의 발달

가. 신체적 기능의 변화

노년기에는 노화로 인해 세포수가 30% 감소되면서 피부조직의 탄력성이 떨어져 주름지며, 머리카락과 치모가 적어진다. 근육 운동력이 현저히 떨어지면서 쉽게 피로감이 밀려들고 골다공증과 질병이 많이 생긴다.

또한 노년기에는 면역반응이 저하되어 감염성 질환에 취약하며, 심근이 위축되고 혈액의 양은 감소한다. 노화에 의해 호흡근이 약화되고 운동 단위가 감소되기 때문에 얕게 호흡하고 호흡 횟수도 감소한다. 신경세포 역시 전도속도가 저하되어 외부 정보와 자극을 감각기관을 통해 받아들여도 그 정보와 자극을 평가하고 행위로 옮길 때까지 시간이 많이 걸린다.

나. 지적 기능의 변화

1) 지적 능력의 변화

경험과 학습에 의존하는 결정적 지능은 연령증가에 따른 별다른 쇠퇴가 없으나, 타고난 유동적 지능은 상당히 많이 감퇴한다. 노화가 깊어질수록 주어진 여러 가지 자료를 분류, 조직하는 능력이 감퇴한다. 또한 과거의 기억정보를 인출하는 것은 별 무리가 없지만 새로운 정보를 기억하는 기능은 현저히 저하된다.

2) 정서의 변화

노화에 따른 사고의 변화로써 이른바 편집증, 망상 등의 증세가 나타나기도 한다. 자식이나 며느리의 말이나 태도에 필요 이상으로 서운해 하거나 예민한 반응을 보인다. 심할 경우 아예 자기를 없애 버리려 한다는 강한 피해의식으로까지 발전하여 식사를 거부하거나, 무슨 냄새가 난다면서 자신을 살해하려는 음모가 있다며 주위 사람을 의심하기도 한다.

노년기에는 사회적 고립, 신체적 변화, 건강의 악화, 관계상실 등이 원인이 되어 우울증에 걸리기 쉽고, 자신을 쓸모없는 존재로 느끼면서 무기력해지기도 한다. 불안과 고립감은 신체화 증상으로 나타나 화가 나거나 불편한 일이 있으면 신체 여러 부위의 통증을 호소한다.

노년기에는 치매, 기억 · 지남력 장애가 발생하거나 실어증이 나타나기도 한다.

3) 노년기의 적응 유형

성공적인 노화에 대한 두 가지 가설이 있다. 하나는 조용하게 은거하는 것이 완숙한 노년기를 보내는 방법이라는 은둔설이고, 다른 하나는 계속적으로 활동함으로 직업과 사회활동에 계속 관여하는 것이 생활의 만족도와 사기가 높아진다고 하는 활동설이다.

노년기에 접어들면서 대부분의 노인은 자신의 죽음에 관해서 생각하는 기회가 많아지고, 죽음에 대해 공포를 느낀다. 일반적으로 여성은 남성에 비해 죽음을 평화로운 경험으로 간주하고 더 적극적으로 수용한다. 또한 보수적이고 신앙심이 깊은 사람일수록 죽음을 평온하게 맞이하는 경향이 있다.

죽음을 맞이하는 태도는 단계별로 다르다. 첫 번째 단계에서는 죽는다는 사실을 '부인'하고, 두 번째 단계에서는 '분노'의 감정이 나타난다. 그리고 세 번째 단계에서는 어떤 불가사의한 힘과 '타협'하고자 하며 네 번째 단계에서는 '우울기'에 들어선다. 마지막 단계에서는 죽음 그 자체를 '수용'한다(E. K. Ross ; 장선철 외, 2003에서 재인용).

동기와 정서

제2장

우리가 나타내 보이는 일상의 행동에는 그 행동을 일으키고 지속하게 하는 심리적인 구인인 동기와 정서가 있다. 동기와 정서는 행동의 방향성, 지속성, 활동성을 결정한다. 따라서 동기와 정서를 이해함으로 우리는 본질적으로 사람들이 왜, 어떻게, 구체적 목표를 향해 행동을 시작하는지, 그 행동에 얼마나 매달리는지, 그리고 얼마나 끈기 있게 그 목표에 도달하려는 시도를 계속하는지를 해석할 수 있게 된다.

1. 동기와 동기유발

가. 동기의 개념

동기(motive)는 행동을 유발하고, 방향을 제시하고, 유지시키는 신체적, 심리적 상태이다. 이러한 개념에는 특정 활동을 다른 활동보다 선호하는 선택, 그 반응의 강도, 목표를 향한 조직된 행동의 지속성 등이 포함된다(Zimbardo, 1992). 즉, 동기란 유기체로 하여금 어떤 목적을 향하여 에너지를 동원하는 과정이며, 이러한 에너지의 작용에는 반드시 역동적 측면과 방향이 포함된다.

동기는 외현적으로 관찰할 수 없는 추상적인 개념인 반면 행동은 직접 관찰할 수 있다. 그러므로 관찰 가능한 행동의 변화를 설명하기 위하여 이 변화에 영향을 주는 심리적, 생리적 변인들을 추론할 수밖에 없다. 이러한 추론들이 개인의 목표라던가 욕구, 필요, 의도, 목적과 같은 동기의 개념에 포함되어 있는 것들이다.

동기와 밀접하게 관련되어 혼용되기도 하지만 엄밀하게는 구별되는 개념으로 욕구(needs)와 추동(drive)이 있다.

욕구는 바람직한 신체적, 심리적 상태에 도달하고자 하는 소망을 의미하며, 바람직한 상태와 현재 상태의 차이(예 : 배고픔, 목마름)를 반영하며 바람직한 상태(신체 항상성)를 회복하기 위한 추동을 유발한다. 욕구 역시 유기체가 행동하도록 만드는 중요한 요인이지만 행동을 특정 방향으로 유도하는 방향성 혹은 목표 지향성을 가지고 있지 않다는 점에서는 동기와 차이가 있다. 추동은 욕구에 의해 유발된 심리적 긴장과 각성의 상태로, 그 긴장을 해소시킬 수 있는 행동을 하도록 만든다. 예를 들어 중간고사 전날 밤 시험을 준비하기 위해 책상에 앉아 끼니도 거른 채 열심히 공부할 경우 음식물과 수면의 결핍 상태에 놓이게 된다. 이러한 상태는 신체 항상성을 깨뜨리기 때문에 신체적, 정신적 긴장(즉, 추동)을 유발하며, 그 추동을 감소시켜 주는 행동을 하도록 동기화한다. 그러나 배고프고 졸린 상태를 벗어나고자 하는 동기보다 시험을 잘 준비하여 좋은 성적을 받고자 하는 동기가 더 강하다면 새벽에 라면을 먹고 잠들어 버리는 행동이 나타나지 않을 것이다. 추동은 유기체로 하여금 행동을 하도록 촉진한다는 의미에서는 동기와 유사하나 유발된 행동의 방향이 뚜렷하게 규정되지 않았다는 점에서는 동기와 구별된다.

나. 동기의 유형

1) 내재적 동기와 외재적 동기

'무엇이 우리의 행동을 이끌어 가고 활기차게 하는가?' 이 질문에 대해 대답을 하기 위해서는 충동, 욕구, 유인가, 공포, 목표, 사회적 압력, 자신감, 흥미, 호기심, 성공과 실패에 대한 귀인 유형, 신념, 가치관, 기대 등을 포함한 많은 요인들에 대해 설명해야 한다.

몇몇 심리학자들은 동기를 개인적인 특성의 차원에서 설명하고 있다. 즉, 어떤 사람들은 성취하고자 하는 강한 욕구, 시험에 대한 두려움을 피하고자 하는 욕구, 예술에 대한 지속적인 흥미에 따라 행동한다. 그들은 성취하고, 시험 상황을 피하며, 미술관에서 많은 시간을 보내기 위해 노력할 것이다. 또 다른 부류의 심리학자들은 동기를 일시적인 상태로 간주한다. 예를 들어, 만약 우리가 어떤 책을 읽고 있는 것이 내일 치를 시험을 위해서라면, 우리는 상황에 의해 동기화된 것이다.

그러나 특정한 시간에 우리가 경험하는 동기는 항상 특성과 상태의 결합이다. 즉, 우리가 학습을 하는 것은 학습 자체에 가치를 두기 때문일 수도 있고 아니면 교사가 예고 없이 퀴즈를 내기 때문일 수도 있다.

이와 같이 동기에 대한 설명은 욕구, 흥미, 호기심, 즐거움 등 내적이고 개인적인 요인에 의존하고 있다. 반면, 또 다른 설명은 외적이고 환경적인 요인,

즉 보상, 사회적 압력, 처벌 등에 의해 유발되는 경우에 관한 것이다. 흥미나 호기심과 같은 내부적인 요인들에 의해서 유발되는 동기를 '내재적 동기(intrinsic motivation)'라 하며, 이러한 유형의 동기는 개인적 흥미를 추구하고 능력을 발휘하고, 그 과정에서 도전할만한 것들을 찾아내고 그것을 달성해내는 자연스러운 경향성을 의미한다(Deci & Ryan, 1985).

사람들이 내재적으로 동기화되어 있는 경우에는 활동 그 자체가 보상으로 작용하기 때문에 그 활동을 하기 위해서 어떤 유인물이나 처벌이 필요하지 않다. 내재적으로 동기화된 사람은 주어진 과제 자체나 그것이 가져다 주는 성취감을 즐긴다. 학습과 관련하여 내재적으로 동기화된 사람은 학습활동 자체를 좋아하기 때문에 아무도 학습을 강요하지 않는 상황에서도 자발적으로 학습활동에 몰두한다. 반면에 성적이나 보상을 받기 위해, 교사나 부모로부터의 처벌을 피하기 위해, 또는 과제 자체와는 무관한 다른 이유 때문에 그 과제를 학습하는 것은 '외재적 동기(extrinsic motivation)'가 작용하는 경우이다. 외재적으로 동기화된 사람은 활동 자체에는 흥미가 없으며, 그것이 가져다 줄 보상에만 관심이 있다.

특정 행동이 내재적으로 동기화된 것이지 혹은 외재적으로 동기화된 것인지를 관찰로 구분하는 것은 불가능하다. 두 종류의 동기화 유형 간의 근본적인 차이는 활동에 대한 본인 자신의 이유이다. 즉, 어떤 활동을 하는 '원인의 소재(locus of causality)', 다시 말해서 원인의 위치가 그 활동을 하는 사람의 내부에 있는가 혹은 외부에 있는가에 의해서 구분되어질 수 있다.

2) 일차적 동기와 2차적 동기

동기는 학습되지 않은 일차적 동기(primary motives)와 학습된 2차적 동기(secondary motives)로 구분할 수 있다. 일차적인 생리적 동기(physiological motives)는 유기체의 선천적이고 본능적인 것과 관련이 있는 것으로 기아, 갈증, 체온유지, 수면, 고통의 회피 욕구 등이 여기에 포함된다. 이와 같은 생물학적인 동기는 주로 신체적인 균형유지의 원리인 동질정체의 원리(homeostasis principle)

와 관련을 맺고 있다. 동질정체란 유기체가 생존에 적합한 체온, 혈액 내의 포도당 함유 정도, 신체 내의 염분과 수분의 균형 등 내부의 환경 조건을 일정한 수준으로 유지하려는 경향성을 의미한다. 이러한 동질 정체의 과정을 가능하게 해 주는 역할은 주로 '시상하부'가 수행한다. 시상하부는 뇌의 기저부에 있는 작은 부위로서 자율신경계와 내분비계를 통제하여 신체의 균형 상태를 유지하며, 혈액의 화학적 상태에 대한 정보에 반응하는 영역이다.

대표적인 일차적 동기 중의 하나는 '성 동기'이다. 성행동은 호르몬 분비라는 생물학적인 내부의 요인뿐만 아니라 사회적 규범이나 관습과 같은 외부적 요인에 의해서도 영향을 받는다. 생리적 수준에서의 성 동기가 개인의 생존은 물론 그 종족의 보존과도 관련이 있기 때문이다. 생식기관의 발달과 기능에 영향을 미치는 호르몬은 남성의 고환에서 생성되는 테스토스테론(testosterone)과 여성의 난소에서 분비되는 에스트로젠(estrogen)과 프로제스테론(progesterone)이다. 성 호르몬이 성행동에 미치는 영향은 하등동물로 갈수록 크며, 인간의 경우 성적인 주기와 행동이 동물들과는 상당히 다르다.

동물의 경우 대부분의 수컷 영장류는 거세 후에도 성 활동이 거의 감소되지 않는다. 인간의 경우에는 거세는 정서적, 사회적 영향을 미치지만 성적인 동기에는 거의 영향을 미치지 않는다. 이에 비해 동물 암컷의 경우에 난소의 제거는 모든 성 활동을 중단시키지만, 인간의 경우에는 난소의 기능에는 상관없이 성적 흥분이 가능하고, 호르몬의 분비는 임신과 관련이 있으나 성 충동은 임신 주기와는 상관없이 나타날 수 있다.

한편 성이란 그 자체로는 생물학적인 것이나 사회적으로 규정되고 평가되는 방식은 문화적인 조건에 근거한다. 인간의 성행동은 생물학적인 요인보다는 오히려 개인의 경험과 심리적이고 문화적인 요인에 더 큰 영향을 받는다. 대부분의 문화권에서 남성과 여성이 갖는 기질이나 사회적인 역할은 서로 상이하다. 성 고정관념(sex stereotypes)이란 성별에 따른 신체적, 심리적 또는 사회적 특성이 뚜렷한 실체인 것처럼 착각하여 획일적으로 규정해 버리는 태도나 자세를 의미한다. 우리가 흔히 '여성스러움' 혹은 '남성스러움'이라고 규정해 놓은 남녀의 특성도 일반적으로 생물학적인 특성에 근거하여 형성된 것이 아니라 사회 구성원들에게 주어지는 문화적인 관념이라고 할 수 있다.

성 역할(sex roles)이란 남녀에게 적절한 것으로 규정된 행위나 태도를 의미하는 것으로 이는 남성과 여성의 성과 관련된 그들의 역할에 대한 문화적인 기대치라고 할 수 있다. 특히 남성위주의 사회에서는 이 성역할 고정관념이 성에 대한 태도와 성행동을 결정하는 중요한 요인으로 작용한다.

공격성(aggressiveness)은 또 하나의 대표적인 일차적 동기이다. 인간의 공격적인 행동은 어느 정도는 호르몬의 영향을 받는 것으로 보인다. 어떤 종에 있어서는 공격성은 성과 밀접한 관계를 가지고 있으며 동일한 호르몬에 의해 유발되는 것으로 관찰되었다(Tinbergen, 1951). 남성들에게 있어서 공격성과 테스토스테론 호르몬 수준과의 상관관계가 높다는 연구 결과(Kreuz & Rose, 1972)가 있으며, 약물치료에 의해 테스토스테론의 수준을 낮추었을 경우에는 공격적인 행동이 감소되는 것으로 나타났다(Money et al., 1975).

공격적인 행동은 성적 행동과 마찬가지로 혐오적인 자극과 같은 외적인 자극에 의해서도 유발될 수 있다.

인간의 경우에는 공격적인 행동은 학습된 것이 아니라 본능적이라는 입장(Loren, 1966 : Freud, 1920)과 공격성은 개인의 경험과 사회 문화적인 요인에 의해서 더 큰 영향을 받는다는 입장이 있다(Hunter & Whitten, 1976). 프로이드는 '죽음의 본능'(Thanatos)이 모든 생물의 내부세계 속에 작용하고 있으며, 이 본능은 생명을 파괴하려고 하며 그리하여 무생물적인 물질인 원래의 상태로 환원시키려고 하는 것으로 설명했다. 프로이드는 이러한 죽음의 본능이 바로 공격성이며 이러한 공격적인 에너지가 축적되어 심리적인 질병을 일으키지 않으려면 스포츠, 논쟁 등의 건설적인 방법을 통해 밖으로 분출되어야 한다고 주장했다.

로렌츠도 인간에게 있어서 공격성이란 원시과거의 흔적으로서 본능의 일부분이라고 규정할 수 있다고 주장했다.

그러나 베르코비츠(1969)는 인간의 공격적인 행동의 대부분은 동물의 공격성과 달리 학습의 영향을 받는 것으로 간주한다. 인간의 공격성이란 선천적인 성향과 학습된 반응 간의 복잡한 상호작용의 결과라는 것이다. 그는 불쾌한 냄새, 더운 실내 온도 등의 불쾌한 사건이나 상황이 적개심을 증가시킨다는 것을 실험을 통해 발견했다. 좌절 상황도 여러 가지 불쾌한 상황들 중의 하나로서 공격적인 행동을 유발시킬 수 있다고 보았다.

사회가 발전하고 복잡해질수록 인간행동의 동기화 과정에는 생리적인 일차적 동기보다는 학습된 이차적 동기가 더욱 중요한 역할을 한다. 환경적 요인이나 상황요인에 의해 학습된 동기, 특히 대인관계 속에서 형성되는 사회적 동기는 모두 이차적 동기의 범주에 속한다.

Murray(1938)는 인간의 동기를 생물학적 동기와 사회적 동기로 구분하고, 인간은 생물학적 동기보다는 사회적 동기에 따라서 행동한다고 주장했다.

대표적인 이차적 동기의 예 중에서 권력동기와 성취동기에 대해 간략히 살펴보기로 하자.

권력동기는 타인으로부터 인정을 받고 타인이나 집단을 통제하거나 그들에게 영향을 미치려는 욕구를 의미하는 것으로 정치가뿐만 아니라 기업, 정부, 군대 등의 여러 집단의 리더 위치에 있는 사람이라면 누구나 획득하고자 하는 동기이다. Adler(1911)는 권력에 대한 동기를 설명하기 위해 열등감과 보상의 개념을 사용하였다. 모든 어린이들은 성장과정에서 열등감을 경험하며, 이런 열등감이 우월감에 대한 본능적인 욕구와 결합될 때, 이 두 가지 욕구에 의해 모든 행동이 통제된다. 즉, Adler는 인간의 삶을 타고난 권력을 향한 욕구와 결합되어 있는 열등감을 보상하는 일련의 과정이라고 보았다.

Beck(1978)은 높은 수준의 권력동기를 가지고 있는 대학생들은 학생회의 간부, 기숙사의 카운슬러 등과 같은 권력 지위를 차지하려는 경향이 있다고 보고하였다. 또한 Winter(1978)는 루즈벨트부터 레이건까지 역대 미국 대통령들 15명의 취임 연설 등을 분석하여 그들의 권력동기 수준을 측정하였는데, 그 결과 케네디나 레이건 같은 행동 지향적인 대통령들의 권력동기가 조용하고 원만한 성격의 아이젠하워 대통령의 권력동기보다 상대적으로 높은 것으로 나타났다. 권력동기는 조직 내에서의 리더십과 조직의 비형식적 양상에 있어 중요한 의미를 갖는다.

개인이 어떤 성취행동을 할 때 금전이나 명예 때문이 아니라 일 자체에 즐거움과 의미를 부여하는 동기에 의해 그 일을 성취하는 경우 이를 성취동기(achievement motive)라고 한다. 즉, 어떤 보상을 위해서가 아니라 성취를 위해서 한 영역에서 뛰어나고자 하는 사람들은 높은 성취동기가 있는 것으로 간주된다. 성취동기의 근원에 대해서는 두 가지 관점이 있다(Stipek, 1993). 어떤 심리학자들은 성취동기를 안정되고 무의식적인 특성으로 간주한다. 높은 성취동기의 근원은 가족과 그 아동이 속해있는 문화권 내에 있는 것으로 가정한다. 만약 동기, 주도성, 경쟁성 등이 가족 내에서 격려되고 강화되며 부모가 자녀들의 실수에 개의치 않고 스스로 문제를 해결하도록 격려해 주면 자녀들은 성취에 대한 높은 수준의 욕구를 발달시킨다(McClelland & Pilon, 1983).

다른 이론가들은 성취동기를 최근에 경험한 성공이나 실패의 경험과 과제의 난이도, 가능한 유인가 등과 같은 직면한 상황과 관련된 요인들에 의해 형성되는 일련의 의식적 신념이나 가치로 간주한다. 즉, 학생이 현재 주어진 과제를 성공적으로 수행하고 있고, 그 과제에 가치를 두고 있다면 그 과제의 학습에 대해 높은 성취동기를 가지고 있을 것이라는 관점이다.

Atkinson(1964)은 모든 사람들이 성취에 대한 욕구뿐 아니라 실패를 회피하려고 하는 욕구도 가지고 있음을 강조하며 성취욕구에 대한 이론에서 새롭게 고려해야 할 점을 제시하였다. 만약, 특정 상황에서 성취욕구가 실패회피 요구보다 클 때, 전반적인 경향성 혹은 '결과동기(resultant motivation)'는 위험부담을 안고서도 성취를 위해 노력할 것이다. 반면에, 실패회피 욕구가 성취욕구보다 큰 경우에는 위험 부담은 도전할만한 것이기 보다는 위협적인 것이 될 것이고 결과동기는 그 상황을 회피하는 것이 될 것이다.

2. 동기이론

가. 행동주의적 관점

행동주의 심리학자들은 외적인 보상(reward)이나 유인가(incentive)와 같은 개념을 사용하여 동기와 동기화의 과정을 설명한다. '보상'이란 어떤 특정한 행동의 결과에 대해 주어지는 매력적인 사물이나 사건을 의미한다. '유인가'란 행동을 조장하거나 단념시키는 사물이나 사건을 말한다.

어떤 행동에 대하여 지속적인 강화를 받는다면 그 행동의 강도나 빈도는 증가될 것이다. 학습의 결과에 대해 좋은 성적이나 상장 등을 주거나 바람직하지 못한 행동에 대해서 벌점을 가하는 것은 유인물, 보상, 처벌 등의 외적인 수단을 사용하여 학생들을 동기화하는 방법이다.

신행동주의자인 Hull의 충동감소 이론은 기본적으로 유기체 내부의 평형유지(homeostasis)를 말하는데 배고픔, 목마름 같이 유기체가 결핍상태에 있을 때 일차적 충동이 일어나고 이 충동들은 유기체를 활성화시키고 만족이 이루어지면서 긴장은 감소되고 유기체는 활동을 멈춘다. 창조활동과 같은 이차적 충동은 일차적 충동과의 연합과정에서 발생한다. 즉, 어떤 상황이나 사건이 연속적으로 일차적 충동의 해소와 짝지어졌을 때 그러한 사건이나 상황이 이차적 충동을 발생시킨다. 이러한 과정을 통해 형성된 이차적 충동은 충동을 감소시키는 방향으로 행동을 유발시킨다. 이 때 자극에 대한 반응은 감소된 충동으로 인해 자극과 반응에 대한 강화가 습관적으로 발생하게 된다.

충동감소 이론은 인간의 행동을 유발하는 변수로서 인간의 충동과 그에 대한 감소가 강화로 작용한다는 개념을 제시함으로써 인간행동의 원인을 더욱 다양한 각도에서 파악할 수 있는 기회를 제공한다.

나. 인본주의적 관점

인본주의적 관점(humanistic view)은 1940년대까지 심리학의 주도세력이었던 행동주의와 프로이드의 정신분석학에 대한 반발로서 출발하였다. Maslow와 Rogers와 같은 인본주의 심리학자들은 행동주의나 프로이드 심리학의 어떤 것도 개인의 행동의 원인을 적절히 설명하지 못한다고 주장했다. 동기에 대한 인본주의적인 해석은 동기의 내재적 근원을 '자아실현'을 위한(Maslow, 1970, 1968), 생득적 '실현 경향성'을 위한(Rogers & Freiberg, 1994), 혹은 '자기 결단'을 위한(Deci, Vallerand, Pelletier, & Ryan, 1991) 개인의 욕구라고 설명한다. 이런 이론들의 공통적인 주장은 자신의 잠재력을 실현하기 위한 생득적인 욕구에 의해 사람들은 지속적으로 동기화된다는 것이다. 그러므로 인본주의적인 관점에서는 학생을 동기화한다는 것은 그들이 보유하고 있는 내적인 자원, 즉 유능감, 자존감, 자율성과 자아실현 등을 격려해 주는 것을 의미한다.

인본주의 심리학자 Maslow(1970)는 인간은 생존과 안전을 위한 낮은 수준의 욕구에서부터 지적인 성취나 자아실현을 위한 높은 수준의 욕구에 이르는 '욕구의 위계'(hierarchy of needs)를 가지고 있다고 제안했다. 또한 인간의 기본적인 동기는 자아실현의 욕구에 기인하는 것으로 본다. [그림 2 - 1]은 Maslow의 욕구의 위계 모델을 나타낸다.

Maslow(1968)는 네 개의 하위 수준의 욕구들, 즉 생존, 안전, 소속과 자존의 욕구를 '결핍욕구'(Deficiency needs)라고 명명했다. 이런 욕구들이 만족될 때, 그것을 달성하고자 하는 동기는 감소한다. 그리고 나머지 세 개의 상위수준의 욕구들, 즉 지적 성취, 심미적 이해, 자아실현의 욕구를 '존재욕구'(Being needs)라고 불렀다. 이러한 욕구들이 충족될 때, 개인의 동기는 더 높은 성취를 위해 증가한다. Maslow의 이론은 사람들이 항상 그 이론이 예견하는 바와 같이 행동하지는 않는다는 이유로 비판을 받기도 한다. 대부분의 사람들은 서로 다른 종류의 욕구들 사이를 옮겨 다니거나 혹은 동시에 서로 다른 많은 욕구들에 의해 동기화될 수 있다.

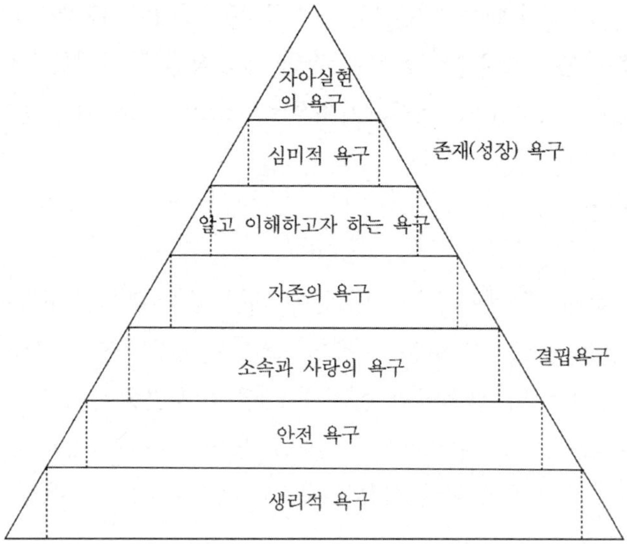

[그림 2-1] **Maslow의 욕구의 위계 모델**

그러나 이런 비판에도 불구하고, Maslow의 이론은 신체적, 정서적, 지적 욕구들이 모두 통합된 전체로서의 사람을 보는 하나의 방법을 제시하였다.

다. 인지주의적 관점

동기에 대한 인지론적인 관점 역시 행동주의적 관점에 대한 비판적인 시각으로부터 출발하였다. 인지이론가들은 단순히 과거에 그 행동이 보상되었는가, 혹은 처벌되었는가에 의해서가 아니라 우리의 사고에 의해 행동이 결정되는 것으로 본다(Schunk, 1991 ; Stipek, 1993). 인간의 행동은 계획, 목표, 도식, 기대, 귀인 등에 의해 유발되고 조절된다. 인지적 접근의 기본 가정 중의 하나는 인간은 외부의 사건이나 배고픔과 같은 신체적 조건에 반응하는 것이 아니라 그러한 사건이나 상황에 대한 자신의 해석 내용에 반응한다는 것이다.

인지이론가들은 인간을 자신과 관계있는 문제를 풀고 정보를 찾고자 하는 적극적이고 호기심 많은 존재라고 생각한다. 사람들은 주어진 일은 즐기고 그 일에 대해 알고 싶기 때문에 열심히 노력한다는 것이다. 따라서 인지이론가들은 내재적인 동기를 강조한다. 동기에 관한 대표적인 인지이론으로서 Weiner의 귀인이론과 Covington의 자기가치이론(self-worth theory)에 대하여 살펴보자.

1) 귀인이론

'귀인이론'(attribution theory)은 어떤 일에 대한 성공이나 실패를 이해하기 위해 '왜'라는 질문을 던진다는 것은 기본가정으로 하는 동기에 대한 인지적 설명이다. 학생들은 자신의 성공이나 실패를 다양한 요인들에 귀인한다. 대표적인 요인으로는 능력, 노력, 운, 과제의 난이도 등이 있다. 동기에 대한 귀인이론은 자신의 성공이나 실패에 대한 개인의 해석과 정당화 방법이 어떻게 동기에 영향을 미치는지를 설명한다.

Weiner는 귀인이론을 학교학습에 연관시켜 설명하는데, 그는 학생들이 그들의 성공이나 실패의 원인을 귀인하는 유형을 대체로 다음의 세 가지 차원으로 해석하고 있다. 즉, 통제의 소재(원인의 소재가 개인의 내부에 있는가 혹은 외부에 있는가), 안정성(그 원인이 항상 안정적인가 혹은 변화하는가), 그리고 책임감(그 사람이 그 원인을 통제할 수 있는가) 등이다. 〈표 2-1〉은 시험의 실패 원인을 설명하기 위해서 학생이 사용할 수 있는 세 차원의 여덟 가지 가능한 조합의 귀인을 정리해 놓은 것이다.

표 2-1 Weiner의 귀인이론

차원 분류	실패에 대한 이유
내적 - 안정적 - 통제 불가능	낮은 성적
내적 - 안정적 - 통제 가능	절대 공부를 하지 않는다.
내적 - 불안정 - 통제 불가능	아파서 공부를 하지 못했다.
내적 - 불안정 - 통제 가능	그 과목 시험을 위해 공부하지 않았다.
외적 - 안정적 - 통제 불가능	시험의 난이도가 너무 높았다.
외적 - 안정적 - 통제 가능	교사의 평가가 불공정했다.
외적 - 불안정 - 통제 불가능	시험 운이 없었다.
외적 - 불안정 - 통제 가능	친구들이 도와 주지 못했다.

세 가지 차원을 기준으로 한 귀인유형은 동기에 중요한 영향력을 행사한다. 내적 · 외적 통제의 소재는 개인의 자존감과 밀접하게 연결되어 있다고 간주된다(Weiner, 1980). 만약 성공이나 실패를 내적인 요인으로 귀인한다면, 성공은 자부심과 용기를 고양할 것이며, 실패는 자존감을 감소시킬 것이다. 안전상의 차원은 미래에 대한 기대와 밀접하게 관련되어 있다. 예를 들어, 만약 학생이 그들의 성공 혹은 실패를 과제의 난이도와 같은 안정적인 요인에 귀인한다면 미래에 동일하거나 유사한 과제에서 또다른 성공이나 실패를 기대하게 될 것이다. 그러나 만약 시험의 결과를 기분이나 운과 같은 불안정한 요인에 귀인한다면, 동일하거나 유사한 과제에 부딪혔을 경우 다른 결과를 기대할 수 있을 것이다. 책임감 차원은 분노, 동정, 감사, 수치심과 같은 정서와 관련되어 있는데 만약 우리가 통제할 수 있을 것이라고 믿었던 과제에 실패했을 경우에는 수치심이나 죄책감 등을 느낄 수 있고, 그러한 일에 성공한다면 자부심을 느낄 것이다. 통제할 수 없는 과제에 실패했을 경우에는 통제하고 있는 사람이나 기관을 향한 분노의 정서가 유발될 수 있으며, 성공의 경우에는 운이나 감사하는 마음으로 귀인한다.

대부분의 인지이론가들은 내재적으로 동기화되기 위해서는 선택, 통제와 자기 결단에 대한 느낌이 결정적인 요인으로 작용한다는 것에 의견이 일치한다. 사람들이 일상에서 마주치는 사건이나 결과가 대부분 통제 가능하지 않다고 믿게 될 때 그들은 '학습된 무기력감'(learned helplessness)을 발달시키게 된다(Seligman, 1975). 학습된 무기력감은 동기적, 인지적, 정서적 유형의 결손을 가져온다. 무기력감을 느끼는 학생들은 동기화되지 않을 것이며 학습을 시도하지도 않는다. 그러므로 그들을 동기화하기가 매우 어렵다. 그들은 학습의 결과에 대해 매우 비관적인 견해를 가지고 있기 때문에 오히려 연습의 기회를 잃어버린다. 그 결과 인지적 결손이 초래되며 종종 우울감, 불안, 무기력감과 같은 정서적인 문제가 발생하기도 한다(Alloy & Seligma, 1979).

2) Bandura의 자기효능감에 대한 이론

Bandura(1993)는 동기의 근원 중의 하나로 가능한 행동의 결과에 대한 사고와 예측에 대해 설명하고 있다. '내가 과연 성공할 수 있을까? 내가 과연 친구들로부터 호감을 살 수 있을까?' 우리는 이런 질문에 답을 하기 위해 과거의 경험과 타인에 대한 관찰결과를 이용한다. 이러한 예측은 '자기효능감(self-efficacy)'에 의해서도 영향을 받는다. Bandura 이론의 중요한 측면인 이 개념은 주어진 영역에서 개인적 유능감에 대한 스스로의 신념을 의미한다. 특정 과제에서의 성공이나 실패에 대한 기대는 그 영역에서 자기효능감의 영향을 받을 것이다.

자기효능감은 우리가 성취하려고 하는 목표, 지속성, 동기에 영향을 미친다. 만약 주어진 영역에서 높은 수준의 자기효능감을 가지고 있다면 높은 목표를 세우며 어려움에 부딪혔을 때 끈기 있게 대처한다. 그러나 자기효능감이 낮은 수준이라면 문제상황에 처하게 되었을 때 회피하거나 쉽게 포기한다(Bandura, 1993 ; Zimmerman, 1992). 자기효능감은 귀인 유형과도 연관이 있다. 주어진 과제에 대해 강한 자기효능감을 가진 사람들은 자신의 실패를 노력 부족에 귀인한다. 하지만 자기효능감이 낮은 사람들은 자신의 실패를 능력 부족이라는 좀처럼 변화시킬 수 없는 요인에 귀인한다. 만약 개인이 자신의 능력에 대한 고정적인 견해와 낮은 자기효능감을 가지고 있을 때, 실패를 변하기 힘든 요인인 능력의 부족에 귀인한다면 동기수준은 매우 낮을 것임이 분명하다.

3) Covington의 자기가치 이론

성취욕구, 성공과 실패의 귀인 유형, 능력에 대한 신념, 자기효능감과 자기가치(self-worth)간의 관계에 대해 Covington과 그의 동료들은 동기 상황을 다음의 세 가지로 구분하여 설명한다(Covington, 1984 ; Covington & Omelich, 1987).

'완숙지향형 학생들'(mastery oriented students)은 성취에 가치를 부여하고 능력을 개선, 발달시킬 수 있는 것으로 보는 경향이 있다. 이들은 자신의 기술과 능력을 증진하기 위해 학습목표에 중요성을 둔다. 실패가 그들의 유능감과 자기가치를 위협하지 않으므로 실패를 두려워 하지 않는다. 오히려 실패는 이들에게 적절한 수준의 어려운 목표를 수립하고, 위험 부담을 안고 실패 상황에 건설적으로 적응하도록 하는 역할을 한다. 이들은 일반적으로 성공을 자신의 노력에 귀인한다. 그러므로 학습에 대한 책임을 스스로 지며 높은 수준의 자기효능감을 가지고 있다. 또한 이들은 경쟁적인 상황에서 가장 높은 수준의 수행을 나타내며, 빠른 속도로 학습하고, 강한 자기 확신과 많은 에너지를 가지며, 각성되어 있으며, 구체적인 피드백을 환영한다. 이러한 일련의 학습과 관련된 특징들이 성공적인 학습을 가능하게 하는 것이다.

'실패회피형 학생들'(failure-avoiding students)은 고정적인 능력에 대한 인식을 가지고 있는 경향이 있다. 이들은 수행 목표(performance goal)를 세우고, 수행과 연관하여 자신에 대한 유능감과 자기가치 수준을 형성한다. 이들은 과거의 성적을 기준으로 자신의 능력을 평가하기 때문에 확고하고 안정적인 자기가치감을 발달시킬 수 없다. 유능하다고 느끼기 위해서는 실패로부터 스스로를 보호해야만 한다. 만약 과거에 그들이 성공적인 경험을 해왔다면 거의 위험 부담 없이 단순히 알고 있는 것에 의존하여 실패를 회피하려고 한다. 반면에 어느 정도의 실패와 성공을 함께 경험해 왔다면 늦장 부리기, 노력하지 않기, 아주 낮거나 높은 수준의 목표 설정하기, 혹은 결과에 관심이 없는 척하기 등의 실패 회피 전략들을 사용한다.

이러한 실패 회피 전략은 오히려 학생들이 피하려고 하는 바로 그 실패 상황으로 이끄는 자기 파괴적인 특징을 갖고 있다. 만약 실패가 계속되고 변명거리가 없어지면 이들은 완전히 자신을 무능한 존재로 결론짓는다. 그 결과 자기가치감과 자기효능감은 극도로 감소되어 결국 자포자기 상태의 '실패 수용형 학생들'(Failure-accepting students)이 된다. 그들은 실패가 자신의 낮은 능력 때문이라고 인식하고, 그런 결론으로부터 더 이상 자신들을 보호할 수 없게 된다. 교사들은 실패 회피형 학생들이 새로운 현실적 목표를 수립할 수 있도록 도와줌으로써 그들이 완전히 실패 수용형으로 고정되어 버리는 것을 막아야 한다. 교사들은 이러한 학생들을 동정하거나 포기하지 말고 그들의 상태를 이해하고 더 높고 현실적인 목표를 향해 적절한 노력을 할 수 있도록 그들에게 어떻게 학습해야 하는지를 가르쳐야 한다.

3. 정서의 개념

가. 정서와 동기

우리가 경험하는 기본적인 감정은 즐거움이나 분노와 같은 정서들을 포함하고 있다. 정서와 동기는 밀접하게 관련되어 있다. 정서 역시 동기와 동일한 방식으로 행동을 활성화하고 방향을 제시한다. 또한 정서는 동기화된 행동과 동반될 수 있다. 예를 들어, 성은 기본적인 동기인 동시에 강력한 즐거움의 원천이다. 이러한 이유에서 몇몇 심리학자들은 정서와 동기를 동일한 것으로 정의하기도 한다. 그러나 동기와 정서는 서로 다른 과정으로 작용하므로 구별할 필요가 있다.

정서는 대부분 외부로부터 유발되는 반면, 동기는 내부로부터 활성화된다. 즉, 정서는 대체로 외부 사상들에 의해서 유발되며, 정서 반응은 이러한 사상들에 지향되어 있다. 이에 비해 동기는 흔히 동질정체적 불균형과 같은 내부 사상들에 의해 유발하며 자연히 음식이나 물과 같은 환경 내의 어떤 대상들을 지향한다. 또한 정서는 항상 자율신경계를 활성화하는 반면에 동기는 항상 그렇지는 않다.

일련의 심리학자와 생리학자들은 정서의 내용을 규명하기 위한 다양한 연구를 실시했다. 이러한 연구의 결과로서 특정 정서가 지니고 있는 다음과 같은 다섯 성분들이 추출되었다.

① 주관적 경험
② 내부의 신체적 반응들

③ 특정 긍정적 혹은 부정적 상태들이 일어나고 있다는 신념이나 인지적 평가
④ 안면 표정
⑤ 정서의 지각된 원천에 대한 반응

이러한 성분들 간의 관계에 대한 의문을 밝혀내기 위한 시도가 정서와 관련한 연구의 주제가 된다.

나. 정서 유발의 생리적 기초

공포나 분노와 같은 강한 정서를 경험할 때 빠른 심장박동과 호흡, 근육긴장의 증가, 사지의 떨림, 위장에서의 허탈한 느낌 등 많은 신체의 변화가 일어난다. 정서적 흥분과 동반하여 일어나는 대부분의 생리적인 변화는 자율신경계가 신체를 위급행동에 대해 준비시킬 때, 교감부의 활동에 의해서 생긴다. 교감신경계가 조절하는 변화들은 다음과 같다.

① 혈압과 심장박동수의 증가
② 호흡의 증가
③ 동공의 확장
④ 타액과 점액의 분비 감소 및 발한의 증가
⑤ 더 많은 에너지를 제공하기 위한 혈당치의 증가
⑥ 상처 혈액의 신속한 응고
⑦ 소화관 운동성의 감소

교감신경계는 생체의 에너지 산출을 유발한다. 정서가 점차 안정 상태를 되찾아 가는 과정에서 부교감신경계통(에너지 보존계통)이 작동하여 생체를 정상상태로 되돌아 가게 한다.

이러한 자율신경계의 활동 자체는 시상하부와 변연계의 부분들을 포함해서, 뇌의 특정 부위 등에서의 활동에 의해서 유발된다. 이러한 영역들에서 나오는 충격들은 자율신경계의 기능을 통제하는 뇌간에 있는 신경핵들에게 전달한다.

그 다음에 자율신경계는 앞서 기술한 신체 변화들 중 몇 가지를 개선하기 위해서 근육들과 내부기관들에 직접 작용하고, 다른 종류의 신체 변화들을 일으키기 위해서는 부신호르몬을 자극함으로써 간접적으로 작용한다.

스트레스에 대한 개인의 반응에서 결정적 역할을 하는 부가적 호르몬들은 시상하부로부터의 직접적 신호를 받아서 뇌하수체에 의해서 분비된다.

4. 정서이론

가. James-Lange이론

강한 정서를 경험하면 내적으로 혼란스러운 느낌을 갖는다. 대부분의 사람들은 감정의 변화가 신체적인 변화를 유발한다는 견해를 가지고 있다. 즉, '슬프기 때문에 운다.'라고 생각하는 것이다. 그러나 거의 1세기 전에 미국의 심리학자인 James(1884)는 이런 일반적인 견해와 상반되는 주장을 했다. 제임스는 정서를 생리적인 변화에 대한 지각의 결과라고 정의한다. 즉, 밤에 어두운 골목에서 낯선 사람과 갑자기 마주치면 자율신경계의 교감신경계가 활발하게 활동을 하기 시작하여 심장박동수가 증가하고 동공이 확장되는 등의 생리적 변화가 유발된다. 이러한 생리적인 변화들을 지각함으로써 '공포'를 느낀다는 것이다. 비슷한 시기에 덴마크의 심리학자인 Carl Lange도 제임스와 같은 견해를 가지고 있었기 때문에 이러한 이론을 James-Lange이론이라 한다.

나. Cannon-Bard이론

많은 학자들은 이 James-Lange이론에 대해 동의하지 않는다. 그 중의 한 사람이 Cannon이다 James-Lange이론에 따르면 정서를 경험하기 위해서는 다양한 변화가 주어져야 한다. Cannon은 정서와 생리적 변화는 동시에 일어나는 것이라고 주장한다. 정서를 경험하는데 있어서 무엇을 보고 듣느냐 하는 등의 지각과정이 중요한 요인으로 작용한다. Cannon이 제안한 이론을 Bard도 제시하였는데, 이들의 이론은 외부에서 주어지는 정서유발 자극은 시상(thalamus)을 자극하고 그 신경파는 대뇌피질로 신호를 보내어 정서를 경험하게 하고 다른 한편 자율신경계로 신호를 보내어 생리적 반응을 일으키게 된다는 것이다.

다. 인지적 이론

인지적 정서이론에 따르면 정서는 생리적 반응뿐 아니라 개인이 처해 있는 상황과 그 상황에 대한 개인의 해석과 평가에 따라 결정된다. 즉, 인지는 개인이 일반적으로 처해있는 정서 상태를 어떻게 볼 것인지에 대한 단서를 제공하는 역할을 한다.

Schachter와 Singer(1962)는 정서에 대한 인지적 관점을 검증하는 실험을 진행했다. 이들의 실험에서 피험자들은 자신들이 슈프록신이라는 새로 개발된 비타민 복합제의 효과를 알아보기 위한 실험에 참여하고 있다고 생각하고 있었다. 피험자들은 통제집단과 실험집단으로 구분되어 통제집단에게는 아무런 생리적인 변화도 일으키지 않는 플라시보를 주사하고 실험집단에게는 생리적인 각성상태를 유발하는 에피네프린을 주사하였다.

이 실험집단을 다시 세 집단으로 나누어 첫 번째 집단에게는 약의 효과로 인해 호흡이 빨라지고 얼굴이 상기되며 땀이 날 것이라고 정확한 정보를 주고, 두 번째 집단은 약의 부작용으로 두통이 생기고 다리가 저리고 가려움증을 경험하게 될 것이라는 거짓 정보를 제공했다. 세 번째 집단과 통제 집단에게는 약의 효과에 대해 전혀 아무런 정보도 제공되지 않았다. 그런 다음 모든 피험자들을 약의 효과가 나타날 때까지 각기 다른 방에서 기다리도록 했다.

연구자들의 견해에 의하면 에피네프린을 주사하지 않은 집단은 아무런 느낌도 느끼지 않을 것이며, 에피네프린을 주사한 다른 세 집단은 모두 생리적 변화를 경험하고 그 이유를 찾으려 할 것이고, 약의 효과에 대해 정확한 정보를 제공받은 집단은 생리적 각성 상태를 쉽게 설명할 수 있겠지만 나머지 두 집단은 매우 의아하게 여길 것이다. 연구자들은 이들에게 생리적 변화를 설명하는데 필요한 적절한 단서를 찾을 수 있도록 하였다. 주사를 맞은 피험자들이 다른 방에서 기다리고 있는 동안 같은 실험에 참여한 것처럼 보이는 실험보조자들이 들어 왔다. 한 조건에서 실험보조자들은 훌라후프를 돌리는 등의 매우 즐거운 행동을 취하도록 했다. 다른 조건에서의 실험보조자들은 화를 내면서 실험에 대해 불평을 하는 등 대체로 공격적인 행동을 취하도록 했다. 이러한 장면은 one-way-mirror를 통해 관찰되었고 실험자는 이를 평가하였다.

실험의 결과를 보면 약의 효과에 대해 틀린 정보를 제공받은 집단은 실험보조자가 즐거운 행동을 했을 때 즐겁게 느꼈고, 실험보조자가 공격적인 행동을 한 경우는 더욱더 공격적인 태도를 나타냈다. 이 실험 결과는 정서의 상태는 인지에 의하여 많은 영향을 받고 있다는 샤흐터와 싱어의 견해를 지지해 준다.

5. 정서의 표현

가. 언어적 의사소통

타인의 감정을 잘 파악하지 못할 경우 언어를 사용하여 그 사람의 감정상태에 대하여 묻는 것이 가장 쉽고 일반적인 방법이다. 그러나 언어를 매개로 한 의사소통은 그 사람의 감정을 정확하게 전달하지 못하는 경우가 많다. 예를 들면, 자신의 솔직한 감정을 감추기 위해 거짓말을 할 수도 있고, 어떤 상황에서는 자신의 정서를 정확하게 언어로 표현하는 것이 불가능한 경우도 있고, 표현하지 않기를 원할 때도 있다. 어떤 이유에서든지 사람들이 언어로써 표현하는 감정들이 그들이 실제로 느끼고 있는 것을 그대로 반영하고 있지 않은 경우가 있을 수 있다. 그러므로 정서를 좀더 정확하게 이해하고 파악하기 위해서는 다른 의사소통 채널에 의존할 필요가 있다.

나. 비언어적 의사소통

얼굴 표정이나 신체 자세 등의 비언어적 행동은 정서에 대한 신뢰로운 정보가 될 수 있다. 그러나 정서를 비언어적인 방법으로 발견하고 그 내용을 해석하는 작업은 높은 수준의 민감성과 통찰력을 요구한다. 비언어적으로 주어진 암시를 정확히 인식하는 것은 그에 해당하는 반응을 나타나게 할 뿐만 아니라 정서의 느낌도 결정할 수 있다. 그러므로 아동들은 특정한 상황에서 성인들의 반응을 보고 그 상황과 관련된 정서를 배우게 된다.

한 사회의 문화적 환경이 정서의 표현을 억압하는 경향이 강할수록 그 사회의 의식은 복합적이고 형식적인 모습으로 발전되어 간다. Mead와 Batesons(1942)은 발리 주민들의 성격 발달에 대한 연구에서 자연스러운 정서들이 형식적이고 가장된 표현으로 나타난다는 것을 발견했다. 발리의 전통 무용수들은 가면을 쓰고 엄격히 정해진 규칙에 따라서 춤을 춘다. 이러한 춤의 주제는 대부분 인간에게 불행을 주는 발리의 어머니(마녀)와 관련된 것이다. 미드와 베이트슨은 발리의 어머니들이 체계적으로 아이들을 좌절시키는 것을 발견하였다. 예를 들면, 이들은 자녀들에게 어떤 행위에 대한 대가로 보상을 주기로 약속하고 그 약속을 지키지 않았다. 발리의 아동은 자신의 내면세계 속에서 생활하고 정서 반응으로서 가끔 두려움을 나타낼 뿐이다. 따라서 이들은 감정과 안정에 대한 요구를 전통적인 의식 속에서 밖으로 표현할 수 없다. 이런 식으로 고정화된 표현 방법들은 자신의 직접적인 감정 표현을 방해할 뿐만 아니라 다른 사람들의 정서 상태를 파악하는 데도 장애요소로 작용한다.

한 문화권 내에서도 특정한 비언어적 태도는 여러 가지의 정서적 상태를 표현할 수 있다. 예를 들어, 우리는 슬플 때뿐만 아니라 기쁠 때에도 눈물을 흘린다. 만약 안면표정과 특정 정서 간에 뚜렷한 관계가 주어지지 않으면 비언어적인 태도는 의사소통의 한 가지 방법으로써 신뢰롭지 못하다. 안면표정에 대한 선행 연구의 결과들은 이러한 관점을 지지한다. 일련의 연구에서 피험자들에게 사진을 제시하고 여러 가지의 얼굴 표정들이 어떠한 정서를 표현하는가를 대답하게 하였다. 그 결과 피험자들은 실험자의 예측과는 달리 다양한 대답을 하였다. 이러한 결과로 미루어 볼 때 우리는 타인의 정서를 불분명하게 지각하고 있음을 알 수 있다. 안면표정 뿐 아니라 신체자세, 몸짓, 혹은 다른 신체의 부분을 통한 의사소통을 통해서도 타인의 정서를 지각할 수 있다.

성 격

제3장

무더운 여름, 땀은 흐르고 교통은 막히고 기다리는 버스는 오지 않을 때, 정류장에 있는 사람들의 반응은 각기 다르다. 어떤 사람은 얼굴에 온갖 인상을 쓰고 있고, 어떤 사람은 묵묵히 아무 말도 없이 서 있고, 어떤 사람은 짜증어린 말투로 옆 사람에게 버스회사나 교통상황에 대해 욕을 한다. 과에서 졸업여행을 가기 위해 의견을 물었다. '미국으로 가자.'는 의견에서부터 '무엇 때문에 졸업여행을 가느냐?'라는 의견까지 그야말로 분분하다. 물이 반이 담겨져 있는 컵을 보고 어떤 사람은 '아직 물이 반이나 남았어!'라고 하는가 하면 다른 사람은 '이제 물이 반 밖에 남지 않았어!'라고 말한다.

이렇듯 똑같은 상황에 대해 반응하는 사람들의 모습은 제각각이다. '왜 이렇게 서로 다른 반응을 보일까?' 동일한 상황에서 사람에 따라 서로 다른 반응을 보이는 이유는 각 개인의 독특한 성격 때문이다. 성격을 이해하지 않고서는 인간의 깊은 이해가 어려운 이유가 여기에 있다.

1. 성격의 이해

가. 성격의 정의

일반적으로 성격이란 한 개인을 다른 개인들로부터 지속적으로 구별하는 개인의 독특한 심리적 특징을 말한다. 성격 정의에 가장 중요한 두 가지 핵심개념은 일관성과 독특성이다. 일관성이란 시간과 상황에 관계없이 나타나는 행동의 안정성을 말하고, 독특성이란 동일한 상황에 대한 개인의 반응차이를 의미한다. 따라서 성격이란 '일관성 있는 행동특성의 독특한 조합'이라고 정의할 수 있다.

성격과 유사한 말로 인격, 기질이 있다. 라틴어 가면(persona)에서 유래한 인격(personality)은 가시적이고 표면적이며 사회 · 문화적인 조건의 산물이다. 성격(character)은 희랍어의 조각(charakter)에서 유래되었는데, 선척적으로 타고난, 보다 고정된 특징을 지칭한다. 이에 반해 기질(temperament)은 체질처럼 개인의 생리학적 기제에 의해 결정되는 선천적으로 타고난 특성으로써 성격보다 더 본질직, 기본적인 특성이다.

나. 성격에 관한 기본 가정

1) 성격의 항상성과 변용성

(1) 성격의 항상성

성격의 불변성을 뜻하는 가설이다. 성격은 유아기, 아동기, 청년기, 성인기를 통해 변하지 않는다고 보는 입장으로, S. Freud와 A. Adler 등이 지지한다.

(2) 성격의 변용성

성격의 가변성을 지지하는 가설로 환경에 의해 성격은 변화 가능성이 크다고 보는 가정이다. 이 가정은 교육활동과 관계가 깊은 인간관으로 E. H. Erikson, B. F. Skinner, A. Bandura 등이 지지하고 있다.

2) 성격의 가시성과 불가시성

(1) 성격의 가시성

성격의 본질을 과학적인 용어로 파악할 수 있다고 보는 가정으로 결정론과 객관론에 치우친 Freud, Watson Skinner Bandure 등이 지지한다.

(2) 불가시성

가시성에 반대하는 입장으로 현상학적 이론에 치우친다. 인간은 자신이 중심이 되는 끊임없이 변화하는 주관적 경험세계 속에 살고 있으며, 이러한 개인적 경험세계는 사적인 것으로 순수하고 완전한 감각 속에서 자신에 의해서만 느껴질 수 있기 때문에 객관적으로 검증할 수 없다는 가정이다. C. R. Rogers 등이 대표적인 학자이다.

3) 성격의 결정성과 자유성

(1) 성격의 결정성

성격은 규정할 수 없는 어떤 변인에 의해서 결정된다는 입장이다. S. Freud, H. A. Murray 등이 지지한다.

(2) 성격의 자유성

인간은 자유로운 선택을 할 수 있는 존재이며, 여러 가지 환경의 영향을 초월할 수 있으며 자기가 선택한 인생을 자유롭게 살아가는 창조적 삶을 가정하는 인본주의 심리학파의 기본적 입장으로서 대표자는 Adler, Rogers, Maslow 등이다.

다. 성격형성의 유전적 · 개체적 요인

1) 유전적 · 생리적 요인

(1) 유전적 요인

유전이란 생물의 형질이 유전자를 통해서 특정의 세대에서 다음의 세대로 전달되는 것으로 주로 쌍생아 연구와 가계연구를 통해서 이루어져 왔다. 가계연구는 동일한 가계에서 보이는 성격의 유사경향을 연구하는 방법으로 동일가계에 빈번히 나타나는 행동특성을 규명한다. 반면에 쌍생아 연구는 서로 다른 환경에서 자란 쌍생아의 유사도를 검토하는 방법으로 일란성 쌍생아의 행동특성을 비교하는 방법을 사용한다.

(2) 생리적 요인

① 신경계 기능 : 자율신경계의 반응의 회복이 늦은 사람은 정서적으로 불안하거나 신경질 경향이 높다. 자율신경계에 대한 중추신경계의 통제를 절단하면 경우에 따라 보다 적응된 행동을 하는 수도 있으나 활동성의 약화, 무관심, 적극성의 결여 같은 성격의 변화를 초래한다.

② 내분비 기능 : 내분비선은 생화학 물질인 호르몬을 혈액 속에 분비하는 작용을 한다. 이것은 체질, 성장, 성숙, 성격발달에 영향을 미친다. 뇌하수체

호르몬의 과잉 분비는 적극성과 공격성을 증대시키며 과소 분비는 그 반대 현상을 나타낸다. 신체적 특징에 있어서 키가 너무 크거나 작다든지, 매우 뚱뚱하다거나 말랐다든가 하면 체형에 대한 열등감, 수치심 때문에 성격발달에 영향을 미친다.

2) 환경적 요인

다양한 환경은 독특한 성격을 형성한다.

(1) 가정환경

가정환경은 인생의 최초 교육장으로서 기본적인 생활양식, 행동양식, 습관, 성격발달에 큰 영향을 미친다. 가정환경은 경제적 · 사회적 지위, 부모의 양육태도, 문화적 측면 등으로 나눌 수 있다. 특히 인간발달에서 요구되는 심리적 요구의 결핍, 지적 · 사회적 인간발달의 부분적인 상실, 지연 및 왜곡현상인 문화실조 현상도 성격형성에 중요한 영향을 미친다.

부모의 양육태도 역시 자녀의 성격형성에 커다란 영향을 미친다. 익애형 또는 과보호적인 가정에서 자라난 아동에게는 신경질, 의존심, 자기중심성, 비사회성이 나타나기 쉽고, 거부형과 방임형의 가정에서는 반항적, 공격적, 불안정한 성격이 형성되기 쉽다.

전제적인 분위기에서 자란 아동은 다른 아동에 비해 인기가 없으며 정서가 불안정하고 싸움질이 빈번하다. 민주적 가정에서 자란 아이는 정서가 안정되어 있으며 솔직하고 인기가 있으며 상호 우호적이다.

자유가 적은 가정의 아이는 수동적이며 소극적이어서 인기가 없다. 엄격하고 벌이 심한 가정의 아이는 타인의 의견을 무시하며 인기도 별로 없다. 형제 자매간에 싸움이나 질투가 적은 아이는 협력적이며 순종적이어서 정서적으로 안정되어 있지만 조용하고 수동적일 수 있다.

(2) 학교환경

학생은 학교라는 소속된 집단에서 지위와 역할을 취득하면서 준거집단이 제시하는 집단표준을 습득한다. 상호간의 교우관계 및 교사, 학생의 인간관계는 모방, 동일시, 동화, 조정의 과정을 통하여 학생 개인의 성격형성에 큰 영향을 미친다.

학교에서의 성공과 인정경험은 자긍심을 높이나 계속적인 실패의 경험은 위축감과 부정적 자아감을 형성한다. Lewin 등의 연구에 따르면 전제적 교실분위기에서 학생들은 적대심과 반항심을 보인다. 민주적 교실분위기에서는 서로 친밀감과 협동성을 보이고, 활발하게 활동한다. 반면에 방임적 분위기에서는 활발하지만 무기력하고 태만한 모습을 나타낸다.

학교의 공간, 통풍, 소음, 운동장의 물리적 환경 또한 학생들의 성격형성에 영향을 미친다. 학교의 물리적 환경에 만족하지 못하면 학교생활이 권태로워지고 예민한 반응을 보이게 되어 성숙한 인격 형성에 부정적 영향을 미친다.

(3) 사회 · 문화적 환경

사람은 사회가 기대하는 행동양식을 습득하고 그 사회의 가치와 규범을 받아들인다. 따라서 개인의 성격은 그가 생활하는 상황의 제반 사회 · 문화 조직의 영향을 받게 마련이다.

자유를 존중했던 아테네 시민과 철저하게 군인으로 성장했던 스파르타 시민의 성격특성은 매우 다르다. 조선시대 우리 나라 여성의 성격이 오늘날과 다른 것은 사회의 가치와 규범이 변화했기 때문이다.

2. 성격이론

모든 인간은 공통적인 생물학적 특징을 공유함과 동시에 특정한 사회의 성원이고 그 사회에서 독특한 특징을 지니고 있다. 복잡한 인간의 성격을 이해하기 위해 연구가들은 다양한 이론을 제시하고 있다.

가. 유형론적 접근

유형론은 몇 개의 유형으로 성격의 다양성과 공통성을 분류하여 인간을 이해한다.

1) Hippocrates의 유형론

성격에 대한 인과적 설명원리를 최초로 제시한 Hippocrates는 체액기질설에서 4가지 체액을 중심으로 성격 특질을 언급하였다.

① 우울질은 사소한 일에 신경을 쓰고 근심걱정이 많으며 조용한 성격을 지닌다.

② 다혈질은 사교적, 명량, 자율, 독립성, 민주적 가치의 성격을 지닌다.

③ 점액질은 침착, 심사숙고, 냉철한 성격을 지닌다.

④ 담즙질은 신경질적, 공포, 파괴적인 성격을 지닌다.

2) Kretschmer의 이론

독일의 임상정신과였던 Kretschmer는 체형과 정신분열증, 조울증, 간질병 등과 관련이 있음을 발견하였다. 세장형은 신체발육이 불충분하여 말랐으며 허약체질로 자신감이 없다. 투사형은 근육과 체격이 잘 발육하여 억세고 힘있어 보이며 자신감도 있다. 비만형은 뚱뚱하고 활동이 둔한 편이다. 발육이상형은 신체발달이 정상에 미달되고 허약하고 문제행동을 자주 일으킨다.

3) Jung의 유형론

(1) 성격의 유형

C. G. Jung은 의식의 세계와 무의식의 세계가 융화되어 발달되어야 한다는 입장으로 인간발달 중 성인기, 노인기의 발달에 관심을 두었다. Jung은 인간이 자기실존의 목적과 의미를 발견한 책임있고 독자적인 인간이 될 때 비로소 건강한 성격의 소유자가 된다고 보았다.

① **내향형 성격** : 어떤 사람이 개인적인 판단과 행동을 결정할 때 주관적인 속성들이 강한 내향적 태도를 보인다. 이들은 리비도가 자기의 내부세계에서 작용하는 주관적 욕구에 따라서 행동을 한다. 따라서 자신의 행동에 대해 반성을 많이 하는 경향이 있다.

② **외향형 성격** : 주위환경에 영향을 많이 받고 사교적이며, 융통적이다. 친숙하지 못한 상황에도 잘 적응하며 주위 사람들과 곧잘 논쟁하고 그들의 행동을 마음대로 조절하기도 한다. 반면에 일을 피상적으로 처리하고 자기에 대한 비판이 결여되어 있다. 사회생활은 원만하나 편의주의적 성향이 많은 편이다.

외향형 성격은 외향적 성격이 과장될 경우 히스테리를 일으킬 수도 있고, 내향형 성격은 극단적인 내향적 태도를 취하게 될 경우 정신쇠약증에 걸리기 쉽다.

(2) 성격의 구조와 원형

① **리비도** : 융은 프로이드의 리비도 개념을 넓혀서 리비도가 생물학적, 성적, 사회적, 문화적, 창조적인 모든 형태의 활동에 에너지를 제공하는 전반적인 생명력을 의미한다고 보았다. 즉, 융의 리비도는 영적인 특성을 가진 창조적 생명력이다.

② **자아** : 자아는 의식의 개성화(individuation) 과정에서 생긴다. 개성화란 의식이 다른 사람으로부터 분리되는 과정을 의미한다. 따라서 의식의 시작이 곧

개성화의 시작이며, 의식이 증가하면서 개성화도 증가한다.

③ **페르소나** : 페르소나(persona)는 자아의 가면으로 개인이 외부 세계에 내비치는 이미지, 즉 개인이 사회적 요구에 대한 반응으로 내보이는 사회적 모습이다. 사회에 적응하기 위해서는 어느 정도 페르소나가 필요하나 개인이 사회적 역할에만 사로잡혀 자아와 페르소나가 동일시되면 내면세계로부터 유리될 위험이 있다.

④ **원형** : 원형(archetype)은 표상 불가능한 무의식적이고 선험적인 이미지를 의미한다. 융은 원형에 대해 "인생의 전형적인 장면과 같은 수만큼 무수히 많은 원형이 있다. 무한한 반복에 의해 이 경험들은 정신적 소질 속에 새겨진다. 원형은 과거의 기억과 같은 완전한 심상이 아니고 현실 속의 부합되는 대상들과 동일시됨으로써 의식적 실재가 된다."고 말하였다.

⑤ **아니마와 아니무스** : 융은 양육, 감정, 예술, 자연과의 일치 등에 대한 역량은 여성적 원리로 사고, 영웅적 주장, 자연의 정복 등에 대한 역량을 남성적 원리로 보았다. 그는 인간이 생물학적으로나 심리적으로 양성의 기질을 가지고 있으나, 유전적인 성차와 사회화로 인해 남성에게 여성적 측면이, 여성에게 남성적 측면이 억압되어 약화된다고 보았다. 이 무시된 측면들은 무의식 속에 존재한다. 무의식 속에 존재하는 남자의 여성적인 면이 아니마(anima)이고 여자의 남성적인 면이 아니무스(animus)이다. 아니마와 아니무스는 꿈, 환상, 문학, 남녀의 상호작용, 신화 속에 나타나는 반대 성의 원형이다. 남성이 자신의 여성적인 본성을 억압하고 경시하면 창조력이 억압된다.

⑥ **집단무의식** : 융은 모든 인류에게 공통적으로 유전되어 온 집단무의식(collective unconsciousness)이 정신의 심층에 존재한다고 믿었다. 멀리 떨어져 있는 지역에서의 상징적 신화가 서로 비슷하다는 것이 그 증거이다. 진화와 유전이 신체적 청사진을 제공하듯 집단무의식은 정신의 청사진을 제공한다. 사람들이 어떤 것을 쉽게 지각하고 특정한 방법으로 반응하려는 경향을 지닌 것은 정신에 그 소질이 있기 때문이다. 다시 말해 인간의 마음이 진화에 의해 미리 형성되어 있기 때문이다.

4) Sheldon의 유형론

W. Sheldon은 인간의 체형을 세 가지로 구분하고 체형에 따른 성격특성을 기술하였다. W. Sheldon은 사람의 체형은 6세에 이미 결정되며, 체질도 출생 전에 어느 정도 결정된다고 하였다.

(1) 내배엽형

태내기의 내배엽에서 발달한 형으로 내장긴장형이다. 보통 뚱뚱한 편이고, 복부가 흉부 보다 발달되어 있다. 어깨는 수평으로 펴있고 뼈마디가 굵은 편이다. 이들은 동작이 비교적 느리고 먹는 것을 좋아하며 친구 사귀기나 타인과의 만남을 즐긴다. 너그러운 면이 있고 애정과 칭찬을 많이 필요로 한다.

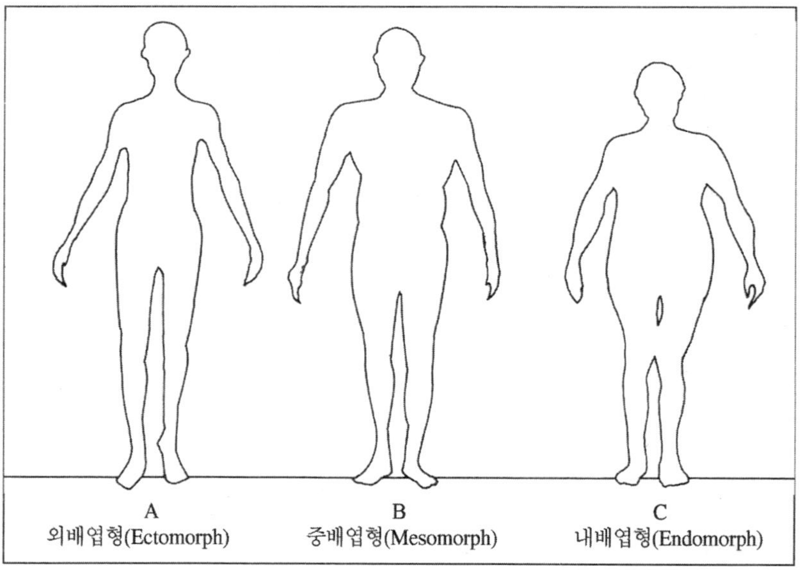

[그림 3-1] **Sheldon의 세 가지 유형**

*출처 : Witting & Williams, p. 439.

(2) 중배엽형

태내기의 중배엽에서 생기는데 신체긴장형이 이에 속한다. 골격 · 근육 조직의 발달이 뛰어나 있다. 근육이 단단하며 흉부의 직경이 크고 피부는 두텁고 거칠다. 확신 있는 태도를 지니며 운동과 일을 즐긴다. 지배적 특성이 강하고 용감하고 모험심이 있다. 경쟁적이며 권력을 추구한다.

(3) 외배엽형

태내기의 외배엽에서부터 생긴 신체 표면의 감각기관과 신경 계통 등이 발달된 형으로 두뇌 긴장형에 속한다. 신체는 복부보다 흉부가 더 발달되어 있고 어깨는 좁고 얼굴은 작다. 피부는 섬세하고 건조하며 허약체질의 모습을 보인다. 내적 정신활동을 선호하고 사교적이기보다는 고독을 추구하기도 한다. 고통에 민감하고 숙면을 취하기 어렵고 예민한 편이다.

나. 성격특성론

1) Allport의 성격특성론

(1) 특성의 개념

특성이란 다양한 상황에서 일관성 있게 나타나는 개인의 지속적인 속성이다. Allport는 어느 두 사람도 완전히 동일할 수 없다고 말한다. 그는 사람들이 서로 다르면서도 비슷하게 행동하는 것을 설명하기 위해 성격 구조의 필수 요소인 특성에 대한 연구를 하였다. 특성은 특정한 자극 혹은 반응에만 연결되어 있지 않고, 여러 가지 자극에 대한 반응을 통합함으로써 비교적 일반적이고 지속적으로 나타난다.

(2) 특성규정의 기준

① 성격특성은 한 개인에게 실재로 존재하는 주요 부분이다. 내향성, 외향성, 공격성, 우유부단성, 정직성, 비정직성 등과 같이 사람에게는 누구나 그 유기체 안에 일반화된 행동경향성이 실재로 내재한다.

② 특성은 습관보다 더 일반화된 것으로 상황을 초월하여 나타나는 지속적이고 일반적인 행동 특성이다.

③ 특성은 행동 결정적이다. 개인이 어떤 행동을 하도록 지도하고 지시하므로 행동의 원인이 된다.

④ 특성을 직접 관찰할 수는 없지만, 과학적이고 이를 증명할 수는 있다.

⑤ 한 특성은 다른 특성과 상대적인 의미에서 독립적이긴 하지만 특성들은 서로 겹쳐져서 서로를 구분하는 뚜렷한 경계가 없고 서로 겹쳐지는 망의 형식으로 구성되어 있다.

⑥ 성실함, 청렴결백함, 충성심 등 많은 특성들이 사회적 판단을 받게 됨에도 불구하고 좋다 · 나쁘다 등의 도덕적 판단으로 단정지어질 수 없다. 또한 인격(character)과 같은 의미로 사용할 수 없다.

⑦ 특성은 한 개인의 성격내부에 존재하는 특수성과 동시에 사람들 사이에 어떤 분포도를 지니고 척도상의 점수화가 가능한 보편성을 지니고 있다.

⑧ 행동이나 습관과 일치하지 않는 특성도 있다. 깔끔하고 여성적이고 부드러워 보이는 여성이 운전을 매우 난폭하게 할 수도 있다.

(3) 특성의 형태

① **주특성** : 주특성은 한 영향력이 매우 커서 그 사람의 삶의 행동 전반에 영향을 미친다. Allport는 아인슈타인, 슈바이처 같은 매우 소수의 사람만이 주특질을 소유하고 있다고 주장 했다.

② **중심 특성** : 영향력은 덜하나 그래도 인간에게 있어 상당히 일반화된 특징이다. 개방적, 낭만적, 사교적 혹은 쾌활함 등과 같은 성격 속성으로 다른 사람과

구별되는 그 사람의 독특한 특성이다.

③ **이차적 특성** : 매우 음식을 좋아한다거나 장식품을 모으는 것을 좋아하는 등의 덜 일반적이고 일관성이 적은 특성을 말하다. 이러한 이차적 특성은 그 개인과 친숙해져야만 알 수 있다.

④ **공통 특성과 개인 특성** : 공통 특성은 개인주의나 집단주의와 같이 한 문화 안에 속한 대부분의 사람을 합리적으로 비교할 수 있는 일반화된 소질을 말한다. 공통특성의 존재는 한 사회의 구성원으로서 이들은 적응을 위해 비슷한 언어 양식, 사회적 태도를 지니기 때문에 발생한다. 한 조사에서 일부러 옆 사람에게 물건을 맡기는 척하면서 그 물건을 깨뜨리는 상황을 연출했을 때, 전라도와 경상도 지역 사람들이 서로 다른 반응을 했다. 전라도는 '우야꼬' 반응이 대다수였고, 경상도는 '내 탓이 아니야'라는 반응이 대다수 였다. 이는 문화 내의 대다수 사람들이 공통 특성을 지니고 있음을 나타낸다. 반면에 같은 특성일지라도 개인에 따라 똑같은 방식으로 일어나지 않는다. 지배성이 높은 특성이어도 그 표현 방식은 사람마다 다르다. 이러한 개인 특성은 개인의 사례사, 일기 등을 통해 조사가 가능하다.

다. 발달적 성격론

1) Freud의 정신 분석적 성격이론

Freud는 무의식 속에 잠재해 있는 근원적 본능을 중심으로 해서 내면적인 성격을 분석하였다. Freud는 인간의 성격을 id, ego, superego의 세 가지 요소로 구성되어 있다고 보고 이 세 가지 요소가 실제 생활에서 역동적으로 상호작용하는 과정을 분석하였다.

인간 무의식의 세계를 밝힌 Freud 이론은 20세기의 인류문명에 광범위하게 영향을 주었다. 그의 이론은 심리학과 정신의학 뿐 아니라 문학과 예술, 종교에 이르기까지 관심의 대상이 었다. 인간조건에 대한 프로이드의 관점은 당시의 지배적이던 견해와는 크게 대립되었지만 당시 불명확하고 잘 이해할 수 없었던 정신생활을 이해하는데 적절한 방법을 제시해 주는 것이었다.

이 이론은 후에 신프로이드학파(Neo-Freudian)라고 불리는 융(C. G. Jung), 애들러(A. Adler), 안나 프로이드(Anna Freud), 에릭 프롬(E. Fromm), 그리고 에릭슨(E. H. Erikson) 등에 의해 더욱 발전되었다.

(1) 중심개념

① **정신적 에너지** : 프로이드는 인간의 정신적 활동에 작용하는 에너지를 크게 생의 본능과 죽음의 본능으로 나누었다. 생의 본능인 에로스(Eros)는 생명을 유지, 발전시키고 사랑을 하게 하는 본능이며 인간은 이것 때문에 생명을 지속하며, 종족을 보존한다. 죽음의 본능인 타나토스(Thanatos)는 생물체가 무생물체로 환원하려는 본능으로 이것 때문에 생명은 결국 사멸되고 살아있는 동안에도 자신을 파괴하거나 처벌하며, 타인이나 환경을 파괴하는 공격적 행동을 하게 된다.

② **리비도** : 리비도(libido)는 생물학적인 힘이 아니라 정신적인 힘으로 성적

본능의 에너지를 의미한다. 출생 시부터 나타나고 아동의 행동과 성격을 결정한다. 리비도의 개념은 처음에는 협의의 성적 에너지로 생각되었다가 점차 그 개념이 넓혀져 사랑과 쾌감의 모든 표현이 포함되었다.

(2) 인간의 의식 수준

프로이드는 마음을 빙산에 비유하였다. 물위에 떠있는 작은 부분이 의식이라면 물 속의 훨씬 더 큰 부분을 무의식으로 비유하고 이 거대한 무의식의 영역 속에 추진력, 정열, 억압된 관념, 감정들이 숨어 있다고 보았다. 그리고 이것들은 인간생명의 거대한 하층구조로서, 인간의 의식적 사고와 행동을 전적으로 통제하는 '보이지 않는 힘'이라고 생각했다.

① 의식(consciousness) : 의식은 알거나 느낄 수 있는 모든 행위와 감정들을 말한다. 어떠한 순간에 경험하는 의식 내용은 잠시동안만 의식될 뿐 시간이 경과하거나 주위를 다른 곳으로 돌리면 전의식이나 무의식 속으로 들어가 잠재하게 된다.

② 전의식(preconsciousness) : 전의식은 흔히 이용 가능한 기억이다. 초등학교 때 담임선생님께 혼났던 일, 첫사랑의 연인과 걸었던 돌담길 등 어느 순간에는 의식되지 않으나 조금만 노력하면 곧 의식될 수 있는 경험이나 기억을 말한다. 이 전의식은 의식과 무의식의 영역을 연결하는 문지기이다.

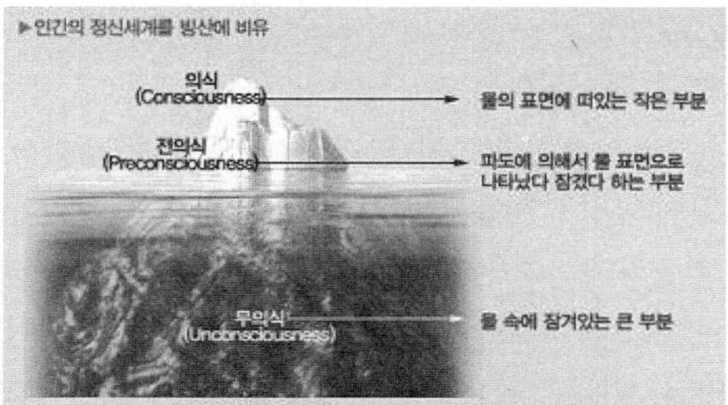

〈성격의 구조〉

* 출처: http://blog.daum.net/jackim0823/12686439

③ **무의식**(unconsciousness) : 인간정신의 가장 크고 깊은 심층에 잠재해 있는 마음의 실체이다. 무의식은 의식적 사고와 행동을 전적으로 통제하는 힘으로써 전의식과는 달리 전혀 의식되지 않는다. 의식 밖에서 억압되는 어떤 체험이나 생각은 소멸되는 것이 아니라 무의식 속으로 들어가 잠재하여 한 개인의 행동에 강력한 영향력을 행사한다. 천둥번개가 치고 비가 오는 날이면 불안해하고 남의 물건을 훔치는 아가씨의 무의식적 갈등을 분석한 결과, 어린 시절 천둥번개가 치고 비가 오던 날 충격적인 사건을 경험했는데, 그 사건의 충격이 무의식 세계 속으로 억압되었다가 비슷한 날씨가 되면 불안이 나타난 것이었다. 이와 같이 억압된 생각이나 경험들은 어떤 일과 연상이 되어 나타나면 현실에서 불안을 일으킨다.

이러한 무의식적 갈등을 분석하여 환자를 치료하는 정신분석학적 방법은 최면술이나 자유연상법으로 억압된 무의식을 의식화함으로써 치료효과를 가져온다.

(3) 성격의 구조

프로이드는 성격이 원초아, 자아, 초자아의 세 부분으로 구성된다고 보았다.

① **원초아**(Id) : 원초아는 성격의 가장 원시적인 체계로서 생득적이며 쾌락의 원리에 따른다. 자아와 초자아의 기능수행에 필요한 성적에너지(Libido)를 공급한다. 원초아는 공격적이고 동물적이며 규칙도 따르지 않는 개인에 내재하는 정신적 원동체이다. 또한 긴장을 감소시키려는 쾌락의 원리(the principle of pleasure)를 따르므로, 충동적이고 비합리적이며 자신을 괴롭히는 모든 억압을 싫어하고 무시한다. 불안으로부터 벗어나기 위해 재채기, 눈 깜박하기 등의 반사기제를 사용하거나 과거에 자신의 기본욕구를 만족시켜 주었던 어떤 대상물에 대한 심상을 떠올린다.

② **자아**(Ego) : 이드와 외부 현실과의 매개역할을 한다. 초자아가 '길들여지지 않은 열정'이라면 자아는 '이성과 분별'을 뜻한다. 자아는 원초아의 충동들을 어떤 방법으로든지 충족시켜야 하지만 그것은 초자아가 침해를 받지 않는 범위

내에서 이루어져야 한다. 이같이 자아는 원초아의 욕구(yes)와 초자아의 거절(no) 사이에서 현실에 맞도록 조정하여 개체를 적절히 유지시키는 기능을 하므로, 자아는 현실의 원리(the principle reality)를 따른다. 화가 나는 대상에 대한 성적충동과 죄책감 사이에서 원초아의 충동을 처리할 수 없을 때 신경증적 불안(neurotic anxiety)을 경험하며, 어머니에 대한 성적충동과 죄책감사이에서 자아가 초자아로부터 처벌을 예견할 때는 도덕적 불안(moral anxiety)을 느낀다.

자아와 원초아는 분리되어 존재할 수 없으므로 자아는 본능과 현실적 요구를 적절히 조정하여 개인의 생활을 유지시키는 기능을 한다.

③ **초자아**(Superego) : 초자아는 사회적 규범이나 가치관 등을 내면화시키는 과정에서 발생하는 일종의 도덕적 힘이다. 초자아는 바람직한 사회생활을 위해 습득된 윤리적, 도덕적, 이상적인 면을 말하며, 부모가 주는 보상과 처벌에 대한 반응으로 발달한다. 아동은 부모의 기대와 집단의 규범에 알맞게 행동함으로써 갈등과 처벌을 피한다. 이 때문에 원초아의 본능적 욕구는 억압된다.

초자아는 양심(conscience)과 자아이상(ego ideal)이라는 두 하위체계로 나뉜다. 양심은 잘못을 저질렀을 때 부모로부터 주어지는 야단이나 처벌을 통해 생기며 이것은 자신에 대한 비판적 평가나 도덕적 억압, 죄의식 등을 포함한다. 한편 자아이상은 아동이 긍정적인 일을 했을 때 부모로부터 받는 보상이나 칭찬으로부터 발달하며 아동이 목표나 포부를 갖게 하고 자존심, 긍지를 느끼게 해 준다.

* 출처: 인간발달의 이론, 정옥분

(4) 성격 발달단계

성격발달은 유아기부터 청소년기까지 다섯 단계에 걸쳐 이루어진다. 발달단계가 모두 성공적으로 진행되는 것은 아니며, 한 단계에서 다음 단계로의 진행이 적절히 이루어지지 않으면, 특정 단계에 고착될 수 있다. 유아기 때 운다고 부모로부터 심하게 혼이 난 경험이 있은 후, 부모에게 순종적으로 성장한 40대 한 여성이 스트레스 상황에 노출이 되면 퇴행을 해서 어린아이처럼 울거나 떼쓰는 모습을 보이기도 한다. 프로이드는 이 고착이 성인기 성격에 직접적 영향을 미친다고 보고 이를 '좌절'과 '방임'이라는 두 가지 요소로 설명하였다. 좌절은 젖빨기, 물어뜯기 등 아동의 심리성적 욕구를 양육자가 적절하게 충족시키지 못한 것을 의미하며, 방임은 과잉으로 만족시켜 양육자가 아동에게 내적으로 극복하는 훈련을 제대로 시키지 않아 의존성과 열등감이 심한 것을 뜻한다.

① **구강기** : 출생에서 1세까지로 영아는 입을 통해 쾌락을 얻는다. 생후 1년간은 입이 성적, 공격적 욕구 충족을 하는 신체 부위이며, 입, 입술, 혀, 잇몸 등을 자극하는데서 만족을 느끼기 때문에 빨고, 삼키고, 깨무는 일에 몰입한다.

구강 전기에는 어머니에게 접근하고 합치되려는 경향을 보이다가 후반기에는 애정과 우호적인 태도와 동시에 이로 엄마의 젖을 물어뜯는 등 적대적이며 파괴적인 태도를 보인다. 이 때 영아는 최초의 양가감정을 경험한다. 구강기 전반기에 좌절 혹은 방임을 경험하면 구강 수동적 성격이 된다. 이 성격은 낙천적이고 타인에게 의존적이며, 수동적이고 미숙한 특성을 보인다. 물어뜯기나 침뱉기 등의 공격적 행동으로 불안을 나타내는 구강 공격적 성격이 고착되면 논쟁적이고 비꼬길 잘하며, 타인을 이용하거나 지배하려고 하며, 잔인하고 적개심을 나타낸다.

② **항문기** : 항문기란 대소변을 가리는 훈련이 시작되는 1세 내지 1세 반에서 3세까지로 성적 에너지가 항문에 집중하는 시기를 말한다. 괄약근의 발달로 영아는 마음내키는 대로 배설하거나 보유할 수 있다. 그러나 대소변 훈련이 시작되면서 자신이 원하는 때에 배변을 하기 원하는 본능적 충동은 대소변 가리기를 위해 욕구충족의 만족을 늦추어야 하는 갈등을 경험한다. 부모는 배변훈련 시 옳고 그름에 대해 말하고 영아는 부모에 동조하며 부모의 의견을 내면화하면서 이것이 초자아 발달의 시초가 된다. 배변훈련이 성공하면 영아는 사회적 승인을 얻는 쾌감을 경험한다. 그러나 욕구가 충족되지 않으면 아무데나 배변을 보거나 변을 참는 등의 행동을 보인다. 이 시기에 영아가 과도한 스트레스를

받으면, 변비가 생기기도 하는데 이는 욕구불만에 의한 것이다. 고착된 항문기의 강박적 성격은 고집이 세고 인색하며, 복종적이고 시간을 지나치게 엄수하며, 흑백논리를 가진다. 반대로 지나치게 관대하여 고착된 항문기 공격적 성격은 잔인하고 파괴적이며, 난폭하고 적개심이 강하고, 소유욕이 강한 특징을 갖는다.

③ **남근기** : 남근기는 3세에서 6세까지 유아기로 성적 에너지가 성기에 집중되는 때이다. 유아는 자신의 성기를 만지고 자극하는 데서 쾌감을 느낀다. 남아는 어머니에 애착을 느껴 아버지를 경쟁자로 생각하고 적대감을 느끼며, 거세불안(castration anxiety)을 느끼게 된다. 이 과정에서 오이티푸스 콤플렉스(Oedipus complex)를 느낀다. 그러나 이 불안을 해소하기 위해 어머니가 인정하는 남성다움을 갖기 위해 동성의 부모에게 성적 동일시(identification)를 함으로써, 성역할을 배운다. 반면에 여아는 아버지에게 성적 관심을 가지고 접근하는 욕망을 가지는데 이를 엘렉트라 콤플렉스(Electra complex)라 한다.

남근기에 고착된 남자는 경솔하고, 과장이 심하며, 야심이 강하다. 이 시기에 미해결된 오이디푸스 콤플렉스는 성적 무기력이나 신경증의 원인이 된다. 여자는 경박하고 유혹적이거나 남성을 능가하고 지나치게 자기주장적일 수 있다.

④ **잠복기** : 잠복기는 6세에서 12, 13세까지로 성적에너지가 억압 또는 잠재되는 시기다. 원초아는 약해지고 자아와 초자아는 강력해진다 리비도의 대상은 친구, 특히 동성의 친구로 향하고 에너지는 지식이나 기능습득 등의 지적인 활동, 운동, 친구와의 우정 등에 집중된다.

잠복기에 고착되면 성인이 되어서도 이성과의 관계를 회피하거나 정상적인 애정관계를 맺지 못한다.

⑤ **생식기** : 생식기는 사춘기부터 성인기 이전까지의 시기로 심한 생리적 변화가 특징이다. 호르몬과 생리적 요인들로 인해 그 동

안 억압되었던 성적 에너지들이 왕성한 활동을 시작하면서 잠복기 동안 억제되었던 성적, 공격적 충동이 강해진다.

원초아(id)가 우세해지면서 사회적으로 용납될 수 없는 욕구나 충동을 강하게 느끼고, 이에 맞선 초자아의 압력으로 불안이 심해진다. 자아를 보호하기 위해 금욕주의, 지성화의 경향이 강해지고 방어기제를 많이 사용한다.

이 시기에는 가정을 벗어나 외부사회 활동이 많아지고, 이성을 향한 성욕 충족을 추구한다. 이러한 성적 욕구는 독서, 운동, 자원봉사 등 다른 활동을 통해 승화되기도 한다. 이 시기에는 근면과 만족을 지연시킬 줄 아는 인내와 책임감 학습이 중요하다.

(5) 자아 방어기제

원초아의 충동이 의식적 행동으로 표출되는 것을 봉쇄하거나 충동을 왜곡시켜서 다른 방식으로 표출되도록 하는 것이 자아 방어기제이다. 방어기제(defense mechanism)는 억압되어 무의식 차원에서 작용하며 현실을 왜곡해서 지각함으로써 불안으로부터 개인을 보호한다.

① **승화**(sublimation) : 사회적으로 용납된 생각이나 행동으로 충동을 적절하게 전환하는 심리적 기제이다. 청소년기의 적대감이나 성적 충동을 운동에 전념하거나 피카소와 같이 반사회적 충동을 예술로 승화하는 경우이다.

② **억압**(repression) : 모든 방어기제의 기초로서 내면의 충동을 완전히 차단하여 의식하지 못하게 한다. 억압의 결과 불안을 유발하는 갈등을 자각하지 못하고 충격적인 사건을 기억하지 못한다. 억압은 신경증적 행동, 성심리적 장애 등 일상생활의 부적응의 근본 원인이다.

③ **투사**(projection) : 자기의 결점을 감추기 위해 다른 사람이나 사물을 탓하며 비난하는 것이다. 시험준비를 못해서 성적이 나쁠 때 시험문제가 난해했다고 하거나, 교수로부터 인정받지 못하는 것이 불안할 때 교수가 자신을 미워한다고 책임을 전가하는 경우이다.

④ **전위**(transposition) : '동에서 뺨맞고 서에서 화풀이하는 식'이다. 본능적 충

동의 표현을 덜 위협적인 대상에게 하는 것이다. 부모에게 야단 맞은 후 동생을 때리거나 강아지를 발로 걷어차는 행동을 하는 경우이다. 전위는 사소한 불쾌감에 대해서도 과민 반응을 보이는 경우가 많다. 직장에서 상사에게 스트레스를 받은 남편이 집에 와서 부인이나 아이들에게 하찮은 일에도 짜증을 많이 내는 경우이다.

⑤ **반동형성**(reaction) : 받아들여질 수 없는 충동을 억압하여 그와는 반대되는 행동을 보이는 것이다. 'B사감과 러브레터'에서처럼 성욕이 드러나는 것이 불안해서 매우 금욕적인 모습을 보이는 경우이다.

⑥ **합리화**(rationalization) : 이솝우화의 '여우와 신포도'에서처럼 불안을 극복하기 위해 현실을 왜곡하여 자존심을 보호하려는 기제이다. 데이트 신청에서 거절당한 남학생이 자신의 자존감 보호를 위해 상대 여학생의 성격이 나쁘다라고 말하는 경우이다.

⑦ **퇴행**(regression) : 초기의 안전했던 발달단계로 되돌아가 불안을 완화시키는 방법이다. 여자친구가 전화 안 했다고 어린아이처럼 삐쳐서 있거나, 손톱을 깨물거나, 화가 난다고 물건을 집어던지는 등의 경우이다. 퇴행은 일시적으로 불안을 감소시키지만 근본적인 문제해결은 이루지 못한다.

2) Murray의 5단계 유아기 콤플렉스 발달론

N. A. Murray는 초기 유아기가 성격발달의 근원임을 강조하면서 이 때의 경험과 사건들에 초점을 맞추어 5단계 콤플렉스 이론을 제시했다.

(1) 폐소콤플렉스

폐소콤플렉스는 출생 전 모체의 자궁 상태로 되돌아가려는 욕망에서 비롯된다. 이러한 유형의 사람은 수동적, 의존적, 과거 지향적, 새로운 것이나 변화를 주저한다. 또한 아침에 침대에 누워있기를, 은밀한 장소를 갖기를, 도시에서 떨어진 곳에 살기를 더 좋아한다.

(2) 구강 콤플렉스

초기의 수유 경험과 관련된 사건에서 비롯된다. 구강구호 콤플렉스는 수동적이고 의존적 경향이 혼합된 구강활동을 나타낸다. 이 콤플렉스는 빠는 것, 먹는 것, 입맞춤, 그리고 양육, 보호, 칭찬, 동정, 사랑, 돌봄에 대한 욕구의 형태로 나타난다. 구강공격 콤플렉스는 공격의 욕구와 관계된다. 침뱉는 것, 깨무는 것, 소리치는 것으로 나타난다. 구강거부 콤플렉스는 침을 뱉고, 입술을 꽉 다물고, 말을 더듬고, 식욕상실 그리고 의존적 관계에 대한 혐오감 등의 형태로 나타난다.

(3) 항문 콤플렉스

배설과 배변훈련의 행위와 관련된 사건에서 비롯된다. 배변에 지나친 관심을 보이는데 항문거부 콤플렉스 유형의 사람은 보통 지저분하고 파괴적이다. 대변보유와 관계되는 항문보유 콤플렉스 유형의 사람은 물건을 저장하고, 강압적이며, 완고하고 부정적인 경향을 나타낸다.

(4) 요도 콤플렉스

태양에 너무 가까이 날아가서 밀납날개가 녹아서 땅에 떨어진 그리스 신화의 이카루스라는 인물의 이름을 따서 이카루스 콤플렉스라 불린다. 실패에 대한 두려움을 지닌, 극도로 높은 야망을 가졌거나, 칭찬을 갈망하거나, 자기 주도성이 너무 강하다. 유아시절에 야뇨증에 많이 걸린다.

(5) 거세 콤플렉스

이 콤플렉스는 문자 그대로 성기가 잘릴지도 모른다는 오이디푸스 콤플렉스와 관련된다. 거세 공포는 보통 유아기의 수음과 그에 따른 부모의 금지와의 관계를 공상으로부터 결과한 것이라고 여겨진다(강봉규, 1999).

라. 행동주의적 성격론

인간행동의 기원을 환경과 경험에 두는 학습이론은 모든 행동을 연합의 법칙으로 해석한다.

Watson은 11개월 된 아이가 흰쥐를 보고 처음에는 공포를 느끼지 않았으나, 흰쥐가 손에 닿을 때마다 여러 번 놀라게 하는 소리를 짝지어서 제시했더니 흰쥐를 보면 울기 시작했다. 더 나아가 아이는 개나 털 코트와 같이 털이 있는 물체를 보면 놀라서 울었다. 이 공포조건형성 연구에서 Watson은 공포는 자극의 연상을 통해 학습된 것이라고 밝혔다.

그 이후, 학습이론에서는 인간의 모든 행동은 즐거운 결과를 가져오는 행동빈도는 증가하고 불쾌한 결과를 가져오는 행동빈도는 감소되는 과정에서 학습된다고 본다. F. Skinner는 대부분의 인간행동이 외적자극에 의해 동기화된다고 보았다. 즉, 인간행동이 보상과 처벌의 그 결과에 의해 유지된다고 보았다.

그러므로 행동이론에서 문제 행동은 질병이라기보다는 오히려 잘못된 학습에서 유래된 것으로 본다. 학습에 무기력한 행동은 학습할 때마다 연합된 처벌이나 비난 때문에 더 이상 학습하는 행동을 보이지 않는 것이다. 강화된 행동이 다양한 관련 상황으로 확장되는 것이 자극의 일반화이다. 처음에 학습에 대해 무기력해진 아동은 점차 생활의 모든 면에서 무기력한 모습을 보인다. 스키너는 건전한 성격은 자극의 일반화와 변별 능력이 적절하게 발달된 결과라고 보았다. 일단 친절한 행동에 대해 보상을 받은 아이는 계속 친절한 행동을 할 것이고 이후에 칭찬하는 보상을 받기 위해 인사를 더 잘하게 되고, 그러면서 점차 예절바른 행동을 하면서 사회성이 높아질 수 있다는 것이다.

1) 성격구조

Skinner는 행동의 일관성을 반응경향성으로 설명하였다. 충동적 행동으로

부정적 경험을 했다면 충동경향은 감소할 것이고 밝은 인사로 상대의 호감을 샀다면 계속 인사하는 경향은 증가할 것이다. 사람들은 경험을 통해 안정된 반응경향성을 획득하기 때문에 일관성 있게 행동한다.

성격이란 일종의 조건형성 과정을 통해 획득되는 것이고 반응경향성은 새로운 경험에 따라 증가하거나 감소하기 때문이라고 보았다. 즉, Freud와는 대조적으로 Skinner는 성격발달 단계를 가정하지 않았고 초기 아동기 경험의 중요성도 강조하지 않았다. 인간도 실험실에서 쥐나 비둘기의 행동이 조건 형성되는 것과 동일한 원리에 따라 조건 형성된다는 것이다. Skinner는 개인의 특징적인 반응경향성은 강화물과 그 외의 결과에 의해 형성된다고 주장하였다. 따라서 농담한 결과 다른 사람의 관심을 받았다면 다음에도 농담할 경향이 증가할 것이다.

2) 학습된 무력감

장애물을 건너면 먹이를 먹을 수 있도록 장치된 실험상자에서 쥐는 먹이를 얻기 위해 장애물을 넘었다. 그러다가 장애물을 넘을 때 전기쇼크를 주면 처음에는 장애물을 넘는 시도를 더 많이 하다가 계속 되는 전기 쇼크를 받으면 더 이상 움직이지 않는다. 장애물에 전기쇼크를 제거한 후에도 쥐는 더 이상 장애물을 넘지 않는다. 이것이 '학습된 무력감'이다. 아동의 버릇없는 행동을 한다고 계속적으로 야단치거나 매를 들 때 아동은 학습된 무력감을 갖는다. 특히 공부를 할 때마다 야단을 맞는 아동은 공부에 대해 의욕이 없고 무기력한 반응을 보인다.

3) 미신의 학습

손톱이 우연히 부러졌을 때 사고가 났다면, 이 사람은 손톱이 부러지면 나쁜 일이 일어날 것이라고 믿는다. 오른쪽과 왼쪽 양말을 바꾸어 신어야 일이 잘 된다고 믿는 사람은 시험을 볼 때마다 양말을 바꾸어 신는다.

4) 사회학습이론

Bandura(1982)는 기본적으로 성격이 학습을 통해 형성된다는 전통적인 행동주의적 관점을 지지하면서도 인간은 수동적, 기계적 존재가 아니라 개인의 신념, 자기지각 등에 따라 환경에 영향을 미치는 능동적 존재라는 입장을 취한다. 그래서 Bandura의 이론을 상호결정론이라고 한다. 환경이 행동에 영향을 미치고 행동도 역시 환경에 영향을 미친다. 신념이나 기대와 같은 개인적 요인 역시 행동과 환경에 서로 영향을 미친다(그림 3-2).

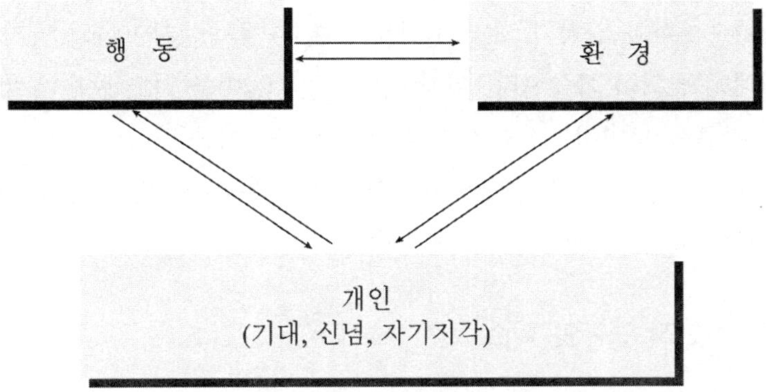

[그림 3-2] Bandura 상호결정론

Bandura의 공헌은 관찰학습의 이론화이다. 관찰학습이란 모델을 관찰함으로써 새로운 행동을 습득하는 것을 말한다. 책을 읽는 오빠가 칭찬을 받는 것을 본 동생이 책을 읽는 것은 오빠가 모델이 되었기 때문이다.

Bandura와 Ross(1963)는 공격적 행동을 하여 정적인 보상을 얻은 모델의 행동을 영화로 보여준 뒤 아동을 장난감이 있는 놀이방으로 데리고 갔다. 그 결과 보상받는 공격적 모델을 관찰한 아동들은 다른 조건의 아동에 비해 장난감에 대해 더 많은 공격행동을 하였다. 이 연구는 공격성에 대한 노출이 공격적 행동에 미치는 영향을 밝혔다. 따라서 최근의 폭력적 영화나 게임에 청소년과 아동들이 노출되는 것은 심각한 사회적 문제를 안고 있다고 볼 수 있다.

자기효능감도 행동에 영향을 미친다. 자기효능감(self-efficacy)이란 무슨 일에서든지 기대한 결과를 얻을 수 있다는 자신의 능력에 대한 확신이다. 공부 잘하는 아이가 칭찬 받는 것을 보고 누구나 공부하는 모습을 모델링하지 않는다. 자기효능감이 높은 아이는 그 모습을 관찰한 후 공부를 열심히 하여 같은 칭찬을 받을 것을 기대하고 모델링한다. 하지만 자기 효능감이 낮은 아이는 자기도 할 수 있을 것이라고 기대하지 않기 때문에 모델링하지 않는다.

(1) 성 역할의 학습

여자아이는 인형놀이를, 남자아이는 자동차와 권총놀이를 많이 한다. 이것을 Bandura는 사회화 과정과 모방의 결과로 본다. 즉, 여자아이와 남자아이는 놀이에 대해 구별되어 학습된다. 여자아이가 권총놀이를 하면 주변에서 '이상하다'는 부적 반응을 보인다. 그 이후에 여아는 권총놀이를 잘 안 하게 된다. 그러나 남자 형제가 많은 가정에서 태어난 여자아이는 권총놀이를 자연스럽게 잘 한다. 권총놀이를 하는 모델이 많기 때문이다.

(2) 친 사회적 행동의 학습

부모가 자녀들 앞에서 '불우아동기금'에 기부하는 모습을 자주 보여주면, 이 아이들은 더 많이 이타적이고 관대한 행동을 한다. 어려움에 처한 사람을 돕는 행동이나 협동심의 긍정적 결과를 관찰한 아동은 성인이 되어 보다 더 친 사회적 행동을 많이 한다.

마. 인본주의적 성격론

정신분석적 입장이 인간을 본능과 갈등의 존재로 본다면 Rogers나 Maslow와 같은 인본주의자들은 인간을 개인의 능력을 발휘하고자 하는 자아실현 욕구를 지닌 존재로 본다.

Rogers의 인간관을 '현상학적 이론' 또는 '자기실현 이론'이라고 부른다. 개인의 주관적 경험, 감정 그리고 개인이 세계를 어떻게 지각하고 해석하는가를 연구하기 때문이다. Rogers는 인간의 행동을 이해하기 위해 개인의 내적 준거 체계에 대한 연구와 과거의 경험보다 '지금 여기에'를 강조한다.

1) 자아와 자아실현

자아 또는 자아실현의 개념은 로저스 심리학에 있어서 매우 중요한 개념이다. 자아는 현재 자기가 어떤 인간인가에 대한 자아상으로서 개인적 경험의 특정 측면에서 발생한다. 갓난아이는 내적 경험 또는 주관적 세계가 비교적 유사한 감각과 지각을 가진 유기체이지만 성장하면서 사회적 환경과 상호작용함에 따라 점차 분화되고 복잡해진다.

아동은 긍정적 평가에 대한 강한 욕구가 있기 때문에 자기에게 중요한 사람들이 자신에 대한 기대와 태도에 영향을 받는다. 이들은 타인의 기대에 따라 행동함으로써, 칭찬이나 보상을 받고 관심을 끈다.

따라서 아동이 건강하고 완전히 기능하는 사람이 되기 위해서 타인의 긍정적인 관심을 필요로 하며 무조건적인 수용과 반응과 인정이 필요하다. 부정적 평가나 타인과의 비교 등 사회적 관계에서 한 인간으로서 존중받지 못하거나 공부를 잘해야만 존중받을 수 있다는 조건적 환경 속에서 성장하게 되면 심리적으로 건강하지 못하게 된다.

2) 불안과 방어

자기개념이 위협받으면 불안을 경험한다. 자신을 매우 성실한 사람으로 인식하면서도 과제수행을 못하면 부조화 상태가 된다. 이러한 부조화 상태에서 개인은 긴장과 내적 혼란을 겪는다. 특히 자기개념이 부정확할수록 자아개념과 상충되는 경험이 많아진다. 따라서 현실과 일치하지 않는 자아개념을 가지고 있는 사람일수록 반복해서 불안을 경험하기 쉽다. 자아개념과 상충되는 경험간의 갈등이 의식되어 나타나는 이러한 불안을 방어하기 위해서 사람들은 자기개념과 일치하는 방향으로 자신의 경험을 재해석하려고 한다. 성실하다는 자기개념을 보호하고 유지하기 위해서 남의 탓을 하는 등 그 사실을 왜곡시킬 수 있다.

예를 들어, 공부를 잘해서 1등 할 수 있는 능력이 있다는 자아개념을 지닌 사람이 있다. 그러나 실제로 시험이 다가와서 공부를 열심히 하지 않았고 그 결과 성적이 떨어졌을 때 어떤 반응을 할까? 자기 개념을 보호하기 위해, 교사가 시험문제를 어렵게 냈기 때문이거나 시험채점을 할 때 오류가 있었을 것이라 말할 것이다.

3) 성격의 발달

타인으로부터 긍정적인 관심을 받으려는 욕구 때문에 유기체는 실질적으로 느끼는 욕구를 억누르고 타인의 생각과 가치를 마치 자신의 것인 것처럼 받아들인다. 타인의 판단에 대해 자신의 가치 여부를 판단하게 되면 자아는 자신의 자아개념과 경험간의 부조화로 인해 '무방어(defenseless)' 상태가 된다.

이로 인해 신경증과 성격파탄에 이를 수 있다. 신경증은 심리적 부적응으로 인해 공격적인 수준의 불안을 지속적으로 경험하는 것이고, 성격파탄은 심리적 부적응이 너무 커서 방어기제가 작용할 수 없을 때 자아개념이 깨어지는 것을 말한다.

4) 훌륭한 삶의 성격

로저스(1961)는 훌륭한 삶을 살아가는 사람을 '완전히 기능 하는 사람'이라고 표현하고, 이러한 사람들이 공통적으로 갖고 있는 다섯 개의 성격특성을 제시하였다.

첫째, 경험에 대한 개방성을 지니고 있다. 방어성의 반대개념으로 자신의 감정을 민감하게 인식하고 경험에 완전히 개방적이다. 개방적인 사람은 자신의 내면에서 일어나고 있는 것을 있는 그대로 받아들인다. 공포, 실망, 고통, 또는 용기, 애정, 경외감 등의 긍정적이거나 부정적인 감정에 대해 개방적이며, 자신

이 느낀 것을 자유롭게 표현하고 인식하며, 타인과의 관계에서 자신을 완전히 개방한다.

둘째, 실존적 삶을 영위한다. 인간으로서 개인의 본질은 자기 스스로 형성해야 하기 때문에 새로운 경험은 기꺼이 자기 것으로 받아들인다. 이러한 사람은 관용적이고 자발적이며 실존적 삶을 통해 매 순간을 충분히 만끽하면서 충실하게 살아간다.

셋째, 자기 자신에 대한 신뢰감이 있다. 완전히 기능하는 사람은 해야 할 것과 하지 말아야 할 것을 판단하는 기준으로 타인의 판단이나 외부의 영향력보다는 자신의 유기체적 경험에 따른다. 이러한 사람은 자신의 행동의 근거가 되는 모든 정보 즉 사회적 요구나 콤플렉스와 갈등을 야기하는 욕구, 유사 상황에 대한 기억 등 모든 정보를 수집하여 적절한 의사결정을 내리며, 그 결과 현재 상황에서 욕구를 최대로 만족시킬 수 있는 행동을 한다.

넷째, 자유의식을 지니고 있다. 자신이 선택한 삶을 완전히 기능하는 사람은 자신의 느낌에 따라 충실하고 자유롭게 살아간다. 그렇다고 행동이나 선택이 사회적 압력이나 과거의 영향을 받는다는 점을 부정하지는 않는다. 행동과 결과에 대해 책임을 진다는 점에서 자신의 삶에 대한 개인적 지배감을 갖고 자신의 미래를 결정한다.

다섯째, 창조적인 삶을 산다. 훌륭한 삶을 사는 사람은 사회의 문화체계에 구속되거나 수동적으로 동조하는 것이 아니라, 자신의 삶과 관련된 모든 영역에서 독창적인 창작물을 만들어내고 창의적 삶을 살아간다.

3. 성격검사

가. 성격척도의 사용

성격을 측정하기 위해 심리검사를 사용하는데는 다음과 같은 여러 이유가 있다(Kleimnuntz, 1985).

① 임상장면에서 심리적 장애를 진단하기 위해 사용된다.

② 일상적이고 일시적 문제를 경험하고 있는 사람들을 대상으로 하는 상담장면에 유용하다. 직업결정에 도움을 주거나 일시적인 적응상의 어려움이 생길 때도 성격검사를 실시한다.

③ 성격검사는 회사, 산업체, 정부 및 군에서 인사선발에 활용된다.

④ 성격척도는 다양한 심리연구에 사용된다. 경험적 연구를 하기 위해서는 엄격한 측정이 필요하다. 예를 들어 아동의 사회성과 활동성간의 관계를 연구하려고 할 때 사회성이나 활동성을 정확하게 측정할 수 없다면 연구할 수 없다.

나. 질문지형 성격검사

질문지형 성격검사란 특징적인 행동을 기술하고 있는 일련의 질문에 '예', '아니오' 등으로 대답하도록 되어있는 검사방식이다.

1) 다면적 인성검사(MMPI)

MMPI(Minnesota Multiphasic Personality Inventory)는 1943년에 Hathaway와 McKinley가 개발하였다. 새로이 개정된 MMPI-2는 원래의 척도와 같지만 성차별적인 언어를 없애고 규준을 개정하였다(Graham, 1990). 이 검사는 원래 심리장애 진단에 사용하기 위해 고안되었으며 여러 장애의 증상을 잘 측정해 준다.

이 검사는 자신에 관해 '그렇다', '아니다' 또는 '모르겠다'로 응답할 수 있는 567문항이 있고 4개의 타당도 척도와 10개의 임상척도로 구성되어 있다(그림 3-3).

타당도 척도는 피검자의 수검태도를 측정하는 것으로 검사문항을 왜곡하여 응답하거나 부주의하게 응답한 정도를 측정한다. 임상척도는 건강염려증, 우울증, 신경증, 반사회성, 편집증, 정신쇠약증, 남향 · 여향성, 정신분열증, 경조증, 사회적 내향성 등 성격의 여러 측면을 측정한다.

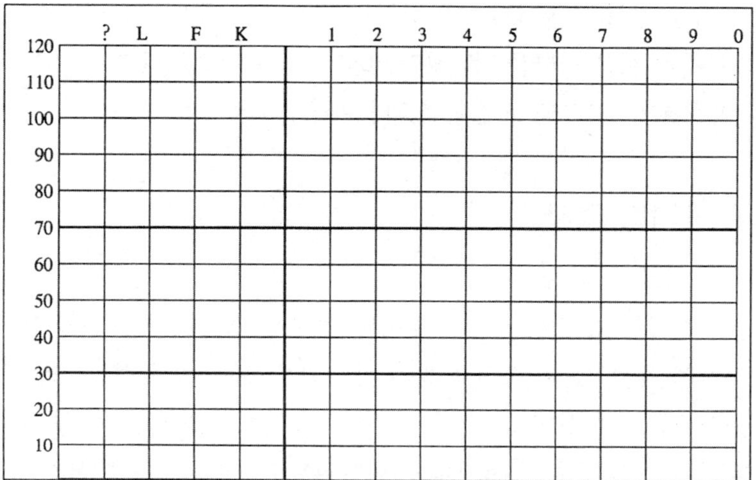

척 도	?	L	F	K	Hs +.5K	D	Hy	Pd +.4K	Mf	Pa	Pt +1K	Sc +	Ma +2K	Si
원점수														
K교정점수														
T점수														

[그림 3-3] **다면적 인성 검사표**

그 밖에 자살척도나 자아존중감척도와 같은 특수척도가 있다. MMPI는 정신장애뿐만 아니라 정상인의 성격특성의 연구에도 활용되고 있다. 활동성향이 높은지, 활발하고 적극적인 성격인지, 현재 도움이 필요하다고 느끼는지 아니면 자신의 상황을 지나치게 좋은 쪽으로 해석하려 하는지 등에 대한 분석이 가능하다.

2) MPI

MPI(Maudsley Personality Inventory)는 Eysenck이 '내향성–외향성'의 경향과 '신경증적' 경향의 두 가지 차원에서 성격을 측정하기 위해 24항목으로 구성한 검사이다. 단시간에 응답을 얻을 수 있다는 장점이 있다.

외향성은 충동성 · 사교성을 나타내며, 내향성은 신중성과 비사교성을 나타내며, 신경증 경향은 정서가 불안정하고 정신적 스트레스에 대해서 신경증적 좌절에 빠지기 쉬운 경향을 나타낸다. Eysenck은 이 MPI를 발전시켜 성인용의 EPI와 아동용의 JEPI를 표준화하였다(강봉규, 1999).

다. 투사법 검사

인간은 자기의 감정이나 욕구에 따라 외부사건을 해석하려는 경향을 갖고 있다. 투사법은 이러한 인간의 특성에 의거해서 명확하지 않은 그림을 제시해서 가능한 자유롭게 반응하게 한 후 이것을 토대로 잠재적인 욕구, 원망, 신념 등을 밝히는 검사이다. 검사결과는 검사자의 주관적 해석에 따르며, 객관적 질문법으로는 드러나지 않는 개인의 심층적 분석이나 임상적 진단이 가능하다.

1) Rorschach test

H. Rorschach가 고안한 검사로 잉크를 떨어뜨린 모양을 보고 그 모양이 어떤 것으로 보이는지를 묻고 대답하기 때문에 잉크반점 검사라고도 불린다. 검사 도판은 좌우 대칭적인 추상적 도형으로 구성되어 있다. 이 도형을 자극도판으로 이용하여, 피검자에게 보여 주고 그것이 무엇으로 보이는가를 자유롭게 응답하게 한 자료를 분석하여 성격을 진단한다.

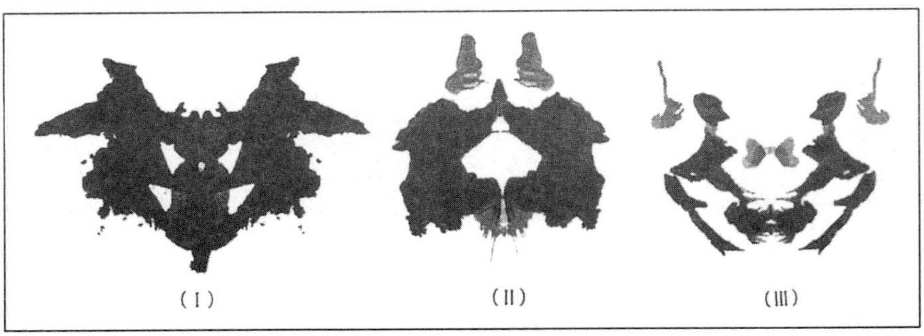

[그림 3-4] Rorschach 검사 그림표의 예

2) TAT

TAT(Thematic Apperception Test)는 H. A. Murry가 제작한 검사로서 주제 통각검사라고 부른다. 이것은 주변에서 흔히 볼 수 있는 광경이면서도 명확하지 않은 그림을 보여주고 그 속의 인물이나 배경을 보고 자유롭고 공상적으로 이야기를 꾸며 보게 하는 검사이다. TAT는 피검자가 보고한 내용이나 구성에 투사된 과거경험, 현재의 욕구, 감정, 태도 등을 분석하여 성격을 진단한다. 아동용으로 L. Bellak가 고안한 CAT검사(Children Apperception Test)도 있다. CAT는 인물 대신 동물 그림을 그려 넣었다(그림 3-6).

[그림 3-5] **TAT 검사 그림카드의 예**

[그림 3-6] **CAT 검사 그림카드의 예**

3) BGT

BGT(Bender Gestalt test)는 L. Bender여사가 고안한 검사로 9매의 간단한 기하학적 도형으로 구성된 도판을 한 장씩 차례로 보여주고 그것을 종이 위에 그리도록 한 다음, 그 결과에 따라 개인의 성격특성을 분석하고 해석하는 방법이다. 이 검사로 정신분열증, 신경증, 조울증, 정신지체 기질적 뇌장애 등을 진단할 수 있다.

4) 문장완성법

'나의 과거는' 등의 미완결형의 비교적 짧은 문장을 제시하여 공백 부분을 자신의 이야기로 자유롭게 써넣게 함으로써 하나의 문장으로 완성시키는 검사법이다. 지적, 정의적, 가치 지향적, 정신 역동적 측면이나 신체적 · 가정적 · 성장적, 대인적 · 사회적 요인에 대한 정보를 얻을 수 있고, 분석을 통해 그 개인의 성격이나 적응상태 등을 이해하게 된다.

표 3-1 문장완성 검사의 예

이름	연령	성	실시일
* 다음의 기술된 문장은 뒷부분이 빠져 있습니다. 각 문장을 읽으면서 맨 먼저 떠오르는 생각으로 뒷부분을 이어 문장이 완성되도록 하면 됩니다. 시간의 제한은 없으나 되도록 빨리 하십시오.			
1. 나에게 이상한 일이 생겼을 때			
2, 내 생각에 가끔 아버지는			
3. 우리 윗 사람들은			
4. 나의 장래는			
5. 어리석게도 내가 두려워하는 것은			
6. 내 생각에 참다운 친구는			
7. 내가 어렸을 때는			
8. 남자에 대해서 무엇보다 좋지 않게 생각하는 것은			
9. 내가 바라는 여인상은			
10. 남녀가 같이 있는 것을 볼 때			
11. 내가 늘 원하기는			
12. 다른 가정과 비교해서 우리 집안은			

감각과 지각

제4장

대부분의 사람들은 감각기관을 통하여 주위의 대상에 대하여 느낀 것이 실제로 존재하고 있다고 생각한다. 그러나 실존하는 사물과 경험하는 것은 다를 때가 많다. 또한 사람에 따라 서로 다르게 인식한다. 심리적 자극, 유기체의 구성, 행동 환경에 따라 개인이 경험한 내용이 서로 다르기 때문이다.

이와 같이 유기체가 사물을 인식할 때 어떻게 이러한 결과가 생기며 무엇이 주위를 인식하게 하는가를 알아보는 것이 감각과 지각의 문제이다.

지각은 감각에 의존하여 사물을 인지하는 과정이다. 지각은 감각을 해석해서 느끼는 작용이다.

외부의 정보는 일단 감각수용기라는 감각세포를 자극하고 신경계를 따라 뇌에 정보를 제공한다. 감각기관을 토대로 받아들인 외부 정보는 인간의 행동과 직접적인 관계를 갖고 있다.

1. 감각과 지각의 개념

지각(perception)은 감각에 의존하여 사물을 인지하는 과정이다. 따라서 인지의 가장 기본적인 과정은 지각과정이다. 지각과정은 감각신경의 흥분으로 주어지는 자극(감각자극)을 지각체로 체제화하는 과정이다.

지각은 감각기관을 거쳐서 자극을 그대로 받아들이는 것이 아니라, 과거의 경험에 따라 그 자극은 어떠한 것이라고 해석 음미해서 의식하는 의식작용을 말한다. 즉, 지각은 감각을 해석해서 느끼는 작용이다.

가. 감각과 지각과정

1) 감각과 지각의 경로

인간 행동의 대부분은 다섯 가지의 감각기관을 통해서 받아들인 외부정보를 기초로 한 결과들이다. 이러한 이유 때문에 감각과 지각이라는 주제는 인간 행동을 이해하는 데 가장 기초적인 분야라고 해도 과언이 아니다.

외부의 정보는 일단 감각수용기라는 감각세포를 자극하고 신경계를 따라 뇌에 전달된다. 감각기관을 토대로 받아들인 외부정보는 행동과 직접적인 관계를 갖고 있다. 감각기관에 민감한 물리적 에너지의 형태를 자극(stimulus)이라고 표현한다면, 외부세계로부터 받아들인 자극은 한 개체가 외부세계에 적응하는 데 필요한 행동을 결정한다.

적응행동을 결정하는 데 필요한 외부정보는 다섯 가지의 감각기관 가운데 시각을 통해서 받아들인 양이 가장 많다. 전체 정보의 거의 80% 정도를 차지한다. 청각을 통한 정보의 양은 15% 정도, 다른 세 개의 기관을 통해 들어온 정보는 모두 합해도 기껏 5% 정도 밖에 되지 않는다.

몸 속에 있는 세포들 중 외부정보를 받아들이는 세포들을 감각수용기(sensory receptor)라고 한다. 음파를 받아들일 수 있는 세포를 청각수용기(auditory receptor), 빛에너지를 받아들이는 세포를 시각수용기(visual receptor)라 부른다.

외부정보를 받아들인 감각수용기는 그 정보를 그대로 대뇌피질로 보내는 것이 아니라 대뇌 속의 신경세포들이 이해할 수 있는 신호로 바꾼다. 이 바뀌어진 신호는 전기반응으로 측정되기 때문에 전기에너지 또는 전기신호(electrical signal)라고 부르며, 신경세포의 작용에 의해서 전달되기 때문에 신경메시지(neural messages)라고도 부른다. 감각수용기에서 외부정보가 전기신호로 바뀌면, 다른 신경세포들은 그 변환된 신호를 대뇌피질까지 전달한다. 전기신호로 바뀐 모든 외부정보는 일단 시상(thalamus)이라는 중계소를 거친 다음에 자극의 속성에 따라 시각 영역, 청각 영역, 체감각 영역으로 전달된다.

이러한 정보의 전달과정에서 외부자극이 신체에 도달하는 순간부터 대뇌에 도달할 때까지를 감각(sensation)이라고 한다. 감각은 정보를 받아들이고, 이를 신경메시지로 변환하고, 그리고 대뇌까지 전달하는 세 가지의 과정으로 이루어진다. 반면에 지각(perception)은 대뇌에 도달된 정보를 해석하고 상황을 판단하여 행동에 영향을 미치는 과정을 말한다. 해석과 판단을 하는 지각과정은 과거의 경험, 훈련, 기억 내용 등의 영향을 받는다.

나. 현상 세계의 감각과 지각과정

'보는 것이 믿는 것'이라는 말이 있듯이, 오랜 동안 인간은 감각을 마치 외부 현실에 대한 신적인 믿음처럼 여겨 왔다. 그러나 현대의 감각과 지각 연구자들은 이러한 신념을 전적으로 수용하지 않는다. 다음의 [그림 4-1]은 감각과 지각에 대한 신념이 얼마나 회의적일 수 있는지를 잘 보여준다.

그림 a, b, c의 사각형은 실제 정사각형이지만 모두 왜곡되어 보인다. d는 둥근 원이지만 네 개의 꺽임표에 의해 왜곡되어 보이며, e는 두 개의 평행한 직선이지만 역시 가운데 부분이 굴절되어 보인다.

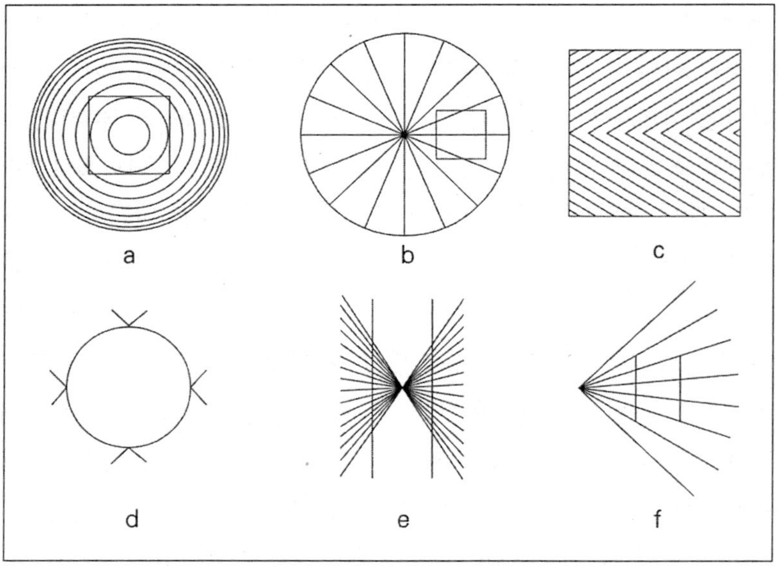

[그림 4-1] **감각과 지각의 왜곡현상**

f는 x와 y가 동일한 길이의 선분이지만 x가 더 길어 보인다. a와 b의 원을 제거하면 사각형은 정사각형 그대로 보이며, e와 f의 배경 선들을 없애면 e는 평행한 직선으로 보인다. f의 x와 y는 동일한 길이의 선분으로 보인다.

대부분의 정상적인 사람들은 물체와 사건에 대한 종합적인 도식을 가지고 있고 일련의 의미 있는 조직화를 학습하여 왔기 때문에 자연스럽게 왜곡된 모양으로 지각한다. 이처럼 사람들은 완전한 지각을 위해 감각 정보에만 의존하지 않고 주변의 맥락을 통해 해석하고 기억 속의 정보와 비교하는 종합적인 처리 과정을 거친다. 물론 이러한 과정은 매우 자동적이고 순간적으로 이루어지기 때문에 거의 의식되지 않는다.

이론적으로 사물에 대한 왜곡된 지각은 사물의 실체와 투영된 이미지의 차이로 설명된다. 즉, 존재하는 모든 실체들은 3차원으로 구성되어 있지만 그것이 눈의 망막에 투영될 때는 2차원의 이미지로 받아들인다. 따라서 거리나 깊이, 형태에 대한 정확한 판단은 물리적 에너지 상태인 감각 정보에 의존하지 않고 기억 속에 저장된 지식에 의존한다. [그림 4-1]을 다시 보자.

물리적인 감각 정보는 x와 y를 동일한 선분으로 받아들인다. 그러나 우리는 기억 속에서 '수렴되는 쪽은 멀다' 라는 지식을 갖고 있어 'x는 수렴되는 쪽에 있으면서도 y와 같게 보이므로 더 길다.'라고 결정한다. 따라서 지각된 물체나 사물에 의미를 부여하는 것은 개인의 과거 경험, 기대, 지식 등과 감각 정보가 상호작용을 한 결과 갖게 된 해석이다. 특히 자극의 특성이 애매하거나 불명확하여 지식과 경험을 적절히 사용하지 못할 때는 주변의 맥락을 이용하기도 한다. 사람들은 명확한 자극에 대해서도 기대와 지식의 사용에 따라 다른 지각적 판단을 한다.

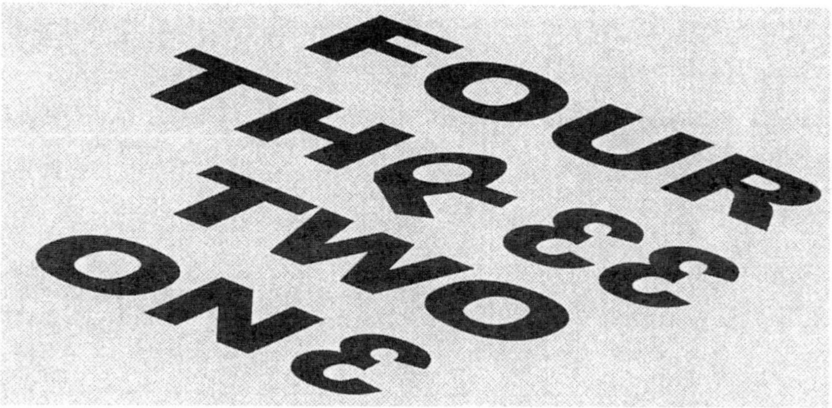

[그림 4-2] **지식과 맥락에 의한 지각적 해석**

[그림 4-2]에 대한 해석은 두 부류로 나뉘어진다. 한 부류는 맥락에 의해, 다른 한 부류는 경험적 지식에 근거하여 해석하는 경우이다. [그림 4-2]에서 'one, two, three, four'를 먼저 보면 맥락에 의해 자극 정보를 해석하는 것이고, 'zero'를 먼저 보면 경험적 지식에 의해 정보를 해석하는 것이다.

이처럼 사람들은 사물을 지각하는 데 있어 물리적 속성에 근거하여 정보를 처리하기도 하고 때로는 맥락이나 지식에 근거하여 정보를 처리하기도 한다.

심리학에서는 물리적 속성이 지각에 결정적으로 중요한 역할을 할 때 정보처리적 관점에서 지각의 상향식 처리(bottom-up processing)가 이루어진다고 하고,

맥락이나 기대, 지식 등이 지각에 결정적인 단서를 제공할 때를 하향식 처리(top-down processing)가 이루어진다고 한다.

지각의 상향식 처리는 정보 처리의 연속에서 가장 낮은 수준에서부터 높은 수준으로 이동하는 처리 단계를 말한다. 즉, 감각 정보가 수용기 세포(bottom)를 통해 입력되어 뇌(top)로 전달되어 해석하는 일방향적 과정을 말한다. 예를 들어, 책상을 지각한다는 것은 책상의 물리적 속성(빛의 파장, 형태, 거리)이 망막의 수용기를 자극하고 시신경을 통해 대뇌의 시각피질에 투사함으로써 뇌는 '책상이다'라고 지각하는 것이다.

반면, 하향식 처리는 상향식 처리와 반대되는 과정으로 지각이 시작된다. 즉, 사물의 물리적 속성만으로 파악되지 않을 때 뇌 속의 정보와 보이는 물체를 비교하고 분석하여 결정한다.

하향식 처리를 통한 지각에는 개인의 과거 경험, 지식, 기대, 기억, 동기, 문화적 배경, 언어 등 다양한 요소가 작용한다. 지각의 하향식 처리를 지각적 추론 과정이라고도 한다. 지각적 추론은 지각 대상과 기억 속의 정보가 무의식적으로 연합되는 과정이다.

만일 밤길에 먼 곳에서 번뜩이는 불빛을 보았다면 순간 기억 속에서는 반짝이는 물건에 무엇이 있는지를 탐색하고, 개인적 경험과 지식에 따라 '반딧불', '우주선', '자동차 불빛' 등으로 지각적 추론을 한다.

현실 세계에 대한 지각 과정은 보통 상향식 처리와 하향식 처리의 두 과정으로 구분되지만, 명확하고 유의미한 지각을 위해 상호작용하는 것이 일반적이다. 이렇듯 상향식 처리와 하향식 처리는 상호작용하기 때문에 물리적 특성과 지식 혹은 맥락적 특성을 잘 이용하면 훌륭한 시각적 효과를 얻을 수 있다.

다. 탐지와 변별

1) 탐지와 절대식역

정신물리학이 연구하고자 하는 목표 중의 하나는 자극의 에너지상태가 어느 정도일 때 감각수용세포를 건드려 마침내 자극의 존재를 알아차리는가를 밝히는 것이다. 이 때 자극의 존재를 알아차리는 것을 탐지(detection)라고 하며, 자극을 탐지하는 데 필요한 최소한의 에너지 상태를 절대식역(absolute threshold)이라고 부른다. 이 절대식역의 개념은 Fechner에 의해 발전되었는데, 식역을 결정하는 방법에는 여러 가지가 있다.

[그림 4-3]은 감각기관이 현실 세계에서 탐지할 수 있는 능력의 범위를 나타낸 것이다.

감각기관		대 상	조 건	절대식역
빛	(시각)	촛불	맑은날 밤	48.27km
소리	(청각)	시계소리	조용한 곳	3.1m
맛	(미각)	설탕	2갤론의 물	티스푼 하나
냄새	(후각)	향수	아파트 한 동	원액 한 방울
감촉	(촉각)	벌의 날개짓	피부로 느낌	1센티미터 거리

[그림 4-3] **감각기관이 갖고 있는 탐지 능력**

절대식역은 감각의 개인차를 반영하기 때문에 사람마다 다르며, 현대의 성격심리학에서는 이 개념을 성격과 관련 있는 것으로 생각한다. 역치가 낮은 사람은 자극에 둔감하고 낙천적이며 외향적인 성격으로, 역치가 높은 사람은 자극에 민감하고 신경질적이며 내성적인 성격으로 해석한다.

2) 변별과 차이식역

탐지가 자극의 존재를 알아차리는 정도를 말한다면, 변별은 두 자극의 차이를 알아내는 것을 말한다. 탐지보다 더 구체적으로 감각 과정을 측정하는 방법이 변별이다. 변별을 측정하기 위한 개념을 차이식역(differential threshold)이라 하며, 이는 두 자극의 차이를 변별할 수 있는 감각 역치점을 말한다.

2. 지각의 기초과정

가. 윤곽 형성

사물이나 자극을 독립적으로 인지한다는 것은 그 자극의 윤곽(contour)을 지각한다는 것을 뜻한다. 윤곽을 지각해야만 그 자극과 다른 자극을 구별할 수 있기 때문이다. 윤곽을 인지하는 데는 상당한 시간이 걸린다.

나. 영역의 분리

눈은 수많은 수용기 세포를 가지고 있는데, 이는 망막에 투사되는 빛을 부호화하는 역할을 한다. 이들 세포는 모자이크 처리를 하듯이 자극 패턴에 반응한다. 지각적 조직화의 첫 번째 단계는 유의미한 영역으로 패턴을 구분하는 것이다. 이 때 자극 패턴의 색채와 구조의 변화는 영역의 경계로 지각하는데, 주로 수용기 세포의 감각 반응에 의존하여 영역을 결정하지만 추후 뇌의 해석 과정에서 추가적인 정보가 영역의 경계, 즉 형태를 결정하는 데 영향을 준다.

다음의 [그림 4-4]의 a는 흔히 우리가 최종적으로 지각하는 영역 구분에 의한 패턴 지각을 나타낸 것이고, 그림 b는 a를 망막에서 모자이크 처리하는 예를 보여주는 것이다.

사람들은 그림 a처럼 네모, 화살표, 마름모의 영역을 분리하여 연속적인 것으로 지각하지만, 감각 정보를 조직화하는 과정에서 그림 b처럼 모자이크 형태로 정보(색채, 구조)를 분리하여 통합하는 과정을 거친다.

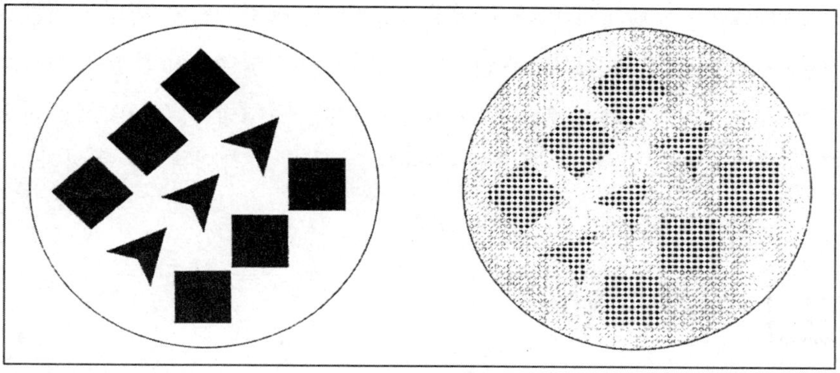

a. 영역 구분에 의한 패턴 지각 b. 망막에서의 모자이크 과정

[그림 4-4] **지각 처리의 영역 분리**

다. 전경-배경의 구분

윤곽이 형성된다는 것은 전경(figure)과 배경(ground)이 분리되는 처음 단계이다. 즉, 책상 위에 있는 흰 종이의 윤곽이 책상과 분리됨으로써 흰 종이가 지각되는 것이다. 이 때 흰 종이는 전경이고 책상은 배경이다. 이 때 지각의 관심이 흰 종이에 있으므로 전경인 흰 종이를 초점자극(focal stimulus)이라 한다. 만약 흰 종이가 무한히 넓어서 시야를 꽉 메우기 때문에 아무런 윤곽도 얻을 수 없다면 똑같은 흰 종이에서 책상 위에 있는 흰 종이에서 얻는 것 같은 그런 지각을 얻을 수 없다. 따라서 지각이 형성되기 위해서는 자극장면에서 전경과 배경이 윤곽 형성에 따라 우선 분리되어야 한다.

[그림 4-5] **Rubin의 술잔**

전경과 배경이 뒤바뀌는 것을 전경-배경 전환이라 한다. 가장 널리 알려진 전환 현상은 'Rubin의 컵' 이라고 하는 그림에서 잘 관찰된다[그림 4-5].

Rubin의 모형은 때로는 술잔이나 꽃병 모양이 전경으로 보이기도 하고, 때로는 배경이었던 두 사람의 마주보는 얼굴이 전경으로 나타나므로 역전환 전경-배경(reversible figure-ground)의 형태를 이루기도 한다. 전경-배경 원리의 기본적인 속성들은 ① 전경은 배경보다 훨씬 더 물체처럼 지각하며, ② 전경은 배경보다 잘 기억되며, ③ 전경은 배경에 비하여 앞에 있는 것처럼 지각되며, ④ 전경과 배경을 분리시키는 윤곽은 전경에 속하는 것처럼 지각되는 것 등이다.

3. 지각의 원리

지각 현상은 일상 생활에서 항상 경험하고 있으며 환경에 대한 적응 형태로 나타나고 있다. 그러나 지각 현상은 일반적이며 단순한 까닭에 성립 조건에 대하여 별로 주의를 기울이지 않고 간과하기 쉽다. 지각이 성립되는 기초 원리는 다음과 같다.

가. 환경 변화의 원리

환경에 어떤 변화나 차이가 생김으로 유기체가 반응을 하며 이에 따라 지각이 성립된다. 환경의 변화가 전혀 없고 감각기관이 변화를 느끼지 못할 상태이면 지각은 일어나지 않는다.

예컨대, 뜨겁다 차다 하고 느끼는 것도 유기체가 기준으로 하고 있는 온도, 즉 차고 더운 것을 느끼지 못하는 온도(생리적 영점 : psysiologic zero)와 차이가 있을 때이다. 결국 눈앞에 있는 모든 물체의 형이나 색에 차이가 있기 때문에 대상의 지각이 일어나는 것이다.

나. 자극 선택의 원리

감각기관에 들어오는 자극은 무수히 많다. 그러나 유기체는 주위의 자극에 대하여 모두 반응하는 것은 아니다. 어떤 특정한 자극을 선택하여 반응함으로써 거기에 주위의 초점이 쏠리고 기타 자극은 주의 밖에 남아 있어 지각하지 못한다. 자극이 선택적으로 감각기관을 통하여 지각되기 위해서는 몇 개의 조건이 따른다.

1) 자극의 강도

보통 느끼는 자극보다 강도가 크거나 혹은 현저하게 작을 때에 지각 현상이 잘 일어난다. 즉, 큰 소리나 밝은 빛에 쉽게 자극된다. 그러나 큰 소리가 계속되거나 강한 고통이 지속되면 지각하지 못한다. 그 강도가 줄어 소리가 갑자기 작아졌거나 아픔이 없어졌을 때 비로소 소리나 고통에 대한 지각을 하기도 한다.

2) 자극의 신기성

지각의 원인이 지속되면 지각의 대상으로부터 제외하기 쉽다. 그러나 새로운 것이 나타나면 쉽게 지각한다. 새로 유행하기 시작한 옷을 입은 여자는 눈에 잘 띄인다. 이와는 반대로 익혀 보아오던 물건이 처음 보는 물건들 틈에 섞여 있어도 쉽게 지각한다.

3) 자극의 반복

반복된 자극은 강한 자극으로서 역할을 하며 주의를 더 끌게 한다. 라디오, 텔레비전, 신문에서 되풀이 방영하는 광고는 자극의 반복 효과를 노린 것이 많다.

4) 동기의 원리

자극에 대하여 갖는 마음가짐이나 태도의 영향에 따라 지각이 결정된다. 잘

아는 사람은 많은 군중들 속에서도 쉽게 구별되며 동일한 물체도 개인의 마음가짐에 따라 다르게 지각된다.

다. 조직화의 원리

같은 물리적 상황이나 객관적으로 동일한 상황에서도 사람이 다르면 지각이 같을 수가 없다. 더욱이 같은 상황을 계속 제시할 때 동일인이라 할지라도 매번 그 지각의 장이 같을 수는 없다. 지각의 장에는 방향이 있는데 그것은 항상 조직적이며 의미가 있기 때문이다.

지각이란 무의미하고 관련성 없는 자극들의 모임이 아니다. 한 폭의 그림에서 페인트의 방울 이상의 것을 보며, 한 곡의 교향악에서 하나의 음정 이상의 것을 듣는다. 지각은 항상 어떤 형태를 조직화한다. 인간이 지각하는 것은 전체이지 하나의 고립된 사상들이 아니라는 뜻이다.

1) 근접성(proimity, nearness)

동일한 속성을 지닌 자극들이라면 보다 시공간적으로 근접한 자극들을 하나의 집단으로 지각하려는 경향을 근접성이라고 한다. [그림 4-6]의 a에서 7개의 수직선분들은 3쌍의 선분과 왼쪽의 하나의 수직선으로 지각한다.

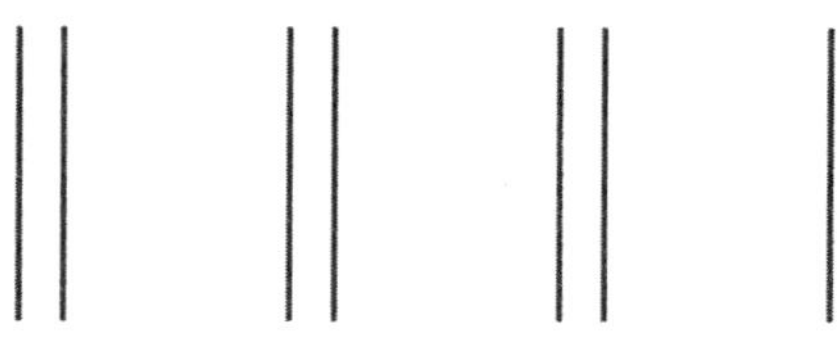

[그림 4-6]의 a

2) 연속성(continuity)

직선적 또는 원만하게 이어지는 자극들은 하나의 형태로 조직화하여 지각한다. [그림 4-6]의 b에서 점들은 A에서 B쪽으로 연속되는 것으로 보이지 A에서 C나 D쪽으로 연속되는 것처럼 지각하지는 않는다.

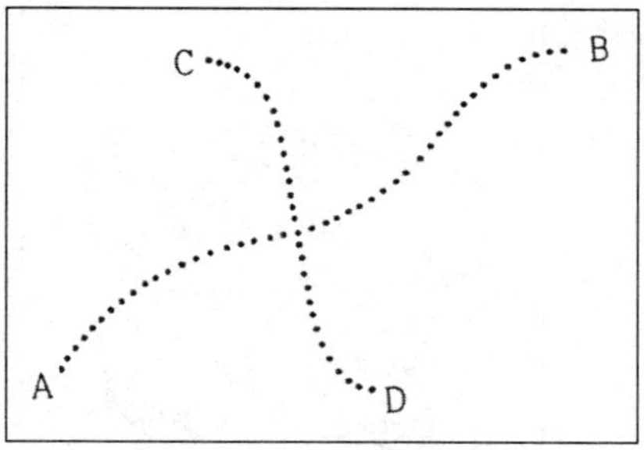

[그림 4-6]의 b

3) 유사성(similarity)

자극정보들이 유사하면 그들이 하나의 형태를 이루고 있는 것으로 지각하려는 현상이다. [그림 4-6]의 c에서 네모와 동그라미의 모양이 서로 수직선상으로 정렬된 것처럼 지각한다.

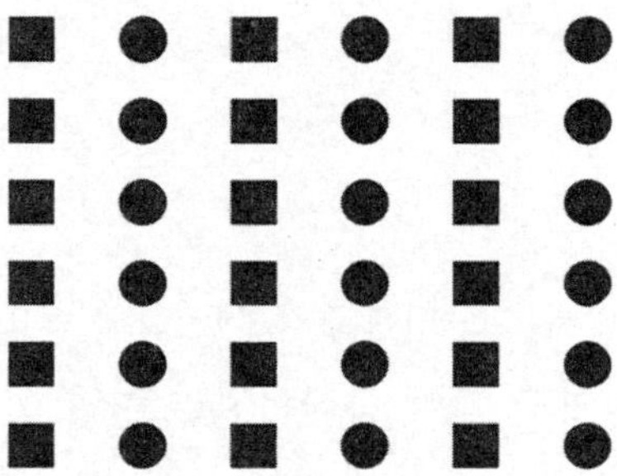

[그림 4-6]의 c

4) 완결성(closure)

공백이나 결손된 부분이 있어도 그 부분을 보완하여 완성된 형태로 지각하려는 원리를 말한다. [그림 4-6]의 d에서 결손된 부분이 있는데도 불구하고 사람의 얼굴로 지각하는 원리이다.

[그림 4-6]의 d

4. 지각의 항등현상과 착시

가. 항등현상

사람들이 지각하는 세계는 심리작용처럼 그렇게 빨리 변하지는 않는다. 모든 물건이 150m/sec의 정지도 없이 움직이고 있다면 아마 어떤 물건도 지각할 수 없고 다만 돌아가는 선풍기의 날개처럼 희미한 공간만을 지각할 것이다. 따라서 객관 세계는 어느 정도의 안정성을 지닌다. 세계를 안정되게 지각하는 것은 지각의 항등현상(perceptual constancy)에 의한다.

항등현상은 크기나 모양, 명암, 색채 등의 실험에서 널리 알려져 있다. 그러나 어떤 지각의 항등성도 절대적인 것은 아니며 물리적 조건이나 주의작용의 변화에 따라 항등현상이 없어지기도 한다.

1) 색채 항등성(color constancy)

어떤 물체의 색을 주변 조도의 변화와 관계없이 동일하게 지각하는 현상을 말한다. 예를 들면, 잘 익은 토마토를 시장이나 집에서 볼 때나 또는 밝은 대낮이나 어두운 저녁에 볼 때나 동일한 색으로 지각하는 것이다. 이러한 색채 항등성은 지각하는 물체의 색에 대한 기억으로부터 영향받기도 하지만, 물체로부터 반사된 빛과 물체 주변으로부터 반사된 빛과의 관계가 더 영향을 미친다.

2) 명도 항등성(lightness constancy)

조도의 변화에도 불구하고 무채색의 밝기를 동일하다고 느끼는 현상이다. 예를 들면, 검은 천을 햇빛이 강한 밖에서 보거나 어두운 실내에서 보거나 동일한 밝기의 검은 천으로 지각한다. 또한 햇빛에 노출된 잔디는 밝은 녹색이고 그림자에 가려진 잔디는 어두운 녹색이지만 동일한 녹색으로 인식하여 밝고 어두운 상태를 동일하게 지각하는 것이다.

이러한 항등성을 설명하는 이론 중 하나는 대뇌는 환경세계가 변함없는 상태라는 것을 고려하고 있기 때문이라는 것이다.

3) 형태 항등성(shape constancy)

닫혀있는 직사각형의 문이 천천히 열리는 과정을 일정한 거리에서 살펴보면 문의 형태가 직사각형에서 여러 가지 모양의 사다리꼴로 변하고 있음을 알 수 있다. 그런 까닭에 망막 속에서의 상의 모양도 매우 다양하게 변한다. 그런데 우리는 문의 모양이 직사각형에서 사다리꼴로 변하고 있다고 지각하지 않는다. 일정한 직사각형의 문이라고만 생각한다. 이처럼 일정한 거리에 있는 물체의 움직임에 상관없이 동일한 형태로 지각하는 경향을 형태 항등성이라고 한다.

이 항등성이 나타나는 이유는 공간 속에 존재하는 물체의 운동방향을 고려하기 때문이다.

4) 크기 항등성(size constancy)

가까운 곳에 있었던 물체가 시야에서 멀어지면 망막상의 크기는 줄어든다. 그렇게 망막상의 크기가 변함에도 불구하고 그 물체의 크기를 동일하게 지각하는 경향을 크기 항등성이라고 한다. 이와 같이 거리에 상관없이 물체를 동일한 크기로 지각하는 경향은 관찰자가 물체로부터 객관적인 거리를 고려하여 해석하기 때문이다.

5) 위치 항등성(location constancy)

한곳에 고정되어 움직이지 않는 물체를 바라볼 때, 눈이 그 물체에 고정되어 있다면 물체로부터 반사된 빛에너지는 망막의 한 장소에 투영된다. 그렇지만 평소에 사람들은 항상 움직이기 때문에 일정한 물체를 바라보더라도 망막에서의 물체의 상의 위치는 다양하게 투영된다. 그러나 이러한 변화에 상관없이 그 물체의 위치가 변하지 않는 것으로 지각하는 경향을 위치 항상성이라고 한다.

나. 지각적 착시와 응용

1) 지각적 착시

착시(illusion)란 감각적 기능들이 일련의 자극 경험을 부정확하게 지각하도록 유도하는 현상을 말한다. 자극이 모호하거나 정보가 누락되어 있고 자극의 구성 요소들이 친숙하지 않게 배열되어 있을 때 쉽게 나타난다.

착시에 대한 최초의 과학적 분석은 J. J. Oppel(1854)의 '기하학적인 착시(geometrical optical illusions)'라는 연구에서 시작하였다. Oppel은 자연, 감각, 지각, 예술 속에서 착시에 관한 많은 업적을 남겼다. 사실 착시는 존재하는 실체와 지각 간의 불일치로 일상 생활에서 친숙하게 경험할 수 있다.

가장 오래되고 많이 연구가 된 것은 월착시이다. 달은 중천에 떠 있을 때보다 수평선에 있을 때 훨씬 크게 보인다. 수평위치에 있을 때는 땅 위의 물건들이 거리 지각의 단서가 되어 달이 가깝게 보이고, 중천에 떠 있을 때는 거리 지각의 단서가 없어 멀리 보이기 때문이라고 해석하고 있다. 그러나 허리를 굽혀 가랑이 사이로 달을 보면 이런 착시가 없어지는 것을 알 수 있다. 따라서 신체 위치가 착시의 원인이며 착각은 대상을 잘못 인식한 지각이다.

착시의 명칭은 이를 최초로 기술한 심리학자의 이름을 따서 붙여진 것들이 대부분이다. [그림 4-7]의 a는 Mueller-Lyer 착시모형이라고 불리운다. 이 모형에는 동일한 길이의 두 선분이 평행선을 이루고 있으며, 평행선의 양 끝에는 다른 짧은 선분들이 화살표를 이루고 있다. 그런데 화살표의 방향에 따라 두 개의 평행선의 길이를 서로 다르게 지각한다.

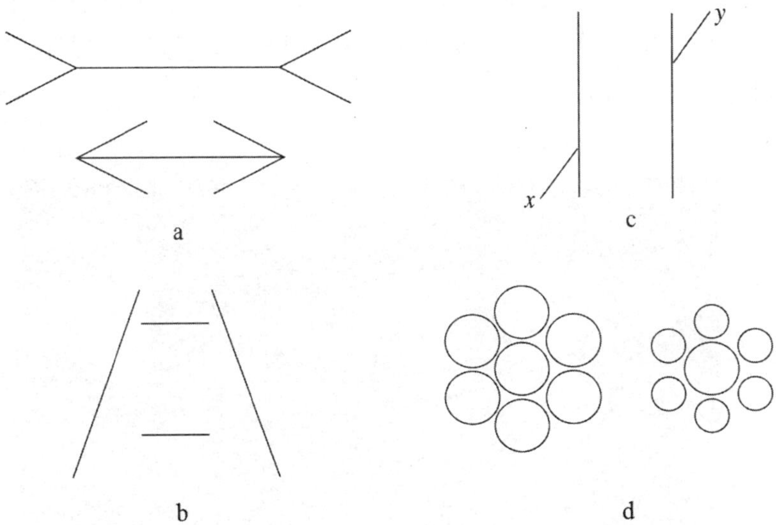

[그림 4-7] **착시모형**

[그림 4-7]의 b는 Ponzo 착시모형인데, 두 개의 동일한 선분이 평행선을 이루고 있고 그 주변에는 두 선분이 한 방향으로 수렴되어 있다. 여기에서 주변의 선분을 기찻길처럼 수렴하는 윗쪽부분에 있는 선분보다 더 길게 지각한다.

[그림 4-7]의 c는 Poggendorff 착시모형이다. 여기에서는 평행을 이루는 두 수직선 때문에 실제와는 달리 선분 x가 선분 y와 직선으로 연결되어 보이지 않고, 선분 x가 선분 y보다 아래쪽에 위치하는 것처럼 지각한다.

[그림 4-7]의 d는 Ebbinghaus 착시모형으로 가운데의 원의 크기에 대한 착시현상이다. 주변의 크고 작은 원들의 영향 때문에 가운데 원들은 크기가 동일함에도 불구하고 오른쪽의 원을 더 크게 지각한다.

2) 지각적 착시의 응용

지각적 착시는 모호한 형태의 그림을 통해 개인의 경험을 극대화하려는 현대 예술가들에게는 매력적인 분야이다. 특히 초현실주의를 연구하는 사람들에게 지각적 착시는 또 다른 흥미로운 현상이다. [그림 4-8]은 초현실주의자 Salvador Dali의 〈사라진 볼테어(Voltaire)의 흉상을 담고 있는 노예시장〉이라는 작품이다.

[그림 4-8] **사라진 볼테어의 흉상을 담고 있는 노예시장**

볼테어의 흉상을 처음 발견하기는 쉽지 않지만 일단 찾게 되면 매번 볼테어를 만날 수 있다. 초현실주의자들은 감각적 경험과 지각적 경험의 세계를 분리함으로써 새로운 경험의 세계를 창조하고자 시도하였다.

지각적 착시를 우리 생활에서는 광범위하게 응용한다. 건축가나 인테리어 디자이너들은 실제보다 공간을 넓게 혹은 작게 보이도록 하기 위해 지각적 착시를 이용한다. 작은 평수의 아파트는 밝은 색깔로 도배를 하거나 가구를 드문드문 배치함으로써 보다 넓게 보일 수 있다. 영화나 연극의 무대 세트나 조명 연출가들은 의도적으로 지각적 착시를 유도한다. 여성들은 날마다 화장과 의상으로 실제와 다른 지각을 유도하는 착시를 사용한다. 볼을 짙게 화장하여 갸름한 얼굴형으로 보이게 하거나 머리 스타일을 변화시켜 작은 얼굴로 위장한다. 또한 밝은 색의 옷과 수평의 스트라이프는 몸을 보다 크게 보이게 하고, 어두운 색의 옷과 수직 스트라이프는 몸을 갸름하게 보이도록 만든다.

5. 지각의 발달

아이들에게 있어 지각 능력은 생존과 직결된 문제이다. 갓 태어난 아이들도 어느 정도의 지각 능력을 가지고 있다. 맛, 냄새, 청각적 지각이 민감한 반면, 시각적 기능은 어느 정도 성장 후에 발달하는 것으로 보인다. DeCasper와 Fifer(1980)의 연구 결과에 따르면, 생후 3일이 지난 신생아들은 어머니의 목소리와 다른 여자의 목소리를 구분한다. 또한 생후 2시간이 지난 신생아는 신맛에 대해 불쾌한 반응을 보이며, 냄새에 대해 불쾌와 쾌를 구분할 수 있는 능력을 가지고 있다.

시각적 기능은 생후 2개월 정도가 지나야 발달하는 것으로 보인다. 1~15주된 유아는 평면의 사각형을 선호하고 직선과 곡선을 구별할 수 있으나 모양, 색깔, 원 등은 선호하지 않는다. 또한 삼원색을 구별하는 것은 생후 2개월 정도에, 깊이 및 거리 지각, 지각적 항상성은 2세 정도가 되면 발달한다.

시지각에 대한 통합적 정보 처리 능력은 다른 지각적 능력에 비해 다소 늦게 발달한다. 생후 2개월 정도에 통합 능력이 분화하기 시작하여 완벽한 통합적 정보 처리는 5~6세 정도에 완성된다. 유아들은 상하 변별보다는 좌우 변별을 더 어려워한다. 예를 들어, p와 b, q와 d보다는 p와 q, b와 d를 더 혼동하며 10~11세 정도가 되어야 점차 이러한 혼동이 감소하는 것으로 보인다.

나이가 들어가면서 전반적인 지각 능력은 감각 구조의 효율성이 떨어지면서 서서히 저하되지만, 복잡한 지각과 변별 능력, 정보처리의 통합적 능력은 학습과 경험을 통해 계속 발달한다. 그러나 노화와 더불어 모양근의 이상으로 수정체의 조절 능력을 상실하는 노안이나 고음에 대한 급격한 청각 능력의 쇠퇴와 같은 감각기능의 퇴화가 나타나면서 지각 능력은 급격하게 저하된다. 일반적으로 이 시기의 지각 능력의 저하는 인지적 능력의 저하와 더불어 나타난다.

기억과 망각

제5장

인간은 경험에 의하여 획득한 정보들을 저장한다. 기억(memory)이란 경험한 어떤 내용을 일정 기간 이상 파지(retention)해 두었다가 필요한 상황에서 인출해 내어 활용할 수 있는 정신적인 활동이라 정의할 수 있다. 이 때에 어떤 내용들은 경험한 바를 그대로 정확하게 유지하다가 필요할 때 적절하게 활용하지만 다른 어떤 내용들은 사용되지 못한 채 기억 속에서 사라지는데, 이러한 형상을 망각(forgetting)이라 한다.

인지주의 심리학의 발전과 더불어 복잡한 인간의 정신 활동인 기억과 망각현상에 대한 연구가 활발하게 진행되어 기억과 망각의 과정을 설명해 주는 여러 가지 이론들이 인간을 깊이 이해하게 하였다.

1. 기억이론

가. 정보처리이론

기억을 컴퓨터가 정보를 처리하는 과정에 비유하여 설명하는 이 이론에서는 기억의 과정을 부호화의 과정, 저장과정, 인출과정의 3단계로 나누고 있다. 또한 기억의 구조를 감각기억과 단기기억(또는 작업기억), 장기기억으로 나눈다.

1) 감각기억

감각수용기를 통해 들어온 정보들을 감각적 형태 그대로 일시적으로 저장하는 감각기억은 시각과 청각에서의 감각기억으로 구분해 볼 수 있다. 시각적인 감각기억을 영사기억(iconic memory), 청각적인 감각기억을 반향기억(echoic memory)이라고 한다. 예를 들어, 영사기억은 어두운 밤에 번개불 속에서 주변환경을 볼 수 있는 현상에서 나타난다. 번개불은 순간적이지만 그때의 정보를 영사기억이 잡아두기 때문에 주변환경의 파악이 가능한 것이다. 또한 영화를 볼 때도 영사기억이 작용한다. 원래 여러 장의 끊어진 필름 사진들이 한 장면씩 따로따로 보이는 것이 아니라 필름 사진들 사이의 틈을 영사기억이 메꿔 주기 때문에 부드러운 움직임으로 지각하는 것이다. Sperling(1960)은 영사기억의 특성에 관한 연구를 통해 영사기억은 상당히 많은 양이 원래의 자극 상태 그대로 약 250msec 동안 지속되나 그 이후에는 사라지는 것을 밝혀냈다.

반향기억의 지속시간은 제시되는 청각자극에 따라 각기 다른데, 말소리에 대해서는 약 2~3초 정도이며 무선적인 소음의 경우에는 조금 더 지속되는 것으로 보여진다. 영사기억과 비교했을 경우 반향기억이 다소 오래 지속되는 것으로 나타났다.

2) 단기기억(작업기억)

감각기억은 너무 짧은 시간 동안만 지속되기 때문에 거의 의식적으로 경험하기 어려운데 비해 단기기억은 분명히 의식할 수 있다. 특정 장면이나 소리에 주의를 기울일 때 주의 기제는 전달된 메시지를 거의 즉각적이고 자동적으로 감각기억에서 단기기억으로 전환한다. 한편 장기기억에서 인출된 정보 역시 단기기억으로 들어온다.

최근에는 단기기억 대신 작업기억이란 용어를 더 자주 사용하는데 작업기억이란 기억처리의 중간 결과들을 기명해 두는 보조 기명장치(scratch pad)로서 후속 처리를 가능하게 해주는 역할을 한다. 작업기억은 하나의 체계가 아니라 몇 개의 하위 구성 요소들로 이루어져 있다. 중앙처리기, 음성회로, 시청각 기명장치가 그것들이다.

중앙처리기는 용량이 제한되어 있는 작업기억의 정보를 통제하는 체계로서 음성회로와 시청각 기명장치에 정보의 처리 자원을 할당해 주고, 주의 과정을 통제하며, 정보처리의 조절과 통제를 하는 역할을 수행한다. 음성회로는 감각기억을 통해 들어온 청각적 정보를 잠시 유지하거나 문자 자극을 음성 부호로 전환하여 저장하는 체계이다.

음성회로는 음성기억, 음성인식에 관여하므로 읽기학습이나 언어이해, 언어 획득에 중요한 역할을 한다. 시청각 기명장치는 지각과정에서 직접 들어오거나 간접적으로는 심상으로 생성되는 시공간적 정보를 일시적으로 작동하고 조작하는 체계로서 음성회로와는 상호 독립적으로 작용한다. 따라서 음성회로와 시청각 기명장치는 동시적으로 활성화될 수 있어 병렬적인 처리가 가능하다.

작업기억의 지속시간은 Peterson의 실험에 의하면 약 15~18초인 것으로 나타났다. 이러한 짧은 지속시간 때문에 정보를 망각하지 않고 작업기억에 더 오랫동안 잡아두기 위해서는 암송이 필요하다. 이와 같이 작업기억의 특성은 제한된 용량을 가지고 있고, 지속시간이 일시적이며, 정보로의 접근이 용이하다는 것이다.

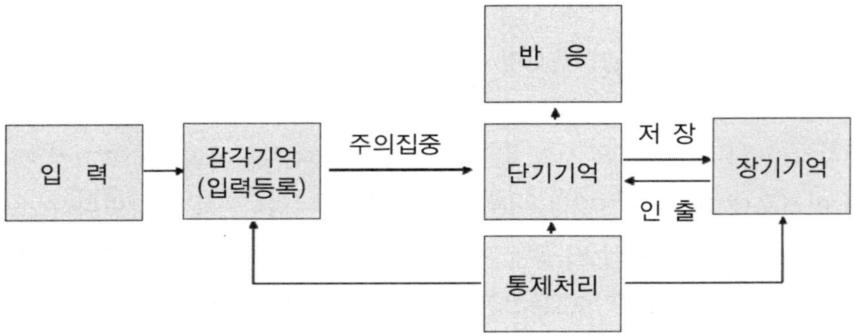

[그림 5-1] **기억의 과정과 구조**

3) 장기기억

장기기억은 학습하고 경험한 내용이 비교적 영구적으로 저장되어 있는 기억 장치로서, 우리가 알고 있는 모든 정보들은 장기기억에 저장되어 있다. 장기기억 속의 내용들은 단기기억으로부터 넘어온 정보들이다. 단기기억에서 장기기억으로 정보가 전이되는 방법 중 대표적인 것은 되뇌기(rehearsal)이다. 되뇌기는 정보에 대한 장기적인 기억 흔적이나 표상을 형성하는데 사용되는 정신과정이다. 되뇌기 과정의 두 가지 효과를 Atkinson과 Shiffrin(1989)은 다음과 같이 설명한다.

첫째, 되뇌기는 작업기억 속에 정보를 붙잡아 두는 역할을 수행하여 정보가 소실되거나 다른 정보로 대치되는 것을 방지한다.

둘째, 되뇌기에 의해 작업기억에 더 오래 머물러 있는 정보는 장기기억에 저장될 확률이 높아진다. 즉, 되뇌기는 작업기억에서 장기기억으로 정보를 전환하는 한 방법이다.

다른 한 가지 방법은 이해에 의한 의미 부호화 과정이다. 학습자가 교사의 강의를 듣고 그 내용을 이해하고 있다면 학습자의 장기기억 속에 그 내용이 저장되는 것이다. 그러나 학습자는 강의 내용을 교사가 한 말 그대로를 기억하는 것이 아니라 요약적인 내용, 즉 그 의미를 부호화 한다. 한편 적절한 수준의 주의집중, 흥미도, 이해는 최소의 노력으로 장기기억에 정보를 저장할 수 있게 한다.

나. 처리수준이론

인간의 기억 과정을 정보처리이론의 기억의 세 가지 저장고 모델로 완벽하게 설명할 수는 없다. Craik와 Lockhart는 세 가지 저장고 모델에 대한 대안으로서 '처리수준이론'(levels of processing)을 제안했다. 이들은 기억의 세 가지 저장고 모델의 문제점을 다음과 같이 지적했다.

첫째, 장기기억과 단기기억을 구분하는 증거가 불분명하다. 또한 기억 용량이 5~9단위 보다는 더 가변적이다.

둘째, 세 가지 저장고 모델에서는 단기기억은 청각적 부호로, 장기기억은 의미 부호로 부호화된다고 보았으나, 단기기억에서도 시각 부호나 의미 부호가 가능하고 장기기억에서도 시각적, 청각적 부호화가 가능하다.

셋째, 기억의 쇠퇴 속도는 학습된 자료에 따라서 달라지는 것이지 단기기억이나 장기기억이냐에 따라서 달라지지 않는다.

즉, 학습된 정보가 얼마나 완벽하게 분석되고 다른 정보와 얼마나 적절하게 연결되느냐에 따라서 그 정보가 얼마나 오래 기억되는지가 결정된다. 즉, 정보가 보다 완벽하게 처리될수록 기억될 가능성이 커진다.

Craik(1979)는 세 가지 저장고 모델과 처리수준 이론이 전혀 양립할 수 없는 것은 아님을 지적했다. 한 단계에서 그 다음 단계로 전보를 이동시키는 상이한 전략 또는 처리 수준이 있을 수 있을 뿐 아니라, 감각기억, 단기기억 및 장기기억의 구분과 유사한 구조적 요소 또는 기억의 단계들이 있을 수 있다고 설명한다(Reed, 1992).

다. 병렬분산처리이론 ; 연결주의 모델

연결주의(connectionism)이론 중의 하나인 병렬분산처리 이론(parallel distributed processing : PDP)은 기억이 어떻게 작용하는지에 대한 가장 최근의 설명들로서, 모든 지식은 대뇌 속의 거대한 망조직 내에 기본적인 단위들 간의 연결이라는 형태로 저장된다고 가정하고, 정보처리는 이 망조직 전체에 걸쳐 분산되어 이루어진다고 주장한다. 병렬분산처리이론은 대뇌 뉴런의 물리적인 망조직에 기억의 망 조직을 비유하고 있다.

연결주의 모델에서 기억을 구성하는 기본적인 요소는 '하위 상징'(sub-symbolic)이다. 즉, 명제나 도식과 같은 의미를 갖는 상징적인 단위들보다 더 기초적이다. 연결주의 모델에서 하위상징적 단위는 상이한 '가중치를 가진'(weighted) 연결들을 통해 서로간에 상호작용하는 단순한 처리 장치이다. 지식은 이 망조직 내에 활성화되는 형태로 표상된다.

[그림 5-2]는 연결주의의 망조직이 기억과정에서 어떻게 작용하는지를 보여준다(Bereiter, 1991).

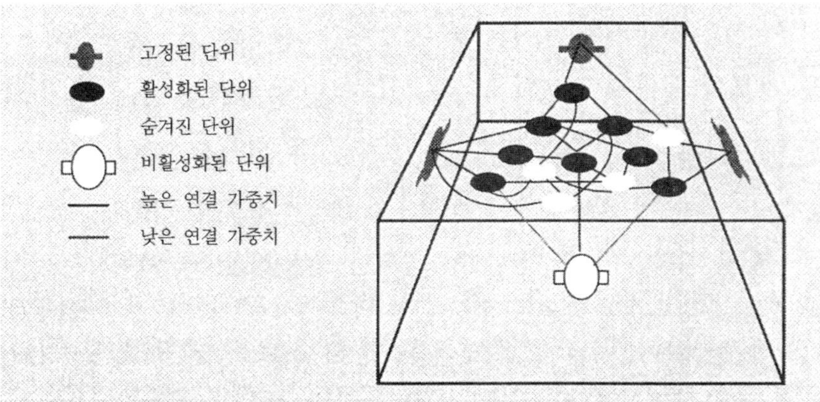

[그림 5-2] **연결주의의 망조직에 대한 원반과 고무줄 모델**(C. Bereiter, 1991)

[그림 5-2]를 보면 여러 개의 상이한 플라스틱 원반들을 길이와 두께가 다른 고무줄로 묶어 놓고 이 중 네 개의 원반을 선택하여 벽에다 고정시키면 그 때마다 특정한 형태가 만들어진다. 고무줄의 길이와 두께를 변화시키면 또다른 형태가 만들어진다. 연결주의 모델에서는 이렇게 지식들이 원판과 같이 서로 연결되어 있다고 가정한다. 이 연결에 주어지는 가중치가 다르면 그때 생겨나는 지식의 패턴도 달라진다. 여기에서 중요한 것은 정보처리 과정이 마치 여러 대의 컴퓨터가 동시에 함께 작동하는 경우와 같이 병렬적으로 이루어지기 때문에 많은 조정들이 한꺼번에 일어날 수 있다는 것이다.

연결주의 이론의 가장 큰 특징이자 장점은 정보의 재생 이상의 사실들을 설명할 수 있다는 것이다. 즉, 서서히 점진적으로 발달하고 끊임없이 변화하는 학습의 과정을 잘 설명해 주는 이론이다. 학습은 연결의 가중치가 조정되면서 학습은 이루어지는 것이므로 학습이 지식을 계속적으로 축적하고 정교화하고 조정하는 과정임을 말해 준다(Driscoll, 1994).

2. 기억의 과정

가. 부호화

부호화(encoding)란 외부 환경으로부터 입력된 정보가 기억에 저장되기 위하여 적절한 부호로 전환되는 과정이다. 각 기억의 체계 내에 들어오는 정보들은 기억체계의 특성에 따라 부호화된다. 감각기억은 감각수용기로부터 들어온 정보를 있는 그대로의 원 자극 형태로 잠시동안 붙잡아 두는 역할을 하므로 외부자극에 대한 감각정보를 그대로 부호화한다. 그러나 작업기억은 의식에 정보를 붙들어 두고 그 정보를 기초로 정보처리가 이루어지기 때문에 좀더 효과적으로 정보를 조작해야 한다. 작업기억에서 정보가 사라지는 것을 방지하기 위해 사용하는 대표적 방법은 반복암송으로서 이 방법은 청각적 부호화에 주로 의존한다.

그러나 작업기억의 부호화는 시각적 부호화와 의미적 부호화도 가능하다. 장기기억에서도 청각적, 시각적, 의미적 부호화의 세 가지 방법 모두 부호화된다. 처리 수준 모형에 의하면 초기의 부호화 처리가 얼마나 적절하게 그리고 세밀하게 이루어졌는지에 따라 기억의 흔적이 달라질 수 있다. 이는 외부에서 들어온 정보들을 작업기억에서 어떻게 부호화했는지에 따라 기억의 구조화와 강도가 달라질 수 있음을 의미한다.

나. 저 장

대부분의 인지심리학자들은 장기기억을 의미기억, 일화기억, 절차기억의 세 가지 형태로 구분한다.

1) 의미기억

의미기억(semantic memory)은 문자 그대로 의미에 대한 기억이다. 이 기억들은 명제(propositions), 심상(images), 도식(schemas)의 형태로 저장된다.

명제란 옳고 그름을 판단할 수 있는 최소 단위의 정보이다. 또한 이 최소 단위의 명제들 간의 상호 연결 상태를 '명제망(propositional network)'이라고 한다. 대부분의 정보들은 명제망 형태로 저장되고 표상된다. 따라서 명제망 속에 표상되어 있는 어떤 정보를 재생해 내고자 할 때는 의미를 친숙한 귀절과 문장, 또는 심상으로 변환시킬 수 있다. 또한 망 형태로 서로 연결되어 있기 때문에 한 단위의 정보를 재생해 내면 연결되어 있는 다른 정보의 재생이 연속적으로 활성화된다. 이러한 망조직은 의식의 일부가 아니기 때문에 그 존재를 의식할 수는 없다(Anderson, 1990).

심상은 '지각'에 기초하는 표상이다(Anderson, 1990). 심상은 그것이 표상하는 바를 거울처럼 보여준다. 즉, 심상은 정보의 물리적 속성과 공간 구조를 그대로 반영한다. 아인슈타인 같은 물리학자들은 복잡한 문제들을 추론하기 위해 심상을 사용한 것으로 알려져 있듯이 심상은 추상적인 추론을 하는 과정에서 매우 유용하게 사용된다.

명제와 심상은 단일한 아이디어와 관계들을 표시하는 데는 문제가 없으나 심상과 명제를 둘 다 표시하고 있는 지식을 다룰 경우에는 도식을 사용해야 한다. '도식'이란 엄청난 양의 정보를 조직하는 추상적인 구성체이다. 하나의 도식은 어떤 사건, 개념, 기능을 이해하기 위한 패턴(틀) 또는 길잡이 역할을 한다. 도식의 유형 중 이야기 문법(story grammar)은 이야기를 이해하고 기억하는 데 사용된다. 즉, 이야기 문법이란 특정한 이야기들에 들어맞는 전형적이고 일반적인 구조이다. 하나의 이야기를 이해하기 위해 우선 알맞은 도식을 선택한 후 이 틀을 사용하여 이야기 속의 내용 중 어떤 세부 사항들이 중요하고, 어떤 정보를 찾아내야 하며, 어떤 것들을 기억해야 하는지를 결정한다. 도식이란 이야기가 어떻게 전개되어야 할 지에 관한 이론과도 같은 것이다. 적절한 도식이 없이 교과서 또는 강의를 이해하려고 하는 것은 처음 방문한 도시에서 지도 없이 길을 찾는 경우와 같이 힘들고 시간이 걸린다.

'스크립트'(script) 또는 '사태 도식'(event schema)이라고 부르는 또 하나의 도식의 유형이 있는데, 이는 일상생활에서 여러 가지 일들이 발생하는 전형적인 순서를 나타내는 도식이다. Nelson(1986)에 의하면 3세 경이 되면 일상생활에서의 친숙한 사태들에 대해 기본적인 도식을 획득한다.

2) 일화기억

특정한 장소 및 시점과 관련된 정보, 특히 개개인의 일상생활에서 일어나는 사태에 대한 지식을 '일화기억'(episodic memory)이라고 한다. 일화기억은 일의 순서를 그대로 담아두기 때문에 에피소드나 영화 줄거리 등을 저장하기에 좋은 장소이다. 의미기억은 지식의 기본적인 요소들을 담고 있으며, 이 요소들로부터 일화기억이 만들어진다. 기억은 우리가 알고 있는 모든 단어와 심상의 의미를 수록하고 있는 사전과 같은 역할을 한다. 일화기억은 이러한 개념들을 특정한 방법으로 연결시키는 소설이나 영화와 같은 것이다.

3) 절차기억

일을 하는 방법에 대한 기억을 절차기억(procedural memory)이라 한다. 수영을 하거나 스키를 타거나 운전을 하는 것과 같이 어떤 절차를 배우는 데는 상당한 시간이 소요된다. 그러나 일단 배우고 나면 이러한 지식들은 오랫동안 잊혀지지 않는 특성이 있다. 절차기억은 '산출'이라고 부르는 조건-행위 규칙(conditioning-action rules)으로 표시된다. 산출은 '만약 A라는 일이 일어나면 B를 하라.'와 같이 어떤 조건에서 어떤 일을 해야 할지를 결정한다.

다. 인 출

장기기억에는 수많은 정보들이 저장되어 있기 때문에 어떤 정보들은 자동적으로 인출되지만 다른 정보들은 인출하는데 특별한 전략들을 필요로 한다. 에빙하우스는 자발적 기억과 비자발적 기억으로 구분하여 이를 설명한다. 즉, 적극적인 탐색과정을 거쳐 인출되는 경우를 자발적 기억이라 하고, 반복암송의 결과로 자동적으로 정보가 인출되는 경우를 비자발적 기억이라 명명했다.

정보를 얼마나 빨리 그리고 정확하게 찾아내어 인출할 수 있느냐의 여부는 정보가 얼마나 구조적이고 체계적으로 저장되어 있느냐에 달려 있다. 그러므로 정보가 장기기억에 그대로 저장되어 있을지라도 제대로 인출하지 못하는 경우가 있다. Mandler와 동료들(1969)의 연구에 의하면 피함자들에게 100개의 단어 목록을 5회 반복 제시한 후 회상과 재인검사를 실시하였을 때 회상률은 38%에 불과했으나 재인률은 96%였다. 이 실험 결과는 기억한 내용이 장기기억 속에 그대로 들어 있기는 하지만 인출에 실패 하는 경우가 많음을 의미한다.

기억장치에 정보가 입력될 때 어떤 도식이 사용되었느냐에 따라 인출 접근의 성공 여부가 결정될 수 있다. Anderson과 Pichert(1978)는 피험자들에게 집의 구조를 묘사해 놓은 글을 읽게 하면서 한 피험자 집단은 집을 살 사람 입장에서 읽게 하고, 다른 집단은 도둑의 입장에서 읽게 하였다. 일정 시간이 경과한 후 두 집단 모두에게 글의 내용을 기억해 내도록 하였다. 그 결과 집을 살 사람 입장에서 글을 읽은 사람들은 방의 숫자, 지붕의 견고성에 대한 내용들을 회상하였으나, 도둑의 입장에서 글을 읽은 사람들은 금고 등의 중요한 물건들의 위치, 출입구의 위치, 창살의 유무에 대한 내용을 회상하였다. 이들의 실험 결과는 어떤 도식을 사용하여 정보를 저장했는지에 따라 인출되는 정보의 내용이 달라질 수 있음을 시사한다.

자동적으로 회상될 수 없는 학습 내용들은 인출 단서에 의해 이끌어져 나올 수 있다. Tulving과 Pearlstone(1966)은 피험자들에게 다른 범주에 속하는 항목들을 제시하고 범주이름 단서를 제시했을 때 처음에는 회상해 낼 수 없었던 항목들을 회상해 낼 수 있음을 발견했다. 인출 단서의 유형에 따라서 단서의 효과성 정도는 달라진다. Thomson(1973)의 '부호화 특수성 원리'(encoding specificity principle)에 의하면 지각한 것에 대한 특정 부호화는 기억에 저장되는 방식을 결정하며, 어떤 것이 저장되어 있느냐는 저장된 것에 접근하는 효과적인 단서의 종류를 결정한다.

그러므로 부호화시의 자극맥락이 인출시에 다시 주어질 때에 인출이 성공적일 수 있다. 따라서 장기기억 단계에서의 망각이란 인출시에 주어진 인출 단서들이 목표 자극을 부호화했을 때의 단서와 일치하지 않았을 때 일어나는 현상이라고 할 수 있다. 즉, 가장 효과적인 인출 단서는 맥락이다.

기억 내용의 인출이 맥락 의존적이라는 사실은 Godden과 Baddeley(1975)에 의해 입증되었다. 그들은 잠수부들이 물 속과 육지에서 학습한 내용을 기억하도록 실험하였다. 그 결과 물 속에서 학습한 내용은 물 속에서 더 잘 기억할 수 있었고 육지에서 학습한 내용은 육지에서 더 잘 회상하였다. 이러한 실험 결과는 시험에 대비해 학습하는 경우 시험 상황과 유사한 환경조건 하에서 학습하는 것이 실제 시험 상황에서 학습한 내용을 더욱 성공적으로 인출해 낼 수 있음을 시사한다. 기억할 때와 인출할 때의 맥락 일치성은 단순히 물리적인 환경 뿐 아니라 언어적인 맥락과 심리적인 상태까지 포함된다. 보통 슬플 때는 슬펐던 일이 기쁠 때는 기뻤던 일이 기억이 잘 되는 기분일치성의 효과를 경험한다.

3. 망 각

가. 에빙하우스의 연구

망각이란 기억의 체계 내에 부호화되었던 정보가 소멸되거나 인출에 실패한 경우를 의미한다. 그렇다면 어떤 정보가 망각되고 또는 기억되는 것일까? 기억이 더 잘 되는 정보의 특징은 무엇인가? 이러한 질문에 대한 답을 제시하는 망각에 관한 연구는 1885년 독일의 심리학자인 에빙하우스(Ebbinghaus)가 행한 연구에서부터 시작되었다. 그는 자신이 고안한 두 개의 자음 사이에 하나의 모음이 삽입된 무의미 철자(nonsense syllable, 예 : pox, dak, qip)를 사용하여 학습된 무의미 철자가 시간이 경과함에 따라 얼마나 망각되어지는가를 측정하였다.

그는 무의미 철자를 계열목록으로 작성하여 피험자들이 암송(기계적 반복)을 통하여 학습하도록 하였다. 처음으로 오류 없이 완전히 기억할 수 있을 때까지 소요된 시간 또는 반복횟수(OL)를 측정하고, 일정시간이 경과한 후 동일한 목록을 다시 학습하는데 소요된 시간 또는 횟수(RL)를 측정하여 OL과 RL의 차이를 측정하였다. 이것을 절약치라 하며 이 절약치를 OL로 나누어 100을 곱한 것이 절약률로서 이것은 곧 기억률을 의미한다. 이를 공식으로 표시하면 다음과 같다.

$$\text{절약률(기억률)} = \frac{OL - RL}{OL} \times 100$$

에빙하우스는 이와 같은 실험을 동일한 조건 하에서 5년간 반복 실시하여 그 결과 유명한 '에빙하우스의 망각곡선'(Curve of Forgetting)을 제시하였다(그림 5-3).

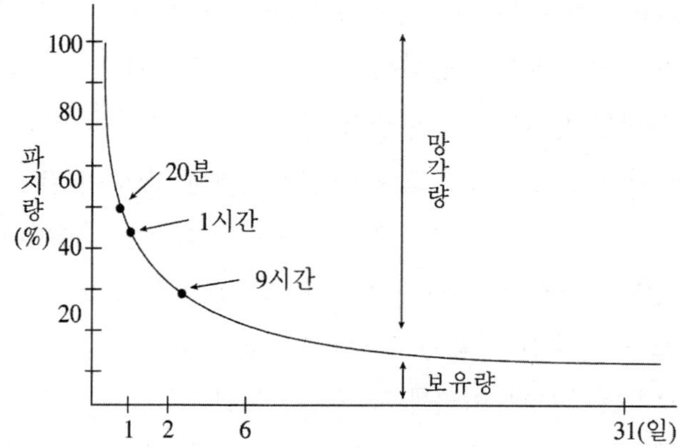

[그림 5-3] **에빙하우스의 망각곡선**

[그림 5-3]에서 볼 수 있는 바와 같이 망각량은 학습 직후에 가장 빨라 하루 동안 급격히 떨어지나, 망각속도는 점차적으로 log함수로 느려진다. 그러나 이후의 연구들은 이름과 얼굴에 대한 기억은 상당히 오랫동안 지속되어 25년 후에도 망각률은 미미하며, 외국어학습의 경우에는 학습 직후에는 상대적으로 빠른 망각률을 보이나 2년 후에는 망각률이 현저하게 감소되어 외국어를 사용하지 않는 경우에도 안정적으로 능력이 유지되는 한편, 자전거 타기나 운전과 같은 복잡한 운동기술은 망각이 거의 발생하지 않음을 밝히고 있다.

어떤 정보는 망각되고, 또 다른 어떤 정보는 잘 망각되지 않는다면 망각은 왜, 어떻게 일어나기 때문일까? 감각기억에서는 주의를 기울이지 않으면 정보는 소실되며, 단기기억에서는 의식적으로 정보를 붙잡고 있지만 그 정보가 장기기억으로 전환되지 않으면 망각이 일어난다. 한편 장기기억의 망각의 원인은 붕괴, 간섭, 인출의 실패 등이다.

나. 망각이론

1) 쇠잔이론(decay theory)

기억에 입력된 정보가 시간이 경과함에 따라 자연적으로 소멸되어 가는 현상을 '쇠잔'(decay)이라고 한다. Thorndike의 학습의 법칙 중의 하나인 '불사용의 법칙'에 따르면 반복 사용하는 습관이나 기억은 강화되지만, 사용하지 않는 기억이나 습관은 약화된다. 즉, 기억은 반복 암송되지 않으면 시간적 함수로 망각된다. 이 입장은 망각 현상이 부호화나 인출과 관련된 것이 아니라 저장의 실패에 기인한다고 보는 것이다. 그러나 장기기억과 관련해서는 이 이론은 잘못된 것으로 밝혀지고 있다. 생물 유기체에게는 시간에 따라 여러 가지 신경학적인 사건들이 발생하므로 순수한 붕괴란 가능하지 않다.

이러한 붕괴이론에 대해 이의를 제기하는 실험을 Dallenback와 Jenkins(1924)는 시도하였다. 두 그룹의 피험자들이 무의미 철자들을 학습했다. 그리고 나서 학습 직후, 1시간, 2시간, 4시간, 8시간 후에 망각률을 측정하였는데, 피험자 한 그룹은 8시간 동안 수면을 취하게 했고 다른 그룹은 일상활동을 하며 깨어 있었다. 만약 망각의 주요 원인이 붕괴라면 망각률은 깨어 있을 때나 잠들어 있을 때나 동일해야 한다.

그러나 [그림 5-4]에서 처럼 수면을 취했던 그룹의 망각률이 현저히 낮게 측정되었다. 즉, 유기체는 대사가 증가되면서 신체활동 수준이 높아지는데 활동이 많아지면 기억의 흔적은 붕괴된다. 따라서 아무 활동도 하지 않고 밤에 잠을 자는 경우 기억이 응고화되고 망각이 덜 진행된다는 것이다.

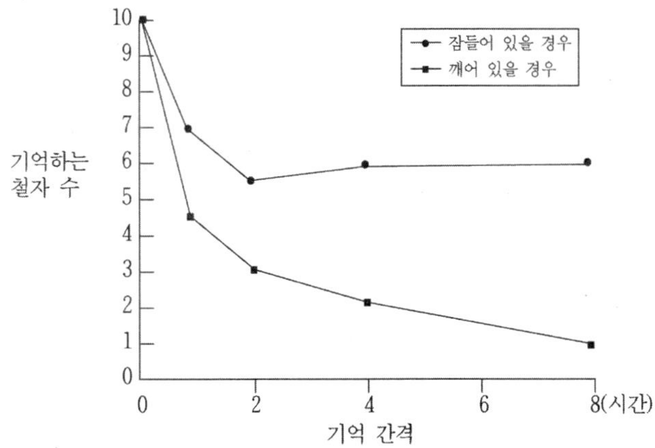

[그림 5-4] Jenkins & Dallenback(1924)

Bahrick과 그의 동료들(1975)의 실험에서도 장기기억에서의 망각 현상의 주원인은 시간의 경과에 따른 정보의 소멸이 아님을 보여준다. 그들은 고등학교 같은 반 친구들의 이름과 얼굴에 대한 기억 정도를 측정하였는데 [그림 5-5]와 같이 이름과 얼굴에 관한 재인 능력은 50여년의 세월이 경과하는 동안 거의 유의미한 감소 현상을 나타내지 않았다.

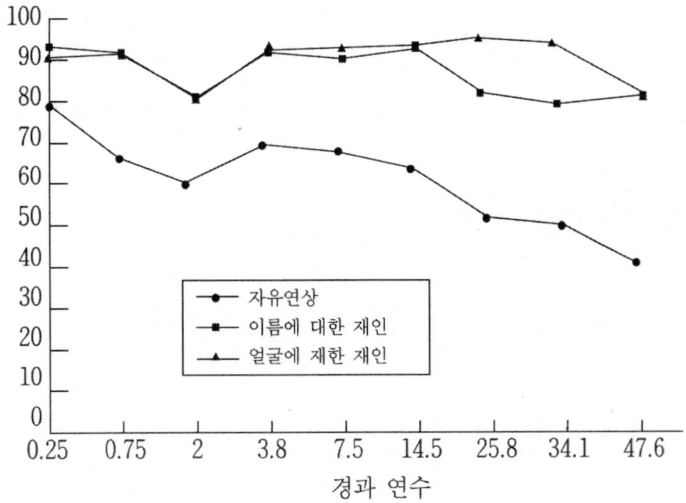

[그림 5-5] Bahrick et al.(1975)

2) 간섭이론(interference theory)

새로운 정보를 기억하는 것이 이전에 학습한 정보의 기억을 방해하는 현상을 간섭(interference)이라고 한다. McGeoch는 일정시간 동안 발생하는 활동들이 간섭을 일으켜 망각을 유발한다고 주장하였다. 특히 이전, 이후에 학습한 것들이 현재의 학습내용과 유사하다면 간섭이 일어날 가능성이 증가한다. McGeoch와 그의 동료들은 피험자들에게 회상할 학습 자료를 제시하면서, 간섭 자료들의 유사성을 조작하여 제시한 결과, 간섭자료가 학습자료와 유사할수록 간섭이 더 잘 일어남을 발견했다.

간섭 현상은 다음 두 가지 경우의 자극과 반응의 연합 관계를 통해서도 설명되어진다.

A) S ⟶ R1

S ⟶ R2

– 동일한 자극(S)이 하나 이상의 반응(R_1과 R_2)과 연합되는 경우

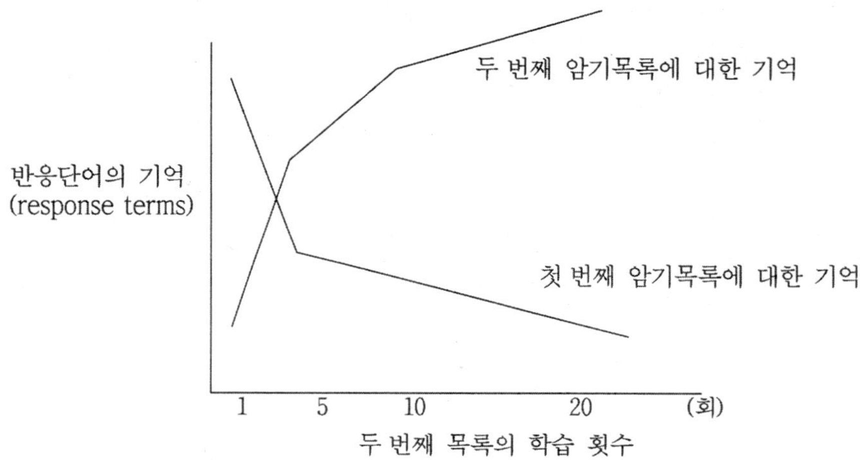

[그림 5-6] **McGeoch의 연구 그래프**

㉠ 두 단어씩 짝 지워진 항목의 목록을 완벽하게 암기한 후 첫 번째 단어와 이전 목록에서와 다른 두 번째 단어가 짝지워진 목록을 암기해야 하는 경우 첫 번째 목록에 있는 항목들의 기억이 간섭을 받아 망각되는 경향이 있다(그림 5-6 참조).

· 첫 번째 목록의 단어 연결 ; A – B (chair-dog)
· 두 번째 목록의 단어 연결 ; A – C (chair-tree)

B) S' ⟶ R1

S ──────▸ R2

– 유사한 자극이 상이한 반응을 요구하는 경우

㉵ 스페인어와 이태리어는 서로 어원이 달라 동일한 철자로 이루어진 단어가 완전히 다른 의미를 지닌다. 그러므로 스페인어를 학습한 후 이태리어를 새로 학습해야 하는 경우, 이태리어의 단어를 기억하는 과정에서 이전에 학습했던 스페인어 단어에 대한 기억이 간섭을 일으킨다.

또한 간섭은 현재와 과거의 시점을 기준으로 두 방향으로 발생한다. 그 하나는 역행간섭(retroactive interference)으로서 새로 학습한 내용이 이전에 학습한 내용에 대한 기억을 방해하는 현상이다. 예를 들어, 아라비아해에 대해 먼저 학습한 후 벵갈만에 대해서 배움으로써 아라비아해를 기억하지 못한다면 이는 역행간섭이다. 새로 바뀐 친구의 전화번호를 외우고 난 후 이전 전화번호를 기억할 수 없는 경우도 이 경우이다.

간섭은 반대 방향으로도 일어날 수도 있는데, 이것을 '순행간섭'(proactive interference)이라 한다. 순행 간섭은 이전에 학습한 내용이 이후 학습 내용의 기억을 방해하는 현상이다. 혼자서 엉터리로 수영을 해 온 사람이 자유형 손동작을 잘 학습하지 못하는 경우이다.

3) 인출실패 이론(retrieval failure theory)

망각의 원인에 대한 쇠잔 및 간섭이론은 장기기억 속의 정보들이 실제로 기억에서 사라져 없어졌다는 것을 가정한다. 그러나 최근의 대부분의 인지심리학자들은 장기기억에 일단 정보가 저장된 후에는 정보가 사라져 버리는 일은 거의 없다고 주장한다. 그들은 망각이란 인출의 실패에 주요 원인이 있다고 생각한다.

그렇다면 인출의 실패는 어느 때 발생되는가? 한 경우는 기억해 내려고 하는 정보가 기억 속의 어느 장소에 저장되어 있는지를 찾아내지 못하는 경우이다.

이러한 경우에는 인출 단서가 주어지면 그 장소를 찾아내는데 도움이 될 수 있다. 또 다른 가능성은 동기적, 정서적 요인들로 인해 인출이 실패하는 경우이다. 일상에서 즐거움이 예상되는 사건이나 약속은 잘 기억되지만 고통이나 불안이 예상되는 약속은 잘 기억되지 않는 경향이 있다. 또한 시험 불안수준이 극도로 높은 학생들은 밤을 새워 열심히 공부했으나 시험지를 받으면 기억이 가물거리며 필요한 내용이 인출되지 않는다. 이런 경우 Freud는 고통스럽거나 불안을 야기하는 기억은 의식선상에 떠오르지 못하도록 무의식 세계 속으로 억압된다고 주장했다. 그러나 그는 무의식 속으로 억압된 기억의 내용들은 비록 기억은 나지 않는다 할지라도 실언이나 꿈을 통해 나타날 수 있다고 보았다.

4. 기억에 있어서의 개인차

왜 어떤 사람들은 다른 사람들보다 더 많은 것을 학습하고 기억할 수 있는 것인가? 정보처리 이론가들에 의하면 이 질문에 대한 답은 부분적으로 정보처리 체계 내에서 정보의 흐름을 관장하는 선택적 주의, 유지 되뇌기, 정교화 되뇌기, 조직화, 정교화 등의 집행 통제 과정(executive control process)에서 찾을 수 있다.

이러한 집행 통제 과정들을 '상위 인지 기술'(metacognitive skills)이라고도 부른다. 상위 인지란 문자 그대로 자신의 인지 과정에 대한 지식을 의미한다. 즉, 자신의 인지장치와 그 장치가 어떻게 작동하는지에 대한 인식이라고 정의할 수 있다. 개인마다 상위인지 기술에 있어서 분명한 차이가 있기 때문에 얼마나 잘 학습하고 빨리 학습하는지에 있어서도 개인차가 존재한다.

상위 인지능력에 있어서의 개인차는 부분적으로는 발달에 기인한다. 아동은 성장함에 따라 집행 통제 과정을 진행하고 전략을 사용하는 일에 점점 더 익숙해진다. 즉, 자신의 이해 정도, 학습의 충분성 여부 등을 판단할 수 있게 된다. 나이든 아동들은 나이가 어린 아동들보다 정보를 기억하기 위해 더욱 효과적인 방법들을 자동적으로 사용한다(Flavell, Friedrichs, & Hoyt, 1970). 상위인지 능력은 5세에서 7세 경에 발달하기 시작하며, 학령기 동안 크게 향상된다. 대부분의 아이들은 특정 전략을 사용하도록 지시하면 그 전략을 성공적으로 사용할 수 있지만 스스로 적절한 전략을 선택하여 사용하지는 못하는 전략 이행기를 거친다(Garner, 1990).

상위인지 능력의 차이가 전부 발달에 기인하는 것은 아니다. 동일한 발달 수준에 해당하는 학생들 사이에서도 개인차가 있다. 이러한 차이의 어떤 부분은 생물학적인 차이 또는 학습경험의 차이에서 비롯된다. 학생들은 주변환경의 정보들에 대해 선택적으로 주의집중하는 능력에 있어서 큰 차이를 나타낼 수 있다. 주의집중 능력은 개인의 학습능력, 선호성, 인지양식, 문화적 배경과 같은 개인적, 문화적 차이의 영향을 받는다.

상위인지는 최소한 두 가지의 구성요소를 포함한다. 하나는 과제를 수행하는데 필요한 기술, 전략, 자원에 대한 서술적 지식과 무엇을, 어떻게 해야 할지를 아는 절차적 지식이고, 다른 하나는 과제가 확실히 해결하도록 해 주는 조건적 지식, 즉 언제 할지를 아는 것이다. 이러한 상위인지 능력을 사용하는 과정을 '인지적 감시'(cognitive monitoring) 과정이라 한다(Flavell, 1985).

가. 개인차와 작업기억

발달 초기의 어린 아동들은 작업기억이 크게 제한되어 있으나, 기억의 폭은 연령에 따라 증가한다. 그러나 이러한 차이가 기억의 용량(capacity)이 변화하기 때문인지 '전략'의 사용능력이 향상되기 때문인지는 확실하지 않다. Case(1985)는 정보처리에 사용할 수 있는 '공간'의 총량은 연령이 증가해도 변함이 없다고 주장한다. 즉, 어린 아동의 경우 장난감을 잡기 위해 손을 내밀거나 수를 세는 것과 같은 일상적이고 기본적인 조작을 수행하는데 이 공간의 대부분을 사용하지만, 일단 이러한 기본적인 조작들을 숙달하게 되면 작업 기억의 공간을 새로운 정보를 처리하는데 사용할 수 있게 되는 것이라는 견해이다. 또한 아동의 두뇌와 신경계의 성숙에 따라 정보의 처리가 점차 능숙해져서 활용할 수 있는 작업기억의 공간이 점점 더 확장하게 된다.

아동들은 성장함에 따라 정보를 기억하는 과정에서 더욱 효과적인 전략을 사용한다. 대부분의 아이들은 5~6세 경이 되면 누가 가르쳐 주지 않아도 되뇌기의 효과를 터득한다. 5~6세 미만의 아이들에게도 되뇌기 전략을 성공적으로 가르칠 수 있으며, 특정 전략을 사용하도록 지시하면 효과적으로 그 전략을 기억을 위해 사용할 수 있다. 그러나 자발적으로 상황에 적절한 전략을 선택하여 사용할 수 있기 위해서는 10~11세가 되어야 한다.

학생들이 조직화, 정교화 및 지식을 사용하여 작업기억에 들어온 정보를 처리하는 방법에는 몇 가지 발달적 차이가 존재한다. 6세 경에는 대부분의 아이들이 조직화 전략의 효과를 터득하고, 9~10세 경에는 지시하지 않아도 이러한 전략들을 스스로 실제 사용하는 것이 가능해진다. 더 어린 아동들은 기억을 향상시키기 위해 조직화 전략을 사용하도록 가르칠 수는 있으나 그러한 전략을 사용하도록 지시해 주지 않으면 사용할 수 없다. 또한 아동들은 성장함에 따라 점점 정교화 전략을 사용할 수 있게 되지만 이 전략은 아동 후기에 이르러서야 비로서 발달한다. 심상이나 이야기를 만들어 아이디어들을 기억할 수 있게 되는 시기는 사춘기 이후에야 가능하다.

단기기억에는 발달적 차이뿐 아니라 개인적 차이도 존재한다. 단기기억에서의 차이는 수리능력과 언어능력에 있어서의 선천적인 탁월함과 관련이 있다. 작업기억의 용량에는 한계가 있기 때문에 연령이 어리고 능력이 부족한 학생들의 경우에는 종종 일부 요소들을 무시함으로써 새로운 정보를 단순화하여 처리하려고 한다. 그러나 이런 경우에는 처리 과정상 오류가 발생할 가능성이 높다.

Case(1985)는 작업기억에 한계가 있는 이런 학생들을 위한 교수 전략을 다음과 같이 제안했다. 첫째, 특정 과제를 성공적으로 수행해낼 수 없는 학생들이 주어진 과제를 단순화시키고 있지 않은지를 확인한다. 둘째, 그들이 무엇을 무시하고 있고 과잉 단순화된 접근이 왜 효과가 없는지를 지적해 준다. 그런 이후 더 효율적이고 적절한 전략의 수행을 연습시킨다. 이 단계에서 처리해야 할 항목의 수를 축소시키고, 친숙한 용어를 사용하고, 핵심 사항만을 간추려 강조하고, 각 단계가 거의 자동화될 수 있도록 많은 연습을 하게 함으로써 학생들이 기억해야 할 정보의 양을 최대한 줄여야 한다.

나. 개인차와 장기기억

장기기억의 가장 큰 영향을 미치는 개인차는 보유 지식의 차이이다. 학생들이 서술적 지식과 절차적 지식이 많을수록 해당 영역의 자료를 더 잘 학습하고 기억한다. 우리가 전혀 생소한 분야의 기술적인 책을 읽고 있다면 한 줄 한 줄 읽어나가기가 매우 힘들 것이다. 그러나 충분히 관련지식을 보유하고 있는 분야의 책을 읽는 경우라면 학습하고 기억하기가 훨씬 용이해진다. 많이 알고 있을수록 더 많이 알기가 쉬워진다. 관련 지식을 다양하게 많이 가지고 있으면 전략의 사용이 향상되기 때문이다.

5. 학습과 기억의 촉진을 위한 방법

가. 주 의

학습과 기억은 주의집중에서 출발한다 해도 과언이 아니다. 환경 속에는 많은 자극들이 존재하지만 감각, 인지능력은 제한적이기 때문에 중요한 정보에 주의(attention)를 기울이지 않으면 기억되지 않을 뿐 아니라 제대로 된 학습도 불가능하다

주의란 자극에 대한 지향 반응이다. 주의를 기울이고 있을 때 우리는 감각기억에 입력된 자극에 지향할 수 있다. 주의의 가장 큰 특징은 선택적이라는 것이다. 즉, 환경으로부터 입력되는 수많은 자극들 중 일부분에만 초점을 맞추고 나머지 자극들은 무시해 버린다. 또한 주의를 기울인다 해도 동시에 두 가지

이상의 정보에 주의를 기울이는 경우에는 학습에 손상이 유발된다. Murdock (1965)은 피험자에게 주의를 요하는 카드 분류 과제를 수행시키면서 이 과제와는 무관한 단어들을 들려주고 회상하도록 하였다. 카드 범주의 수는 조건에 따라 조작하여 범주 수가 증가함에 따라 주의부담이 증가하도록 하였다. 그 결과, 과제의 주의부담이 증가할수록 단어의 회상률이 감소했다. 따라서 음악을 들으며 공부하는 것은 학습과 학습내용의 기억에 방해가 되는 환경 조건이다.

선택적 주의를 촉진하는 구체적인 방법은 다음과 같다.

① **물리적 특징** : 강한 자극, 대비되는 자극, 움직이는 자극, 새로운 자극

② **자극적인 특징** : 깜짝 놀랄 만한 사건

③ **정서** : 정서가 약간 불안하거나(적정 수준의 긴장 수준) 기분이 좋을 때

나. 학습전략과 전술

학습전략(learning strategies)이란 학습목표의 달성을 위한 전체적인 계획이며, 학습전술(learning tactics)이란 그 계획을 구성하는 세부적인 기법들이다(Derry, 1989). 얼마나 적절하고 다양한 전략과 전술을 사용할 수 있느냐는 보유하고 있는 상위인지 지식의 수준에 달려 있다고 할 수 있다.

일반적으로 흔히 사용되는 학습전략은 되뇌기, 조직화, 정교화, 이해-점검, 정의적 전략이다.

성공적인 대인관계

제6장

'다른 사람을 어떻게 지각하느냐?'라는 문제는 사회적 행동을 이해하는 기초이다. 긴 생머리, 가지런히 두 발을 모으고 다소곳이 앉아 있는 학생과 짧게 커트한 머리, 두 발을 꼬고 비스듬히 앉아 있는 학생이 있다. '이 두 학생을 어떻게 생각하느냐?'라는 질문을 한다면 대부분 첫 번째 학생은 얌전함, 단정함, 내성적이고 두 번째 학생은 활달함, 적극적임, 활동적이라고 대답할 것이다. 이렇듯 타인의 특징을 종합하여 타인에 대한 인상을 형성하는 과정을 대인지각이라고 한다.

대인지각은 성공적인 대인관계의 출발점이다.

1. 타인에 대한 지각

모든 사람은 제각기 독특한 존재이다. 그러나 사람들은 대인지각의 과정에서 인지적 도식을 사용하기 때문에 서로를 내향적인 사람, 외향적인 사람, 야망이 넘치는 사람, 순박한 사람 등 어떤 범주로 묶으려는 경향이 있다. 이와 같이 정보처리를 도와 주는 도식(schema)은 주변 세계를 의미 있게 조직하는 인지구조이다. 사회적 도식이란 사회적 사상과 사람들의 범주에 대한 일종의 조직화된 청사진이다.

일반적으로 사람들은 타인에 대한 지각이 모호할 때 자신의 기대와 일치하는 방향으로 해석하는 경향이 있다(Darley & Gross, 1983). 교수에 대한 사전 정보가 없을 때, 첫 수업에서 학생들은 수업을 들었을 때, 까다로워 보이는 교수는 학점을 잘 안줄 것이고 소털하고 유머러스해 보이는 교수는 학점을 잘 줄 것이라고 생각한다. 나아가 사람들은 고정관념과 도식으로 타인의 모습을 자신의 기대에 맞추거나 과대 추정한다. 이를 착각상관(illusory correlation)이라고 한다. 착각상관이란 특정 집단의 사람들이 가지고 있는 사회적 특성을 자신이 실제 경험하고 인지하고 있는 것보다 더 과대 추정하는 것을 말한다. '나는 이제까지 살아오면서 정직한 정치가, 깨끗한 사업가를 한 번도 만난 적이 없다'와 같은 말은 착각상관의 전형적인 예이다.

사람들은 정보를 선택적으로 회상할 뿐 아니라 타인에 대한 자신의 생각을 확정짓는 방향으로 기억을 변화하거나 재구성한다. Mc- Farland와 Ross(1987)는 피험자들에게 교제 중인 상대를 정직성, 신뢰성, 사회성과 같은 성격특성 차원에서 평가하도록 했다. 2개월이 지난 후 상대를 다시 평가하게 하고, 2개월 전에 자신이 한 평가를 회상하도록 했다. 두 번째 평가에서 부정적 평가를 한 피험자들은 첫 번째의 평가를 실제보다 더 부정적인 것으로 회상하였다. 반면에 두 번째 평가에서 긍정적 평가를 한 피험자들은 이전의 평가를 실제보다 더 긍정적인 것으로 회상하였다. 이 결과는 피험자들이 자신의 현재 지각과 일치하는 방향으로 과거를 재구성한다는 것을 지적하는 것이다.

가. 인상형성

첫인상의 가장 중요한 측면은 평가적 차원, 즉 '그 사람을 얼마나 좋아하는가?', '얼마나 싫어하는가?'의 차원이다. 많은 연구들은 평가(evaluation)가 대인지각의 가장 중요한 기본차원이 된다는 가설을 입증했다. 전체 인상을 이루는 3개의 기본 측면들, 즉 평가(좋다-나쁘다), 능력(강하다-약하다), 활동성(능동적-수동적) 차원 중에서 평가적 차원은 가장 중요한 것이며, 어떤 사람에 대해서 한번 갖게 된 인상은 다른 상황의 인상에까지 영향을 미치게 된다는 것이다.

'첫인상이 왜 중요한가?'에 대한 고전적인 연구는 Asch(1946)의 연구이다. Asch는 참가자들에게 가상적인 한 인물에 대한 성격 형용사를 제시하고 그에 대한 인상을 형성하게 하는 실험을 하였다. 한 집단에게는 '똑똑하고, 근면하며, 충동적이고, 비판적이고, 고집이 세며, 질투심이 강하다'란 형용사를, 다른 집단에게는 동일한 형용사의 순서를 바꾸어 '질투심이 강하고, 고집이 세며, 비판적이고, 충동적이고, 근면하며, 똑똑하다'란 형용사를 제시하였다. 참가자들은 형용사의 순서가 긍정적인 단어로 시작한 가상적인 인물에게 보다 호의적인 인상을 갖는 것으로 나타났다. 이처럼 먼저 제시된 정보가 나중에 들어온 정보보다 전반적인 인상 형성에 강력한 영향을 미치는 것을 초두효과(primacy effect)라고 한다. 이러한 현상은 지속적으로 만나는 사람들 간에도 적용된다.

1) 일관성

일단 형성된 인상은 쉽게 변하지 않는다. 일반적으로 사람들은 개인의 성격은 안정적이며 쉽게 변하지 않는다고 믿으므로, 자신이 알고 있는 인상과 일치하지 않는 정보가 들어왔을 때 그것을 다양한 방법으로 처리한다. 사람들은 선택적

지각과정을 통해서 자신이 지니고 있는 인상을 유지하기도 한다. 즉, 자신의 인상과 일치하는 정보만을 취하고, 불일치하는 정보를 무시함으로써 이미 형성된 인상의 인지적 일관성을 유지한다. 예컨대, 친한 친구에 대해서 누가 부정적인 정보를 들려주어도 쉽게 받아들이지 않는 것과 같다.

2) 핵심특질

타인에 대한 인상을 형성할 때 다른 특질보다 중요한 영향을 미치는 핵심특질들이 있다. Asch의 한 실험에서 참가자들에게 가상적 인물에 대하여 동일한 형용사들을 제시하고, 한 형용사만 바꾸어 한 집단에게는 '온화한(warm)'이라는 단어를 제시하였고, 다른 집단에게는 '차가운(cold)'이라는 단어를 제시하였다. 이 때 참가자들은 단어의 순서와 상관없이 '온화한'이라는 단어가 포함된 조건에서는 표적인물에 대해 더 인간적이며, 너그럽다고 평가한 반면, '차가운'이라는 단어가 포함된 조건에서는 표적인물에 대해 비사교적이고, 인색한 사람이라고 평가하는 경향성을 보였다. 그러나 똑같은 종류의 형용사를 제시하면서 '온화한-차가운'을 '공손한-무례한'으로 바꾸어 제시한 경우에는 이와 같은 차이가 발견되지 않았다. 따라서 '온화한-차가운'은 인상형성에 있어 핵심적인 특질인 셈이다.

3) 스키마 효과

인상형성에서 또 하나의 중요한 개념은 스키마 효과(schema effect)이다. 타인을 지각할 때 한정된 정보의 양만으로 판단을 할 수밖에 없기 때문에 복잡한 정보를 단순화하거나 중복되지 않게 처리하는 인지적 책략을 사용할 수밖에 없다. 이 스키마 속에는 사람의 유형에 대한 어떤 생각의 틀, 어떤 집단에 대한 고정관념들의 지각들이 있다. 대인지각 과정에서 스키마는 인물스키마와 역할 스키마가 있다.

세종대왕과 같은 개인에 대해서는 총명하다, 관대하다 등의 인물스키마가 사용된다. 의사나 교수에게는 공부도 잘하고 똑똑할 것이라는 역할스키마가 사용된다.

이 스키마는 때로 비현실적인 경우가 많다. 얼굴도 마르고 예쁘장하게 생긴 여교수가 첫 수업에 들어와서 콧물을 푼다면 학생들은 매우 의아해 할 것이다. 하지만 안경 끼고, 흰 머리에 약간 통통한 노교수가 그런 행동을 한다면 크게 놀라지는 않을 것이다.

4) 인상의 변화

한번 형성된 인상도 변할 수 있다. 불일치성이 분명하고, 이것이 다른 상황적 요인으로 설명되지 못할 때 사람들은 그들이 지니고 있는 인상을 변화시킨다. 즉, 한번 형성된 인상은 인지적으로 변화를 거부하는 속성이 있지만, 분명하고, 다르게 설명할 수 없는 정보들은 인상을 변화시킬 수도 있다. 깡마르고 금테안경에 잘 웃지 않는 인상의 사람이 아이들에게 매우 친절하고 따뜻하게 대하는 것을 여러 번 보게 되면 이 사람에 대한 인상은 변하게 된다.

5) 긍정적인 첫인상 만들기

Julie Bang은 긍정적인 첫인상 만들기를 위해 다음과 같은 것을 제안하고 있다.

① 미소로 첫 만남을 가져라. 처음 사람을 만날 때 먼저 미소를 지어라. 일단 경계하고 방어적인 태도를 접어두게 되고, 상대방이 친절하고 마음이 따뜻한 사람이라고 생각한다.

② 부드러운 인상으로, 침착하게 말하라. 부드러운 인상 역시 상대방의 방어벽을 허물어뜨리기에 좋고 침착한 말씨는 상대방에게 신뢰감을 준다. 물론,

활동적인 사람들처럼 말을 활발하게 하는 것도 좋지만 진지하게 얘기해야 할 때에는 침착하게 감정에 휘말리지 않으면서 얘기하는 게 중요하다.

③ 진심으로 상대방을 칭찬하라. 칭찬거리가 없다고 생각되어도 세심하게 관찰함으로 칭찬거리를 찾을 수 있다. 작은 것이어도 좋다. 오히려 자기의 미세한 부분에 관심을 보였다는 것에 더 감동을 할 것이다.

④ 개인적인 질문을 삼가라. 생년월일, 키, 몸무게 등과 같은 개인적인 질문은 친분이 쌓였을 때 조금씩 해도 늦지 않다.

⑤ 진실로 상대를 대하라. 만약에 누군가 대답하기 싫은 질문을 한 경우, '미안하지만, 지금은 그 질문에 대답하고 싶지 않아'와 같이 솔직하게 대답하는 것이 좋다.

나. 후광효과

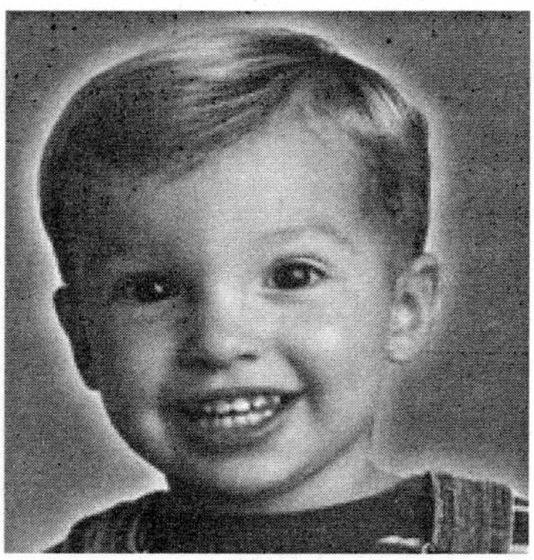

후광효과(halo effect)는 어느 하나의 특징이 좋게 평가되면 다른 특징도 좋게 평가되는 현상을 일컫는다. 외모의 후광효과는 능력, 적응력, 사회성 지각 등 여러 특성에 광범위하게 나타난다. Dion(1980)은 잘 생겼다는 단 하나의 긍정적 특성만으로도 그 사람은 다른 특성도 멋질 것이라고 지각한 연구결과를 발표하였다. 미인이나 미남은 똑똑하고 성격도 활달할 것이라고 지각한다는 것이다.

이러한 후광효과는 평가의 일관성 기제(consistency mechanism) 때문에 생긴다. 사람들은 타인에 대해서 적은 정보를 가지고도 일관성 있게 평가하려는 경향이 있다. 이러한 일관성의 기제 때문에 어떤 사람에 대한 호감을 가지게 되면 그 사람은 매력적이고, 지적이고, 관대하다는 특성을 가졌다고 지각한다.

다. 귀인이론

귀인(causal attribution, attribution of causality)은 자신과 타인의 행동, 사건의 이유, 의도, 원인에 대해서 추정하는 인지과정이다. 귀인에 대한 연구는 Heider (1927)가 'Thing and Medium'에서 사물지각 과정과 사회지각 과정이 동일함을 지적함으로써 시작되었다. 그 후, Heider(1958)는 'The psycho- logy of inter- personal relations'에서 인간에게는 외부세계를 이해하려는 욕구와 외부세계를 통제(control)하려는 욕구가 있다고 보았다. 따라서 어떤 현상의 원인을 이해하면 다른 사람의 행동을 예측할 수 있고, 앞으로의 일에 대해 대처할 수 있다는 것이다.

예를 들어, 가구를 옮기다가 예기치 않게 손가락을 다친 사람은 그 사고의 원인이 무엇인지에 대해 수 없이 생각한다. '나의 부주의였나?, 운이 없었나? 옆 사람이 나를 밀었나?' 등의 귀인을 한다. 그리고 그 원인을 알게 되면 덜 혼란스러워한다.

귀인과정을 처음으로 연구한 Heider(1958)는 행동이나 사건의 원인을 내적 또는 개인적 요인에 귀인하거나 외적 또는 환경적 요인에 귀인하는 경향이 있다고 보았다. 내적 귀인에는 성향, 특색, 능력이나 지능 수준, 신체적 특성, 노력, 신체적 상태 등이 있고, 외적 귀인에는 과제 곤란도, 환경의 도움과 장애, 행운, 불운, 일시적 상황적 요인 등이 있다.

내적 귀인과 외적 귀인은 대인관계에도 영향을 미친다. 경제불황 때문에 친구가 사업에 실패했다고 생각하면 친구에 대한 감정이 달라질 것이다. 그러나 능력 부족의 탓으로 본다면 그 친구에게 더 이상 돈을 빌려주지 않을 것이다.

Kelley(1967)는 특정 결과를 나타나게 하는 특정 원인을 찾았지만, 또 다른 원인이 있음을 알게 될 때는 그 결과의 효과를 깎아 내리려고 한다는 절감의 원리를 주장하였다. 예를 들어, 고시에 합격한 A를 두고, '고시를 위해 그동안 얼마나 노력하였을까?'라는 귀인과 함께 'A는 원래 머리가 좋잖아!'라는 또 다른 원인을 찾음으로써 고시합격에 대한 노력의 효과를 깎아 내리는 것이다.

이와 달리 어떤 결과에 대한 그럴 듯한 원인이 존재하면, 다른 원인의 중요성이 증대되는 증대의 원리도 있다. 고시에 합격한 A에 대해 '고시를 위해 그동안 얼마나 노력하였을까?'하는 귀인과 함께 그가 뇌성마비임이 밝혀진 경우, A의 노력의 효과는 증대된다.

1) 방어적 귀인

사람들은 자기와 다른 사람의 행동에 대한 귀인을 할 때는 서로 다르게 귀인한다. 자신의 행동에 대해서는 주로 외부로 귀인하지만 다른 사람의 행동에 대해서는 그 사람의 내부에 귀인하려는 경향이 있다. '잘되면 내 탓이고, 잘못되면 조상 탓이다'와 같이 행위자 자신의 자존심을 보호하는 쪽으로 귀인이 이뤄진다. 이를 방어적 귀인이라고 하는데 성취과제에서 성공했을 경우 내적 귀인으로 능력, 노력에 의한 것이라고 보는 반면 실패했을 경우 외적 귀인으로 운이 없어서, 과제가 엉뚱해서라고 보는 것이다.

대체로 사람은 다른 사람의 실패와 불행에 대해서는 내적으로 귀인하는 경향이 강하다. 벼락치기 공부를 해서 기진맥진한 친구를 보고 안일한 태도와 우둔함 때문이라고 귀인한다. 친구의 불행을 '불운 탓'으로 귀인한다면 자신에게도 그런 일이 일어날 수도 있다는 사실을 인정해야 하기 때문이다.

이런 방어적 귀인 때문에 많은 사람이 불공정한 대우를 받는다. 일반적으로 사람은 무능하기 때문에 강도를 당하고, 부주의하기 때문에 화재를 당하고, 게으르기 때문에 가난하고, 단정하게 처신하지 않았기 때문에 성폭행을 당했다고 생각한다. 결국 이런 방어적 귀인은 희생자들을 비하하는 엉뚱한 결과를 가져온다.

2) 이기적 편향

성공과 실패의 원인을 설명할 때 대체로 이기적 편향이 나타난다. 이기적 편향은 설명하려는 결과가 긍정적이냐 부정적이냐에 따라 개인의 정상적인 귀인 경향을 강화시킬 수도 있고 약화시킬 수도 있다. 이기적 편향이란 성공은 개인적 요인에, 실패는 상황적 요인에 귀인하는 경향을 말한다.

실패를 설명할 때 행위자–관찰자 편향이 두드러지게 나타난다. 행위자는 자신의 실패를 불리한 상황요인 때문이라고 생각하는 외적 귀인 경향이 있는 반면, 관찰자는 행위자의 결점과 같은 개인 요인 때문이라고 생각하는 내적 귀인 경향이 있다.

3) 귀인 편향

부부 사이에도 일상적인 귀인 과정이 나타난다. 예컨대, 아내의 생일을 잊어버린 남편이 과도한 업무 때문이라고 생각한다면 외적의 불안정적 요인에 귀인하는 것이다. 부부치료를 받을 정도로 갈등을 경험하고 있으면 배우자의 부정적 행동은 내적, 안정적인 요인(그녀가 나를 더 이상 사랑하지 않는다), 긍정적인 행동은 외적, 불안정적 요인(오늘 회사일이 잘 풀리는 모양이야)에 귀인하는 경향이 있다.

즉, 갈등을 겪고 있는 부부들은 문제가 있을 때마다 서로 상대방 탓으로 보고 긍정적인 행동은 일시적인 외적 요인 탓으로 돌린다. 이와는 대조적으로 행복한 결혼생활을 하는 부부들은 이와는 정반대의 귀인양식을 나타낸다. 이러한 귀인 편향은 부부문제의 원인일 수도 있지만 그 결과일 수도 있다. 여하튼 이러한 귀인편향은 부부관계를 어둡게 하는 것임에는 틀림없다.

2. 대인관계에서의 매력과 사회적 행동

가. 대인관계에서의 매력

타인에 대한 지각이 형성되면 거기서 타인에 대한 평가가 이루어진다. 이 때 정적인 평가를 하면 매력을 느끼어 상대에게 끌린다. 이렇듯 대인매력은 다른 사람에 대한 정적인 감정을 말한다. 사회심리학자들은 호감, 우정, 사랑 등과 같은 다양한 감정을 포괄적으로 대인매력이라 보았다.

대인관계에서 매력을 결정하는 변인에는 근접성, 개인특성, 보상성, 보편성, 유사성이 있다.

1) 근접성

일반적으로 사람들은 가까이에서 같이 생활하고 일하는 사람을 좋아할 가능성이 높다. 서로 접할 기회가 많고 쉽게 도움을 받을 수 있기 때문이다. 혼자 기숙사에서 생활하는 대학원생들을 대상으로 우정관계를 조사한 연구에 따르면 출입구가 가까이 위치할수록 우정관계를 맺을 가능성이 더 높았다.

현대사회에서 지리적, 공간적 이동이 급격히 증가하고 있지만 사람들은 여전히 가까운 곳에 있는 사람들과 우정을 나누는 경향이 있다.

2) 개인 특성

일반적으로 온화하고 지적 능력이 높으며 신체적으로 매력이 있는 사람에게 더 많은 매력을 느낀다. 대인관계에서 매력을 갖게 하는 요인은 다음과 같다.

① 자기를 좋아하는 사람을 선호한다.
② 신체적으로 매력적인 사람을 선호한다.
③ 지식과 기술이 우수한 사람을 선호한다.

3) 보상성

타인이 자기의 욕구를 충족해 주는 보상 역할을 할 때 그를 좋아하는 것은 당연하다. 타인이 자기를 좋아한다는 사실 자체가 이 같은 보상작용을 한다. 인간은 누구나 자존심을 갖는다. 그러므로 타인이 자기를 좋아한다는 것은 이 자존심을 보상해 주는 것이다.

보상성(rewardingness)이 대인관계에서의 매력을 조장하는 원리를 호혜성 원리라 한다. 타인이 자기를 좋아하므로 이쪽에서도 호혜적으로 그에게 사회적 매력을 갖는 것이다.

4) 보편성

일반적으로 사람들은 생각이나 흥미가 자신과 비슷한 사람, 신뢰성, 합리성, 정의감, 친절과 같이 유쾌하고 칭찬할 만한 특성을 가진 사람을 좋아한다. D. Carneigie에 의하면, 다른 사람이 당신을 좋아하기를 원한다면 유쾌하게 행동하고, 당신도 그를 좋아하는 듯이 행동하며, 그 사람이 관심을 갖고 있는 일에 관심을 보이며, 칭찬을 아끼지 않으며, 그리고 그의 의견에 동의하라고 권고한다. 이와 같은 카네기의 권고를 잘 통제된 실험실에서 검증하여 본 결과, 사람들은 불쾌한 특징보다는 유쾌한 특징을 가진 사람을 더 좋아하며, 자기 의견에 동의하지 않는 사람보다는 동의하는 사람을 더 좋아하고, 자기와 경쟁하는 사람보다는 협조하는 사람을 더 좋아할 뿐만 아니라, 자기를 비판하는 사람보다는 칭찬하는 사람을 더 좋아한다(매력에 대한 일반적 보답이론 : general reward theory).

그러나 모든 대인 매력이 이 일반적 보답이론으로 설명되는 것은 아니다. 때로는 사람들이 무엇을 위하여 혹은 누구를 위하여 고생했던 경우에 그것을 더 좋아하게 되는 때도 있다. 예를 들어, 어떤 집단의 단원이 되기 위해 불쾌한 입단 절차를 겪었던 사람들이 쉽게 입단한 사람들보다 그 집단을 더 좋아하게 되었다는 연구 결과가 있다.

5) 유사성

이성간의 교제에서 그 관계가 오래 지속되게 하는 결정적인 요인은 두 사람의 매력의 유사성이었다. 데이트를 시작한지 9개월이 지난 후에 측정해 본 결과, 두 사람간의 신체적 매력이 차이가 나는 경우보다 서로 비슷한 경우에 더욱

더 깊이 사귀고 있음이 확인되었다.

유사성(similarity)은 자신과 태도, 종교, 취미 등이 유사한 사람을 선호(類類相從)한다는 것을 의미한다. 기혼 부부와 교제 중인 연인들은 나이, 인종, 종교, 사회계층, 교육수준, 지능, 신체적 매력 및 태도 등에서 유사한 경향이 있다. 교우관계에서도 유사성 효과가 나타난다. 예컨대, 청소년기의 친한 친구들은 교육, 성적, 정치적, 종교적 활동 등의 측면에서 유사하다.

같은 동네에 사는 철수엄마와 동수엄마는 자녀양육 방법, 학교에 대한 생각, 남편이 술마시고 집에 늦게 왔을 때의 대응하는 태도 등 서로의 의견이 거의 일치한다. 철수엄마는 만나는 사람 누구에게나 동수엄마가 생각이 깊고 합리적이며, 점잖고 머리가 우수한 사람이라고 칭찬하며, 동수엄마를 좋아하게 되었다.

나. 대인관계에서의 사회적 행동

1) 사회적 선행

사회적 선행(social good conduct)을 일으키는 조건으로서 G. Homans(1961)는 사회정의감(sense of social justice)을, K. Adams(1965)는 평등성(equity)을 들고 있다.

실험의 결과, 한 사람에게 너무 많은 임금을 주면 그 사람은 돈을 덜 받은 사람에게 나누어 주었다고 한다. 또 한 어린이에게 돈을 주어 같은 팀의 다른 어린이에게 나누어 주라고 하면 어린이들은 각자가 일한 정도에 따라 평등하게 나누어 가졌다고 한다. 즉, 선행의 밑바닥에는 사회 정의감과 평등성이 깔려 있다.

2) 사회적 동조행동

같은 지역에 살고 있는 같은 민족의 사람들의 행동에는 공통점이 많이 나타난다. 사회집단이 작을수록 행동의 공통성이 많다. 즉, 행동이 더욱 동질화되어 간다.

이렇게 집단 내의 성원들이 동질화되어 가는 것은 그들이 서로 집단에 동조하는 행동을 하기 때문이다. 아마 동조행동(conformity)이 없다면 타인의 행동을 예측할 수 없을 것이고, 따라서 사회가 성립되지 못할 것이다.

그러나 동조행동이 인간 사회에 정적인 것만은 아니다. 지나친 동조행동은 사회정체를 초래하고 발전과 창조를 가로막는 요인이 될 수 있다. 대체로 동조행동이 문제가 되는 것은 정적인 측면보다 부정적인 측면에서 생기는 사회적 기능이다.

동조행동의 원인은 첫째, 여러 사람이 동의하고 있는 것은 자기 혼자의 생각보다 더 정확하다고 여기기 때문이다. 둘째, 어떤 집단이든 이단자를 허용하는 경우가 드물기 때문이다.

동조행동이 이루어지자면 만장일치가 되어야 효과가 있다. 동조행동을 하는 사람도 집단의 견해와 다른 견해를 원칙적으로 갖고 있기 때문에 집단 중에 이견을 갖는 단 한 사람의 사람이 있어도 동조행동은 곧 사라지게 마련이다. 이런 사실은 갱 집단과 같은 특정집단에서 단 한 사람의 이단자도 용납하지 않는 이유를 설명해 준다.

동조행동은 집단이 권위가 있을수록, 또 집단의 응집력이 강할수록 증가한다. 이와 반대로 집단 내의 개개인의 확신이 클수록 동조행동은 줄어든다.

3) 사회적 추종행동

동조행동은 외부에서 아무런 압력도 가하지 않았는데도 불구하고 타인의 행동에 동의하는 행동이다. 이와는 달리 외부에서 주어진 압력 때문에 취하고 싶지 않은 행동을 하는 경우를 추종행동(compliance)이라 한다.

사람은 사회생활을 하면서 끊임없이 타인에게 추종행동을 요구하고, 또 추종행동을 하도록 강요받는다. 정치권력, 가정생활, 교육장면, 대인관계 등 모든 일상생활에서 어떤 형태든지 일련의 압력을 주고받는다. 추종행동을 요구하는 압력에는 다음과 같은 것이 있다.

① **보상압력**(rewarding power) : 추종행동을 했을 때 그에 상응하는 보상을 줄 수 있는 능력

② **강제압력**(coercive power) : 추종행동을 하지 않았을 때 처벌할 수 있는 능력

③ **전문성압력**(expertness power) : 전문적인 지식이나 능력

④ **합법압력**(legitimacy power) : 직위나 사회적 집단에서 합법적으로 주어진 권한

⑤ **동일시압력**(identification power) : 성격적으로 성숙되었거나 인격이 원만하여 타인으로 하여금 그에게 동일시하도록 하는 압력

추종행동에 영향을 주는 또 하나의 조건은 소위 Hawthorne 효과라는 것이다. E. Mayo(1932)의 Hawthorne 실험에서 작업 조건을 여러 가지로 변화시킨 결과 그때마다 생산성이 증가 하는 사실을 확인했다. 생산성이 증가한 것은 변화된 작업 조건이 아니라 피험자들이 특별 대우를 받고 있다는 느낌이었다. 자기를 특별하게 취급한다는 느낌은 추종행동을 증가하게 한다.

일반적으로 외부압력이 강할수록 추종행동이 강해지지만, 외부압력이 자신의 자유를 박탈한다고 느꼈을 때는 오히려 저항한다.

4) 사회적 고정관념과 편견

고정관념(stereotype)이란 말은 미국의 사회비평가 W. Lipp- man이 'Public Opinion'이란 책에서 처음 사용하였다. 고정관념은 선입감에 근원을 두고 있다. K. Young은 '실제 사물과는 다른 유목으로 분류한 신념'이 고정관념이라고 하였는데, 각 개인의 직접 경험에 의한 선입관이 고정되어 객관적 사실에 대하여

지나치게 그 내용을 단순화시키거나, 축소된 반응을 보이는 것을 말한다.

고정관념은 과거의 경험에서 추출된 영상에서 거의 우발적으로 형성된 것으로 새로운 사실이나 경험이 자동적으로 해석되는 평가기준이다. 따라서 대개 사실이 아닌 영상에 대하여 판단하는 경우가 대부분이다. 고정관념은 감정적 색채가 농후하기 때문에 논리적 비판이나 설득에 의하여 변화될 수 있다.

사회적 편견은 뚜렷한 도덕적, 논리적 근거가 없음에도 불구하고, 논리적 비판이나 설득에 의하여 쉽게 바뀌지 않는 사고, 감정, 이를 표시하는 의견의 총체를 말한다. 편견은 고정관념과는 달리 직접적 경험에 의한 것이 아니고 어려서부터 가족, 교사, 친구, TV, 신문 등에 의하여 얻어진 선입견적 태도가 지속되어 고정된 것이다.

편견은 정확한 판단 이전에 형성된 태도이기 때문에 대개 공평성을 상실한다. 어떤 의미에서는 모든 태도가 편견이라고 볼 수도 있다. 편견에는 호의적인 것과 비호의적인 것이 있다. 정치적 지도자에 대한 편견은 비호의적인 경우가 많다.

편견을 강력하게 지배하는 것은 우월성 혹은 지위에 대한 욕구이다. 민족적 우월성은 자신이 비교적 우월한 위치에 있으며 다른 사람보다 훨씬 높은 지위에 있는 것처럼 생각하는 감정이다. 낙후된 미개지에 사는 백인 가운데는 자신이 비록 빈곤하고, 교육을 받지 못한 사람이라고 할지라도 자기 자신이 흑인보다 정신적, 도덕, 사회적으로 월등히 높은 위치에 있다고 생각한다. 이와 마찬가지로 편견이 심한 흑인도 자기들이 백인보다 열등하며 훨씬 낮은 위치에 처해 있다는 것을 스스로 인정한다.

편견이 집단 구성원으로서의 개인에 대한 부정적인 태도나 평가라고 한다면, 고정관념은 거의 모든 집단에 대하여 일반화된 특정집단 사람들의 특성에 대한 신념이다.

5) 공격적 행동

대인관계에서 공격행동은 사회적 제약이나 제재를 받는다. 그러므로 사회적

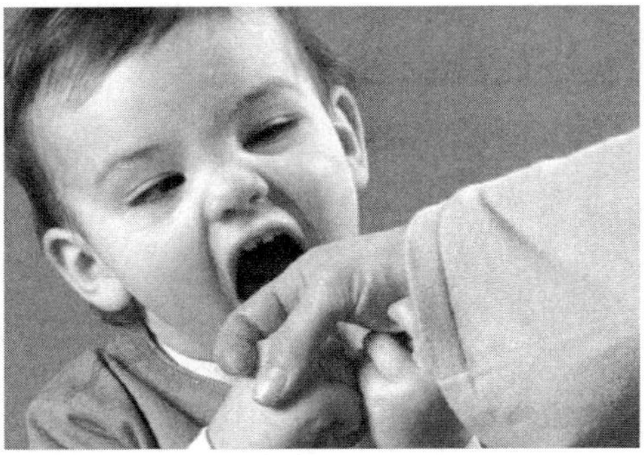

공격은 행동 자체보다는 의도가 중요한 역할을 한다. 공격적 의도가 있더라도 직접적인 공격 행동이 겉으로 표출되지 않는 경우가 많기 때문이다.

(1) 사회적 공격행동

대인관계에서의 사회적 공격행동에는 반사회적, 선행적, 허용적 공격행동이 있다.

① **반사회적 공격행동** : 사회 규범에 비추어 볼 때 용납될 수 없는 행동이며 사회악으로 간주된다. 사회규범에 반대되는 행동이다.

② **선행적 공격행동** : 전쟁이나 사회질서를 유지하기 위한 공격행동이다.

③ **허용적 공격행동** : 정당방위 등을 위하여 표출된 공격행동이다.

공격행동 이면에는 공격하려는 의도나 충동이 있다. 특정한 욕구가 좌절되면 공격행동이 증가한다. 그러나 좌절이 반드시 공격을 초래하지 않는 경우도 있다. 욕구가 좌절되었어도 그 이유가 의도적인 것이 아니라면 공격 행동으로 나타나지 않는 경우이다. 그러나 대개의 경우, 공격충동은 욕구를 좌절하게 하는 원인귀속과 깊은 관계가 있다.

행동적인 측면에서만 본다면 공격 의도나 공격 감정이 없는 공격행동도 있을 수 있다. 또 공격 감정이 있더라도 공격행동을 취하지 않는 경우도 있다.

개인이 어떤 공격행동을 취하여 어떤 대상을 공격하느냐 하는 것은 전적으로 사회 문화적 학습에 의하여 이루어진다.

공격행동에 대해 보상이 따를 때 그 행동은 학습의 원리에 따라 되풀이가 지속된다. 또 어린 아이는 모방에 의하여 많은 공격행동을 학습한다. 어린이는 이와 같은 학습 과정을 통하여 어떤 공격이 규범적 · 허용적인가, 아니면 반사회적 · 통제적인가를 알게 된다. 연구에 의하면 공격적인 단어를 학습한 집단이 그렇지 않은 집단보다 훨씬 공격적이었다.

대인관계에서 공격 감정은 분노이다. 분노를 일으키는 상황에 처하면 누구든지 공격 감정을 갖는다. 그러나 분노를 바로 공격행동으로 표출하지 않는 것은 사회적 제약 때문이다. 따라서 사회생활에서 적절한 분노까지도 지나치게 통제하는 것은 바람직하지 못하다. 오히려 타당한 상황에서는 공격 감정을 표출할 수 있도록 허용하여야 한다. 다만 분노가 반사회적인 공격행동을 일으키지 않도록 통제하는 것이 필요하다.

(2) 공격행동의 통제방법

공격행동의 통제 방법에는 정화와 탈제지가 있다.

① **정화** : 실제 공격행동으로 표출함으로써 공격 감정이나 욕구를 감소 또는 제거하는 것을 정화(catharsis)라 한다. 초기 심리학에서는 공격성이 본능적인 것이기 때문에 언제든지 정화가 이루어진다고 생각했다. 그러나 실생활에서는 공격욕구가 일어났을 때마다 공격행동을 되풀이하면 공격 욕구가 없어지는 것이 아니라 상대적으로 증가하는 경우를 관찰할 수 있다. 정화이론은 이같은 현상을 설명하기에는 부족하다. 그리하여 탈제지(disinhibition)이론이 제기되었다.

② **탈제지** : 어려서부터 우리는 사회화 과정을 통해 공격행동을 제지하도록 훈련되었다. 그러나 이 같은 사회제지에서 탈피하면 상대적으로 공격 행동을 표출한다. 즉, 사회제지가 없는 경우에는 정화 현상이 나타나고 사회제지가 강한 공격행동에서는 오히려 탈제지 현상이 생긴다. 예를 들면 권투와 같은 스포츠에서는 정화가 일어나 공격감정이 줄어들지만 시장에서 일어난 싸움에서는 탈제지가 되어 오히려 더 공격적이고 폭력적으로 된다. 범법자가 범죄를 되풀이하는 심리기제에는 탈제지가 중요한 역할을 한다.

공격 충동이 있으나 공격행동을 할 수 없는 경우가 있다. 이 때 공격 감정을 야기한 대상을 직접 공격할 수 없는 경우도 있고 또 좌절을 일으키는 요인이 막연하여 뚜렷한 대상이 없을 경우도 있다. 전자의 경우에는 공격행동이 전위(displacement)된다. 그리고 후자의 경우에는 공격 대상을 선정한다. 이때 선정된 공격 대상을 희생양(scapegoat)이라 한다. 편견이나 사회적 고정관념(stereotype)이 희생양의 선정에 큰 영향을 미친다.

공격 전위는 공격대상과 유사성이 크면 클수록 강하게 나타난다. 아버지가 공격대상이지만 그를 직접 공격 못하면 공격 충동을 어머니에게 전위하는데 이 때 공격충동의 강도는 줄어든다.

3. 현대인의 고독

인간관계는 정신건강의 질을 결정한다. 정신적으로 건강한 사람은 우호적, 협동적, 생산적, 상호의존적, 조력적인 인간관계를 통하여 풍성한 삶을 누린다. 반면에 타인과 원만한 관계를 맺지 못하는 사람은 흔히 불안, 우울, 좌절, 소외, 갈등, 긴장을 경험한다. 그들은 다른 사람들을 두려워하는 경향을 갖게 되고 부끄러움, 부적절감, 무력감, 고독감을 느끼게 된다. 그리고 극단적으로 생산적인 인간관계를 맺을 수 있는 능력을 갖지 못함으로써 정신병 증상을 보일 수도 있다. 특히 심장병과 같은 질병은 사회적으로 격리된 사람들에게 많이 발생하는 것으로 보고되고 있다. 고독과 사회적 격리는 정서적인 질병 뿐만 아니라 신체적인 질병을 초래할 수도 있다. 그래서 가족이나 친구와 같은 주변의 의미있는 사람들과 친밀하고 생산적인 관계를 맺는 것이 중요하다.

고독은 현대인이 공통적으로 겪는 마음의 병이다. 실제로 미국인의 경우 전체 인구의 4분의 1정도는 상당한 정도의 고독감을 느낀다는 조사 자료가 있다(Rubin, 1979). 실존심리학자인 May(1953)는 '현대인들이 산업문명의 중독으로 거대한 사회구조의 노예가 되어 인간상실과 자아상실의 이중적 고통 속에서 고독과 공허감으로 고통당하고 있다.'고 진단하고 있다.

현대인은 고독해지기 쉽다. 현대사회의 다음과 같은 특성이 인간을 고독하게 만든다.

첫째, 현대사회는 점점 조직화되고 거대화되어 가고 있다. 거대한 조직사회 속에서 개인의 역할은 점점 더 왜소해지고 따라서 개인의 존재가치와 존재의미는 점점 미약해져 간다. 개인은 거대한 조직사회 속에 파묻혀 '있어도 그만,

없어도 그만'인 존재가 되어버린다.

둘째, 현대사회는 효율성과 신속성을 강조하는 경쟁사회이다. 이러한 사회 속에서 사는 사람은 늘 바쁘고 여유 없이 업무에 쫓기며 산다. 타인들에게 관심을 갖고 애정과 정성을 기울일 시간적 여유를 찾기가 어렵다. 뿐만 아니라 주변에서 만나고 부딪히는 사람들은 실질적인 또는 잠재적인 경쟁 상대이기 때문에 속마음을 나눌 수가 없다.

셋째, 현대사회는 다원화된 사회이다. 다원화된 사회에서는 사람마다 추구하는 가치관, 사회정치적 신념, 생활양식, 기호, 취미 등이 다양해짐에 따라 사람들 간의 공통분모는 감소하고 대립되는 갈등의 요소가 증가한다. 개성은 발달하지만 함께 같이 나눌 수 있는 공통성은 줄어들고 있다. 공통적인 관심을 함께 나눌 사람을 찾기 어려워진다.

넷째, 자본주의가 주도하는 현대사회에서는 필연적으로 물질적 가치가 강조되고 따라서 정신적 가치가 경시되고 있다. 이러한 사회에서 사람들은 재물, 권력, 지위를 중요하게 생각하고 이러한 가치를 획득하기 위해 많은 시간과 재원을 투자하기 마련이다. 따라서 사람과 사람 사이의 친밀한 교제와 따뜻한 애정을 나누는 일은 상대적으로 경시될 뿐만 아니라 사람을 물질적 가치를 얻기 위한 수단으로 보는 경향이 생겨난다. 이런 풍토에서는 진정한 의미 있는 인간관계가 이루어지기 어렵다.

다섯째, 현대사회는 전자통신기술로 인한 연결망이 발전되어 있다. 전화, 호출기, PC통신, 인터넷 등의 전자통신 수단은 사람과 사람 사이의 접촉의 양을 증가시켰지만 그 질을 피상적으로 만들어 간다. 재택근무라는 말이 일상화될 만큼 직접적이고 대면적인 인간관계는 점점 감소하고 전자통신매체를 통한 사이버공간 속에서의 간접적이고 원격적인 인간관계가 증가해 간다. 이러한 피상적 만남으로는 깊이 있고 친밀한 인간관계를 맺고자 하는 인간의 욕구를 충족하기가 어렵다.

이러한 특성을 지닌 현대사회를 살아가는 현대인은 점점 고독해질 가능성이 높다. 현대인의 삶 속에는 진정한 인간적인 만남의 기회가 점점 줄어가고 현대인은 점점 고독해진다. 현대를 살아가는 우리는 고독해질 가능성이 높고 그래서 불행해질 가능성이 많은 사회에서 살고 있다. 인간관계에 관심을 두고 깊이 있는 인간관계의 형성을 위해 노력하지 않으면, 고독이라는 불행의 함정에 빠져 삶의 무의미와 공허감으로부터 벗어나지 못하게 된다. 현대는 어느 시대보다도 인간관계의 의미를 더 깊이 생각하고 친밀한 인간관계의 형성을 위해 더 많은 노력을 기울여야 하는 시대인 것이다.

4. 효과적인 의사소통

의사소통(communication)은 인간관계의 필수 불가결한 조건이다. 의사소통이 없이는 의미 있는 인간관계란 있을 수 없으며, 인간관계를 생각하지 않는 의사소통은 가능하지도 않다. 인간 생활의 모든 측면 역시 의사소통을 통해 이뤄지고 있다. 이런 의미에서 의사소통은 심장의 고동으로 비유한다.

가. 의사소통의 정의

의사소통(communication)의 어원은 라틴어의 'communicare'에서 온 말로서 '나누다', '공통', '공유'라는 뜻을 가지고 있다(동아세계대백과사전 27). 따라서 의사소통을 문자 그대로 해석하면 하나 또는 그 이상의 유기체가 다른 유기체와 지식,

신념, 정보, 감정들을 공유하는 행동이라 하겠다.

라스웰(Harold D. Lasswell)은 의사소통의 요소로서 누가(who), 무엇을(what), 어떤 경로를 통하여(in which channel), 누구에게(to whom), 어떤 효과를 주는?(with what effect)의 다섯 가지를 들고 있으며, 슈람(Wilbur Schramm)과 사이먼(Herbert A. Simon)은 의사소통에 대하여 다음과 같이 정의내리고 있다.

'의사소통이란 한 사람이 다른 사람에게 영향을 줄 수 있는 모든 절차이다'(Wilbur Schramm).

'의사소통이란 조직 구성원의 한 사람으로부터 다른 사람에게 결정전제가 전달되는 과정이다'(Herbert A. Simon).

차배근(1998)은 의사소통에 관한 정의를 세 가지 유형으로 분류하였다.

① 구조적 관점에서 본 의사소통이론(기술적 영역) : 이 관점에서는 의사소통을 정보(information) 또는 전언(message)의 단순한 송, 수신 과정으로 보고 그 구조자체(송신자-전언-수신자)에 중점을 두고 의사소통을 '전언을 보내는 과정'이라 정의내린다.

② 기능적 관점에서 본 의사소통이론(의미적 영역) : 이 관점에서는 의사소통을

사람의 기호사용 행동 그 자체로 보고 그 기호화 및 해독과정(encoding-decoding)에 중점을 두고 의사소통을 '어떤 자극에 대한 한 유기체의 분별적인 반응'이라 정의 내린다.

③ 의도적 관점에서 본 의사소통이론(효과적인 문제 영역) : 이 관점에서는 의사소통을 한 사람이 다른 사람에게 영향을 미치기 위하여 의도적으로 계획된 행동이라고 보고 의사소통을 '전달자가 수용자의 행동에 영향을 미치려는 의식적인 의도를 가지고 수용자에게 전언을 보내는 행위'라고 정의 내린다.

차배근은 이들 세가지 관점의 총화로서 의사소통을 다음과 같이 정의 내리고 있다.

'의사소통이란 유기체가 기호를 통하여 서로 정보나 전언을 전달하고 수신해서 서로 공통된 의미를 수립하고 나아가서는 서로의 행동에 영향을 미치는 과정 및 행동이다.'

나. 의사소통의 원칙과 기술

레드필드(Charles E. Redfield)는 의사소통의 원칙으로서 다음의 일곱 가지를 들고 있다.

1) 원 칙

(1) 명료성(clearness)

간결한 문장과 평이한 용어를 사용한다.

(2) 일관성(consistency)

의사소통은 일관성이 있어야 하며 처음의 명령과 나중의 명령이 모순되어서는 안된다. 또한 명령은 조직의 목표와 부합되어야 한다.

(3) 적당성(adequacy)

의사소통의 양은 적정해야 하며 너무 많아도, 너무 적어도 안 된다.

(4) 적기 적시성(timing and timeliness)

알맞은 시기를 택해야 하며 때를 놓쳐서는 안 된다.

(5) 분포성(distribution)

정보는 전달자로부터 수신자에게 올바르게 전달되어야 한다. '누구에게'(수신자)를 결정하는 것은 '무엇을'(전달내용)을 결정 하는 것과 마찬가지로 중요하다. 왜냐하면 '누구에게'(수신자)라는 문제는 '어떻게'(전달방법)이라는 문제를 해결하여 주기 때문이다.

(6) 적응성과 통일성(adaptability and uniformity)

의사소통에서 가장 곤란한 문제는 적응성과 통일성을 어떻게 조화시키느냐 하는 것이다. 적응성이란 융통성 · 개별성 · 합치성을 말하는 것으로 통일성과는 반 대 되는 개념이다.

(7) 관심과 수용(interest and acceptance)

효과적인 의사소통은 관심과 수용 없이는 이뤄질 수가 없다. 의사소통이 즉각적으로 또는 서서히 일어나는 경우에 상관없이 의사소통에 대한 최종적인 반응은 수신자가 어느 정도의 관심과 수용태세를 갖추고 있는가에 달려있다는 것이다.

많은 학자는 효과적인 의사소통에는 듣기와 말하기 및 피드백이 중요하다는 점을 지적한다. 말하기, 듣기, 피드백에는 무엇보다도 정확한 언어의 사용과 이해가 중요하지만, 그런 의사소통이 되기 위해서는 먼저 의사소통자간에 긍정적 의사소통 관계가 형성되어야 한다.

다음의 지침은 의사소통의 관계를 개선하는 기반이 된다.

① 자기를 정확히 보고 공평히 평가하는 능력인 자기통찰력을 개발한다.
② 타인의 가치관을 인정하고 인지함으로써 범문화적 감수성을 개발한다.
③ 문화적 도덕적 겸손을 증진시킨다.
④ 융통성을 증진시킨다.
⑤ 현상의 기법을 개발한다.
⑥ 대인관계를 개선하는 전략과 기능을 발전시킨다.
⑦ 대인관계의 솜씨를 개발한다.
⑧ 관계개선을 위해 인내심을 갖는다.
⑨ 능동적인 문제해결지향성을 지닌다.

2) 기 술

(1) 말하기 기술

말하기 기술은 자신을 타인에게 이해시키는 능력이다. 다음의 다섯 가지 지침은 말하기 기술을 향상시키는 데 핵심이 되는 사항들이다(Hoy & Miskel, 1996).

① 적절하고 직접적인 언어를 사용한다.
② 말하는 사람의 신뢰성을 높인다.
③ 분명하고 완전한 정보를 수신자에게 제공한다.
④ 물리적 심리적 잡음을 최소화한다.
⑤ 다양하고 적절한 매체의 경로를 사용한다.
⑥ 복잡하고 미묘한 사안에 대해서는 면대면 의사소통을 사용한다.

(2) 듣기 기술

듣기 기술은 타인을 이해하는 능력이다. 대부분 듣기를 소홀히 하는 경향이 있으나 듣기는 효과적 의사소통에서 대단히 중요한 역할을 한다.

다음은 능동적인 듣기 기술들이다.

① 하던 일을 멈추고 화자에게 주의를 집중시킨다.

② 신체적 언어를 통해서 당신이 듣고 있다는 것을 화자가 알도록 한다. 눈맞춤, 화자 바로 보기, 몸을 앞으로 구부리기, 적극적인 자세 등.

③ 고개를 끄덕이거나 관심 있는 표정과 같은 비언어적 메시지를 사용하여 화자의 말을 북돋운다.

④ 화제에 벗어나지 않도록 하며 말을 가로막지 않는다.

⑤ 자세히 알고자 하는 질문을 한다. 질문은 심문하듯이 하면 안 되며 상대방을 이해하려는 태도를 취한다. 듣는 동안 불찬성을 나타내지 않는다.

⑥ 산만한 주의를 피한다. 주의가 산만한 장소나 시간을 피한다.

⑦ 화자의 말을 부연(paraphrase)한다. 부연할 때는 화자가 한 말을 그대로 반복하지 말고 상대방의 말을 이해하여 자신의 말로 부연한다. 부연은 화자가 당신이 듣고 있다는 것을 알게 하고 대화를 분명하게 이해하는 데 도움을 준다.

⑧ 화자의 비언어적 의사소통을 의식한다. 이것은 언간(言間)의 의미를 이해하고 적 절하게 반응하는 데 도움을 준다.

⑨ 상대방의 마음을 열어 놓도록 한다. 비평가적 듣기는 상대방으로 하여금 마음을 열어 말하도록 한다. 상대방의 말에 동의하지 않더라도 상대방이 자신의 말을 다 하도록 한다.

⑩ 감정, 태도 인식이 듣기를 어떻게 방해하는지를 의식하여야 한다. 자신의 감정, 인식이 듣기에 영향을 준다는 점을 의식하고, 감정이 격해졌을때는 가라앉기를 기다려 대화를 한다. 듣기에서는 앞에서 언급한 감정이입, 즉 상대방의 입장에 선다는 태도가 매우 필요하다.

(3) 피드백 기술

피드백은 수신자가 송신자의 의사소통 행위에 대해 어떻게 인식하고 평가하느냐에 관한 정보를 제공해 준다. 의사소통의 개선을 위해서 피드백은 필수적이다.

피드백의 기술을 향상시키는 몇 가지 지침을 제시하면 다음과 같다.

① 피드백은 받는 사람에게 도움을 주어야 한다.

② 피드백은 일반적이기 보다는 구체적이어야 한다.

③ 피드백은 변화시키고자 하는 행동에 주어져야 한다.

④ 피드백은 적시에, 그리고 즉각적으로 주어질 때 효과적 이다.

다. 교류분석

교류분석(Transactional Analysis : TA)은 인간행동과 의사소통을 이해하는 데 있어 폭넓게 활용되고 있는 매우 효과적인 접근방법이다. 교류분석은 자기 자신과 타인을 보다 잘 이해하도록 도와주는 기법이다. 이는 정신과 의사인 버너(Berne)에 의해 개발되었다.

우리 모두는 마음 속에 세 가지의 자아상태(ego state)를 가지고 있다. 즉, '부모의 자아상태(parent ego state : P)', '성인의 자아상태(adult ego state : A)', '어린이의 자아상태(child ego state : C)'가 그것들이다. 여기서 부모, 성인, 어린이는 실제의 그것들을 의미하는 것이 아니라 한 개인이 가지는 세 가지 형태의 행동특성을 나타내는 용어이다.

교류분석에서 교류(transaction)란 두 사람들 사이에서 이루어지는 개개의 대화를 의미한다. 우리가 만나는 모든 사람들과의 사회적 관계는 쌍방의 자아상태가 서로 교류됨으로써 이루어진다. 대인간 교류의 유형은 상보적 교류, 교차적 교류, 이면적 교류로 구분된다.

1) 상보적 교류

상보적 교류(complementary transaction)는 송신자의 어떤 특정한 자아상태에서 보내진 메시지가 수신자로부터 기대하였던 반응을 얻을 때 이루어진다.

다시 말하면, 상보적 교류는 수신자가 적절한 자아상태에서 송신자를 수용하면서 동시에 기대하는 반응을 되돌려 보낼 때 이루어지게 된다.

[그림 6-1]에서와 같이 김선생은 이선생의 '보호적 부모의 자아상태'로부터 어떤 반응을 얻기를 기대하였으며, 그는 그 기대하였던 반응을 얻음으로써 의사소통이 계속될 수 있게 된다.

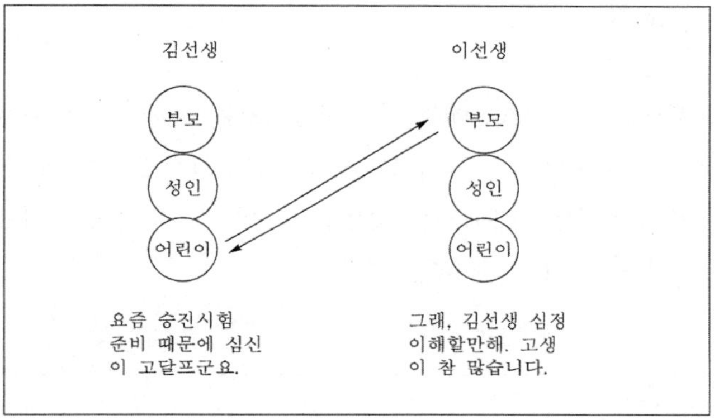

[그림 6-1] '어린이의 자아상태'와 '보호적 부모의 자아상태' 간의 상보적 교류

[그림 6-2]에서와 같이 상보적 교류는 송신자와 수신자가 같은 자아상태에서 의사소통을 할 때 이루어진다. 처음의 경우는 쌍방이 '어린이의 자아상태'에서, 다음에는 쌍방이 '성인의 자아상태'에서 상보적 교류를 하고 있다.

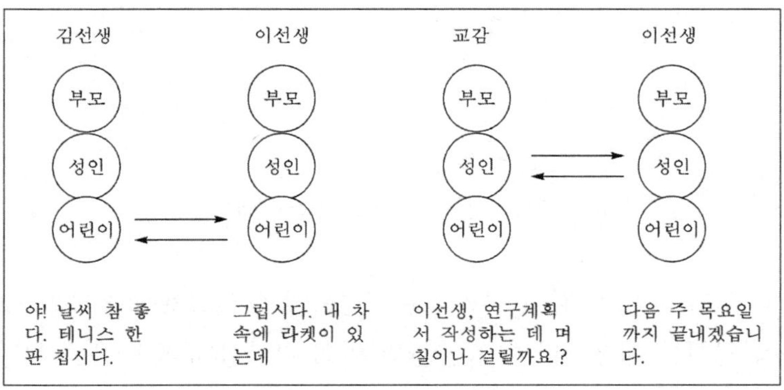

[그림 6-2] 동일한 자아상태간의 상보적 교류

쌍방 간에 상보적 교류가 이루어지는 한 의사소통이 원활하게 지속될 수 있다는 것은 하나의 공식이다. 상보적 교류는 상대방에게 분명한 메시지를 주고 즉각적으로 대답을 해준다. 조직 내에서도, 상보적 교류는 가장 생산적이며, 상호 간에 논쟁이 없고, 감정을 상하게 하지 않는다.

2) 교차적 교류

교차적 교류(crossed transaction)는 메시지를 보내는 송신자가 수신자로부터 기대했던 반응을 얻지 못할 때 일어난다. 이 경우, 의사소통이 깨지며, 쌍방간에 긴장을 유발시킨다. 조직 내에서는 불필요한 긴장이나 적의를 파생시키는 교차적 교류를 피하는 것이 매우 중요하다.

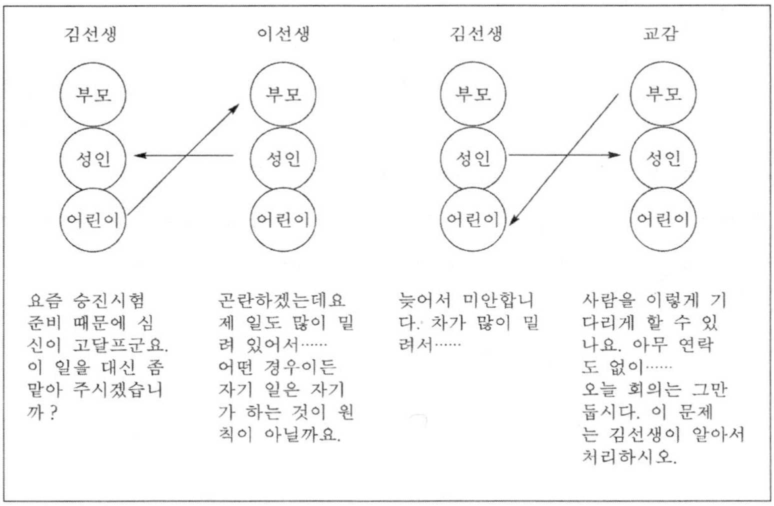

[그림 6-3] **교차적 교류의 예**

[그림 6-3]의 한 예와 같이 김선생은 이선생에게서 '보호적 부모의 자아 상태'적 반응을 얻기를 원했지만 이선생은 '성인의 자아상태'적 반응을 보임으로써 김선생의 기대를 충족시키지 못했다.

또 [그림 6-3]의 다른 예에서는 송신자의 메시지에 의해서 수신자가 괴로움을 당하거나 화가 치밀어 올라 다시 상대방에게 고통을 주거나 화풀이를 하는 방식으로 반응을 한다. 이와 같은 교류과정에서는 효과적인 의사소통이 이루어질 수 없고, 상호간에 불만이 싸여 종국에 가서는 의사소통이 중단되고 만다.

3) 이면적 교류

이면적 교류(ulterior transaction)는 송신자가 보낸 메시지에 다른 의미가 내포되어 있을 때 일어난다. 다시 말하면, 나타내고자 하는 실제 의미는 이면에 숨겨져 있게 된다. 이 경우 수신자는 메시지의 표면적인 의미(surface meaning)에 대해서 반응하는 것이 아니라 그것의 숨겨진 의미(hidden meaning)에 대해서 반응하기 때문에 결과적으로 비생산적인 의사소통이 된다. 이면적 교류 역시 교차적 교류와 마찬가지로 바람직하지 못하다.

왜냐하며, 이면적 교류는 시간을 낭비하고 인간관계를 단정시키는 원인이 되며, 효과적인 의사소통을 방해하기 때문이다.

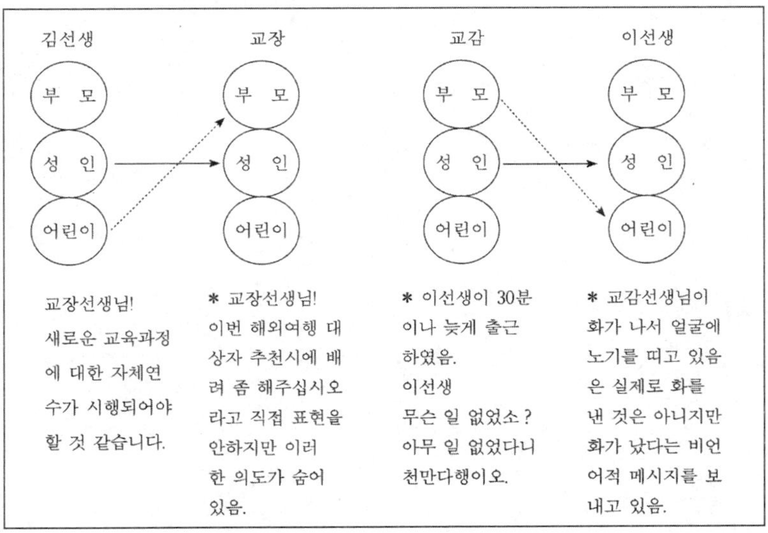

[그림 6-4] **이면적 교류의 예**

[그림 6-4]의 한 경우에서와 같이 김선생은 교장에게 '성인의 자아상태'적 교류를 시도하고 있으나, 그 이면에는 김선생의 '어린이의 자아상태'가 교장의 '부모의 자아상태'를 기대하고 있다.

또 [그림 6-4]의 다른 경우에서는 교감과 이선생이 '성인의 자아상태'로 교류하고 있으나, 그 이면에는 교감의 '통제적 부모의 자아상태'가 이선생의 '어린이의 자아상태'를 기대하고 있다.

적응과 스트레스

제7장

현대인은 누구나 스트레스라는 말을 흔히 듣고 사용한다. 모든 사람은 살아가면서 스트레스를 받는다. 대부분 스트레스는 일상생활에서 혼란스런 감정이나 행동을 일으키며, 현대 질병의 가장 큰 원인이 된다. 따라서 스트레스는 인간의 행동을 결정짓는 중요한 변인이다. 그러나 스트레스는 이런 부정적인 측면과 함께 긍정적인 측면도 갖고 있다. 적당한 수준의 스트레스는 성취동기를 불러일으키고 생에 향기를 더한다.

스트레스의 근원은 좌절감, 과잉부담, 갈등, 생활의 변화, 탈핍성 스트레스, 내 · 외부의 압력, 일 등이 있다. 스트레스의 수준은 개인차가 크다.

1. 적응의 의미

정신적으로 건강하다는 것은 잘 적응하는 인간의 삶, 또는 성숙한 인간의 삶을 의미한다. 이 때 적응이란 일상생활에 부과되는 다양한 요구와 압력을 관리하거나 대처하는 심리적 과정 또는 대처의 결과를 의미한다.

이런 의미에서 적응은 다음과 같은 의미를 내포하고 있다.

① 현대 사회생활이 부과하는 각종 스트레스에 적절하게 대처한다.
② 주어진 상황에 맞게 욕구를 변형하여 충족한다.
③ 인간의 발달과정에서 변하는 환경적 요구에 적절하게 대처한다.
④ 가능한 경우 환경을 변화시키기 위해 노력한다.
⑤ 원만한 인간관계를 맺어 나간다.

적응에 대한 연구는 크게 두 가지의 방향에서 이뤄졌다. 첫째는, 적응을 환경의 요구나 압력에 대처한 성취나 결과로 보는 입장이다. 정상인의 생활 상태, 정신적으로 건강한 상태, 이상적인 적응 상태로 '건전한 성격'을 든다. 이 경우에도 적응을 몇 가지로 개념화한다.

다음에는 적응을 결과가 아닌 과정(process)으로 보는 입장이다. 근래 스트레스 대처 과정을 적응으로 개념화하려는 경우가 이에 해당한다.

2. 일생을 통한 적응

가. Allport의 프로프리움(proprium)의 발달 단계

G. Allport는 신경증 환자 대신에 성숙하고 정상적인 성인을 연구한 최초의

성격심리학자이다. Freud와 다른 초기 이론가들은 불안한 성격의 관찰에 바탕을 두고 이론을 전개함으로 신경증에 초점을 맞추었다. 그러나 Allport는 정상인을 연구해서 거의 전반적으로 건강한 성격과 연관된 이론을 전개하였다.

Allport는 인간의 본성에 대해 상당히 긍정적이고 낙관적이었으며, 지대한 정열과 사랑을 지니고 있었다. 이것은 그의 어린 시절에서부터 싹튼 것이다. Allport의 부모는 성실한 노력과 경건의 중요성을 어린 아들에게 심어 주었으며, 사랑과 보호로 자녀들을 키웠다. 가정은 상호 존중의 정신으로 가득 차 있었고, 어린 Allport는 인생의 문제나 의혹에 대해서 종교적인 해답을 찾도록 교육을 받았다. 이러한 개인적인 경험이 그의 인간의 본성에 대한 이론적인 관점을 이룩하는 데 많이 반영되었다.

Allport는 신경증적인 성격은 어린 시절의 경험에 얽매어 있거나 깊이 연관되어 있으나 건전한 성격은 과거의 기억에 얽매어있지 않으며 그로부터 완전히 해방되어 있다고 주장한다. 성숙한 사람은 현재와 미래에 대한 기대와 미래에 대한 의욕으로 그들의 행동을 결정한다는 것이다.

Allport(1961)는 자아개념을 다른 사람들과는 달리 '프로프리움'(proprium)으로 표현하였다. 그 뜻은 '느끼고 지각된 자기'(the me as felt and known)이다. Allport는 건전한 성격의 필수요건으로서 이 프로프리움의 출현을 들고 있는데, 이 프로프리움은 자아(selfhood)의 일곱 단계를 통해 유아기부터 청년기까지 발달해간다.

1) 제1단계 : 신체적 자아(bodily self)

인간은 출생 시부터 유전적으로 자아의식을 가지고 태어나는 것이 아니다. 출생 시에는 자아와 사물의 구별이 되지 않는 혼미의 상태이므로 모든 게 감각적이고 신체적인 자아의식만이 존재한다. 자아(self, me)와 그 주위를 둘러싸고 있는 세계를 구별할 수가 없다. 시간이 지나면서 증가하는 복합적인 학습과 지각경험을 통하여 '나 속'의 무엇과 '바깥 세계'의 다른 것들에 대한 분별력이 발달한다. 유아가 자신과 다른 사람, 대상을 만지고 보고 들음으로써 분별력이 더욱더 명료하게 된다. 15개월경이 되면 프로프리움 발달의 첫 단계 양상인 신체적 자아가 나타난다. Allport는 유아가 자기 손에 물건을 쥐고 놀다가 그 물건과 손의 구별을 시작하면 그것이 '신체적 자아의식의 출발'이라고 보았다.

2) 제2단계 : 자아정체감(self-identity)

신체적인 자기와 주위의 사물을 구별하는 제1단계를 지나면 자기를 자기로써 확인하는 자아정체감의 단계가 나타난다. 우선 자기를 자기의 이름과 일치시키고 사물의 이름들과 대비시켜 구별하기 시작한다. 자아정체감의 가장 중요한 양상은 사람의 이름인데, 그것은 한 사람이 자기를 동일시하고 세상의 다른 사람들과 자신을 구별하는 '자기 자신의 존재에 대한 상징'이 된다고 한다.

3) 제3단계 : 자존감(self-esteem)

프로프리움 발달의 세 번째 단계는 자존감의 출현이다. 2세 정도에 이르면 외계 사물과 자아와의 적극적인 관계에서 자기정체 의식을 구체화한다. 이 단계에서는 아동들에게 장난감을 조작하거나 분해하려는 의욕이 강하게 나타나는데 이것이 하나의 공격욕구로써 파괴행위로 발전되기도 한다. 만일 이때 부모가 그러한 파괴욕을 너무 억압하면 성격이 굴욕적으로 형성되거나 불안정한 정서가 형성될 우려가 있으며 자존감의 출현에 방해를 받게 된다.

자존감의 근원은 자율성에 대한 어린이의 욕구와 관련을 맺고 있기 때문에 두 살 가량의 아이에게 있어서는 부모가 시키는 일들을 반대하는 것처럼 보이는 부정적인 행동으로 표출된다. 그 후 6, 7세까지는 자기 또래들과의 경쟁심이란 형태로 자존감이 나타난다.

4) 제4단계 : 자아확장(self-extension)

자아확장으로 불리우는 발달의 이 단계는 네 살쯤에 나타나기 시작하는데 유아는 주위의 다른 사람과 사물을 인식하고 그것들의 얼마 가량은 자기에게

속해 있다는 것을 알게 된다. 유아는 '나의 집' '내 유치원'이라고 이야기한다. 유아는 '나의 것(mine)'이라는 단어로 구체화되는 소유의 가치와 의미를 학습하게 된다. 이러한 사실은 이 나이 또래의 유아들이 모여서 곧잘 자기 집의 물건이나 가족들을 자랑하는 것이 좋은 예가 된다. 이 연령의 유아에게 있어서는 '나의 것(mine)'으로 동일시된 대상과 사람은 제한되어 있는 반면, 나라 · 학력 · 종교와 같은 더 큰 실존들이 '나의 것'으로 되는 과정이 새로이 정립된다. 이것은 사물뿐만 아니라 추상개념 · 가치 · 신념까지도 포함할 정도로 광범위하며 자신을 확장시켜 가는 능력의 기초가 된다.

5) 제5단계 : 자아상(self-image)

자아상이란 자기 자신을 어떻게 보고 있으며, 그것에 대한 의견이 어떻게 형성되는가를 의미한다. 이 이미지는 부모와 유아 간의 상호작용으로 발달한다. 칭찬과 체벌을 통해 유아는 부모가 자기에게 어떤 행동은 나타내고 또 어떤 행동은 피해주기를 원한다는 등의 기대치를 배우게 되고 그것에서 선과 악의 개념을 형성해 나간다. 즉, 이 때부터 유아는 자기를 타인과 연결시켜 규정짓기 시작하는데 이를 통해 사회성이 이루어지게 된다.

6) 제6단계 : 자아의 합리성화(the self as a rational coper)

이제 초등학교에 입학하면 선생님이나 급우들로부터 새로운 규칙과 기대를 학습한다. 이 때에 나타나는 자아 발전이 곧 자기의 합리성을 추구하는 행위가 된다. 이때부터 지적인 호기심이 싹틈으로써 논리적이고 합리적인 사고과정을 통해 문제를 해결하는 능력이 신장된다.

7) 제7단계 : 자아추구(propriate striving)

사춘기에 자아발달의 마지막 단계인 자아추구가 나타난다. 사춘기는 특별히 결정적인 시기라고 올포트는 믿었다. 한 개인은 두 살 때와는 다른 '나는 누구인가?'라는 질문을 통해 새로운 자아정체감을 요구받는다. 자아상을 시험하고 성인의 성격을 발견하려 노력하면서 가면(mask)과 역할(role)로 사춘기 때의 여러 경험은 부모와 동료들에 의해 다른 방향으로 밀려지고 당겨진다. 정체감에 관한 이 과업의 가장 중요한 국면은 미래지향적인 긴 안목의 목표와 꿈에 관심을 가져야 한다는 것이다.

앞으로 나아가는 동기의 발달이 이와 동시에 일어난다. 인간의 의도 · 동경 · 희망들은 성숙한 성격을 가져온다. 즉, 사춘기에 접어든 개체는 사회 환경과 기존 가치관에 부단히 도전하고 자기만의 자아세계(the proprium)를 추구하기 위하여 인생의 목표를 세우려고 방황도 한다. 용기와 희망, 분투가 회의와 갈등을 이김으로써 건전한 성격이 형성된다.

이상에서 살펴본 바와 같이 '자아'(self) 또는 프로프리움의 7단계는 유아기에서 사춘기까지에 펼쳐지는데 어떤 한 단계에서의 실패나 좌절은 다음 단계의 출현을 방해하고 프로프리움 안에서의 조화 있는 통합을 방해한다. 프로프리움은 앞서 살펴본 자아의 일곱 양상들의 복합체인데 건전한 성격, 원만한 적응을 위한 필수조건이 바로 이 프리프리움의 출현이다.

Allport는 아이가 충분한 보호와 애정을 받는다면 긍정적인 심리적 성장이 자아발달의 일곱단계를 통해 계속 일어난다고 보았다. 그런 아이는 정체감과 자아상을 형성할 것이고 자아는 다른 사람에게로 확장하기 시작하며, 사춘기 동안의 자아추구는 참조체제(frame of reference)와 미래 성장의 동기를 제공한다. 이를 통해 발달단계에 따른 건강한 적응이 이뤄진다. 이와는 반대로 충분한 보호와 애정을 공급받지 못하는 조건에서 자라난 사람은 불안정하고 공격적이며, 요구와 질투가 강하고, 자기 중심적이며, 심리적인 성장이 극소화됨으로써 성공적인 적응이 어렵게 된다. 따라서 정신적 질병이 여러 형태로 나타나기 쉽다는 것이 Allport의 견해이다.

나. Jung의 인생 연령별 발달 단계

융은 인간의 일생을 [그림 7-1]과 같이 아동기, 청년기, 중년기, 성숙기, 노년기의 4단계로 나누었다. 그는 각 단계마다 성취해야 할 특정 과업이 있고 각각의 과업에는 특정의 요구와 가치가 있다고 보았다. 그리고 이 각 단계의 특정 과업을 적절하게 수행해 나가는 것이 적절한 적응을 하는 것이라 보았다(장연집 외, 2001).

1) 아동기

이 단계는 출생에서 20세 정도까지의 시기로 자기-지각으로 들어가는 '우주적 무의식으로부터의 출현'이라는 과업을 수행한다. 융은 이 시기를 '인생의 새벽'이라고 불렀다. 이 시기의 개인은 스스로를 지지할 수 있을 때까지 타인의 양육에 의존한다. 우주적 무의식이란, 프로이드가 보고 들을 수 없는 경험적 차원으로 언급했던 개념과는 다르게 인생의 초인적 관점을 의미한다.

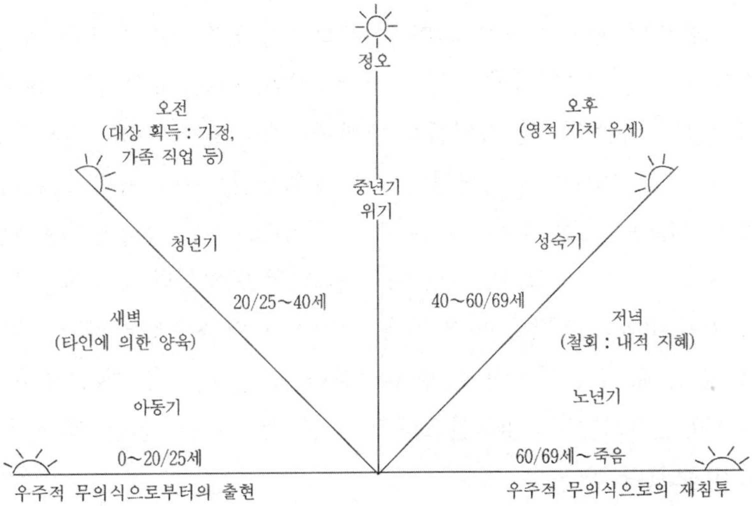

[그림 7-1] Jung의 인생 주기 연령 도표

2) 청년기

두 번째 단계인 이 단계는 '인생의 아침'으로 20대 초반에서 중년기 위기를 맞이하는 40세 정도까지가 이에 속한다. 이 시기의 과업은 자아 콤플렉스(ego complex)를 벗어나는 것과 소유하고픈 것을 획득(acquisition of possession)하는 것이다. 융이 의미하는 자아 콤플렉스의 발달은 높은 수준의 자아정체감과 성격의 지속성을 갖는 의식의 질적 차원을 의미한다. 그리고 이 시기에 우리는 직업과 직장, 배우자와 자녀, 집, 자동차 등 여러 종류의 소유물을 획득한다. 이 시기에 인생의 목적은 명예, 돈, 성공, 지위를 얻는 데 두기 때문에 과업지향적 행동, 즉 경쟁과 노력을 기울인다.

3) 성숙기

성숙기는 35~40세 정도가 되어야 시작된다. 이 시기는 중년기 위기가 나타나는 시기로 이전에 만족스럽고 자신의 목표를 성취했던 사람이라도 심한 정서적 대격변으로 고통을 받는다. 즉, 그 동안 성공, 성취 등 물질적인 측면을 위해 노력을 기울였던 만큼, 내면의 의미 있는 측면인 '영적' 차원을 방치해 두었다고 생각하기 때문이다. 이 '영적 차원'이란 돈, 지위, 권력, 소유 등의 욕구로 인해 간과되어졌던 비물질적인 가치들을 말한다. 예를 들어 우정, 정서적인 온정, 공유감, 친밀감, 이타주의 사랑등이 이에 포함된다. 이런 '영적' 차원이 무너진 것 같은 느낌으로 인해 이 시기에는 모든 것(물질적인 것)이 갑자기 가치 없는 것으로 느껴지고 그동안 물질적인 이면의 것을 너무 방치했다는 사실을 통찰한다. 따라서 이런 고통과 통찰을 통해 이제 두 가지 측면을 통합하려는 노력을 하고 이런 노력 끝에 점차 성격이 통합되어 간다. 융은 이것을 개성화(individuation) 과정이라고 불렀고, 이런 과정을 거치면서 진정한 의미의 인간, 즉 성숙이 이루어진다고 보았다.

4) 노년기

이 시기는 '인생의 저녁'에 해당되는 시기로 존재의 끝이라는 사실과 직면한다. 이 시기가 되면 '냉혹한 내적 과정이 인생의 축소를 강요한다'라는 표현을 이해하게 된다. 이 시기의 과업은 내적 세계에 초점을 맞추고 영적인 것에 관심을 기울여 다시금 집단적 무의식에 개입하는 준비를 한다.

다. Erikson의 정체감 발달 단계

E. H. Erikson
미국의 정신분석학자로 독일에서 태어나 미국에서 주로 활동했으며, Freud의 정신분석 이론을 확대 · 발전시켰다.

Erikson(1950, 1982)은 내적 본능 및 욕구와 외적 문화적 · 사회적 요구간의 상호작용으로 심리사회적 발달이 전생애를 통해 계속된다고 주장한다. Erikson에게 있어 주요 개념은 자아정체감의 발달이다. 확고한 자아정체감을 확립하기 위해서는 일생을 통하여 여덟 가지 위기(또는 갈등상황)를 성공적으로 해결해야 한다.

매 단계마다 갈등상황(또는 위기)은 '신뢰감 대 불신감'이나 '통합감 대 절망감'에서처럼 긍정적인 결과와 부정적인 결과를 초래할 수 있다. 즉, 여덟 개의 발달 단계마다 나름대로의 갈등이 있으며 그 갈등은 양극의 결과를 초래할 수 있다. 후기의 저술에서 Erikson은 갈등을 성공적으로 해결할 수 있는 잠재력(potential strength) 또는 생명력(vital strength)에 관해 언급하고 있다(표 7-1 참조). '성공적인 해결'은 반드시 긍정적인 측면만을 의미하는 것은 아니다. 최상의 해결책은 긍정적인 측면과 부정적인 측면이 균형을 이루는 것이다.

다른 이론가들과는 달리 Erikson은 특정 단계의 과업이나 위기를 완전히 해결하지 않고서는 다음 단계로 진행할 수 없다고 생각하지 않는다. 위기를 해결하든 해결하지 못하든 일정 연령에 달하면 생물학적 성숙이나 사회적 압력에

표 7-1 Erikson의 심리사회적 발달 8단계

단 계	발달과업과 위기	생명력 또는 잠재력	설 명
영아기	신뢰감 대 불신감	희망	영아는 양육자와 신뢰관계를 형성해야 한다. 그렇지 않으면 불신감이 형성된다.
유아기	자율감 대 수치심과 회의감	의지	걷기, 잡기, 괄약근 통제를 포함하는 신체적 기술을 발달시키는 데에 에너지가 집중된다. 통제를 제대로 못하면 수치심과 회의감이 나타난다.
아동 초기	주도성 대 죄책감	목적	좀더 단호해지려 노력하고 주도권을 잡으려고 애쓴다. 이 과정에서 다른 사람에게 상처를 주면 죄책감을 느낀다.
아동 후기	근면성 대 열등감	능력	새롭고 복잡한 기술을 습득한다. 그렇지 않으면 열등감을 느낀다.
청년기	정체감 대 정체감 혼미	의리 또는 충성	직접, 성역할, 정치, 종교를 포함하는 몇 영역에서 자신이 누구인가에 대한 정체감의 확립이 필요하다.
성년기	친밀감 대 고립감	애정	친밀한 관계를 형성하기 위해 '나'가 아닌 '우리'라는 개념 속으로 빠져든다. 그렇지 않으면 고립감을 경험한다.
중년기	생산성 대 침체성	보살핌	다음 세대를 지원하기 위해 생산성의 욕구를 충족할 수 있는 방법을 모색한다.
노년기	통합감 대 절망감	지혜	앞서 7단계의 위기를 잘 해결하면 있는 그대로의 자신을 받아들인다.

* 출처 : Erikson, E. H., Erilkson, J. H., & Kivnick, H. Q. (1986). Vital involvement in old age. New York : Norton.

의해 다음 단계로 진행하게 된다고 본다. 새로운 단계에서는 새로운 윤리와 새로운 갈등이 기다리고 있다. 60세나 70세가 되었을 때에 전단계에서 해결하지 못한 과업이나 위기는 그대로 남아 있어 자아통합감을 이루고자 할 때 장애가 된다.

라. Loevinger의 자아 발달 단계

Loevinger(1976)에 의하면 자아 발달은 출생에서 성인기까지 10개의 단계로 나뉘어 진행된다(표 7-2 참조). 그리고 한 단계의 발달이 완성된 후에라야 다음 단계로 진행할 수 있다. 앞의 몇 단계는 아동기에 완성이 되지만 그 뒤의 단계들은 연령과는 별로 상관이 없다. 같은 연령집단의 성인이라도 제각기 다른 자아 발달 단계에 속할 수 있다.

Loevinger는 모든 성인들은 첫 세 단계는 순조롭게 통과한다고 한다. 그리고 나서 어떤 이들은 자기보호적 단계에서 멈추고, 또 다른 이들은 순응적 단계에서 멈춘다. 그러나 대부분의 성인들은 자아인식 수준과 양심적 단계까지는 도달한다.

마지막 네 단계가 성인발달에서 특별히 중요하다. 내면화된 규칙이 출현하는 양심적 단계는 어떤 면에서 Erikson의 정체감 대 정체감 혼미 단계와 유사하다. 이 단계의 또 다른 특징은 이전 단계의 고정관념적이고 2차원적 관계와 비교해서 이제는 다른 사람들을 좀더 복잡하고 3차원적인 관계로 인식하는 능력이다. 다른 사람과의 관계와 대인관계에서의 상호성에 대한 깊은 이해가 가능하다.

마. Levinson의 인생주기

Levinson(1978)은 수태에서 죽음에 이르기까지 개인의 인생주기를 계절의 개념으로 접근하였다. 즉, 인생주기에는 아동기, 청년기, 성년기, 중년기, 노년기 등 질적으로 다른 네 개의 계절이 존재하며, 각 계절은 나름대로의 독특한 특성이 있기 때문에 전체 인생주기에서 독자적인 공헌을 한다는 것이다. 이보다 훨씬 앞서 히포크라테스도 인간발달의 단계를 자연의 사계절에 비교했으며, 노년을 겨울에 비교한 바 있다.

표 7-2

Loevinger의 자아발달 이론

단 계	설 명
전사회적 단계	이 단계에서 영아는 자신의 욕구충족에만 관심을 갖는다. 대상영속성의 발달을 위해 자신과 타인 또는 주변환경을 구분하는 것을 배워야 한다.
공생적 단계	어머니에 대해 강한 공생적 의존이 출현하기 시작한다. 이 단계의 유아는 아직 자아와 어머니 사이를 구분하지 못한다.
충동적 단계	이제 아동은 자신의 분리된 실체를 주장한다. 이 단계에서는 충동에 굴복하여 노골적인 자기충족을 추구한다. 다른 사람들은 자신의 이득을 취하기 위한 '잠재적 원천'으로 평가한다. 이 단계에 너무 오래 머물면 '제멋대로'이거나 '통제불능'이 된다.
자기 보호적 단계	기회주의적-쾌락주의적 전환단계에서 주요 관심사는 여전히 자기 자신이다. 그러나 즉각적인 보상이나 처벌에 대한 두려움으로 자신의 충동을 통제하는 것을 배운다. 아동은 이제 규칙의 존재를 이해하지만 자신의 이익을 최대화하기 위해 규칙을 조정한다. 이 단계의 아동은 규칙을 위반하는 것이 '나쁜' 것이 아니라 붙잡히는 것이 '나쁜' 것이라고 생각한다. 공생적 단계의 특징이었던 타인에 대한 의존은 이제 '누가 그들을 필요로 하는가?'라는 태도로 바뀐다.
순응적 단계	자신의 복지를 타인의 복지와 동일시하는데 이것은 사회적 인정과 수용에 대해 크게 관심을 갖기 때문이다. 이제 청소년은 타인이 자신에 대해 어떻게 생각하는지에 몰두하고, 그들의 기대수준에 맞게 행동한다. 이 단계의 청소년은 개인차를 무시하고 고정관념(예를 들면, 성역할 고정관념)의 틀에 얽매인다. 사물을 좋고, 나쁘고, 기쁘고, 슬프고 등의 흑백 논리로 이해한다.
자아인식 수준	순응적 단계와 양심적 단계의 전환기이다. 이 단계에서는 개성과 개인차를 인식하기 때문에 대인간 상호작용에 보다 민감해진다. 이전에는 집단의 가치와 승인을 강조하였으나 점차 개인적 가치에 관심을 갖기 시작한다. '자아비판 능력', '대인간 상호작용에 대한 인식' 등이 이 단계의 대표적인 특성이다.
양심적 수준	양심적인 사람은 이전 단계의 특징인 기회주의적 특성이 없다. 그리고 모든 사람들이 각기 다른 욕구, 다양한 행동유형, 독특한 특성을 갖고 있는 것으로 인식한다. 내면화된 규칙을 갖고 있지만 규칙과 역할 모두가 다면적이며 변화 가능하다는 것을 이해한다. 이와 같은 자아발달 수준은 청년 후기의 청년들에게 주로 나타난다.
개인적 수준	양심적 단계와 개인적 단계의 전환기이다. 개별성에 대한 존중과 각기 다른 유형의 사람에 대한 관용이 증가한다. 이 단계에서는 독립과 의존의 문제에 초점을 맞추고 내적 갈등을 의식한다.

자율적 단계	내부지향적인 행동을 보이며, 모호성을 참을 줄 알고, 내적 갈등을 다룰 수 있는 능력이 있다. 그리고 갈등을 인간사회에서 발생하는 불가피한 측면으로 인식하기 시작한다. 다른 사람을 있는 그대로 받아들이고 변화시키려고 애쓰지 않는다.
통합적 단계	극소수의 성인들만이 이 단계에 도달한다. Maslow의 '자아실현'을 이룬 사람들과 많은 특성을 공유한다. 확고한 자아정체감을 확립하고 자신의 개인적 욕구를 사회적 현실과 통합한다.

* 출처 : Loevinger, J.(1976). Ego development. San Francisco : Jossey-Bass.

Levinson(1986) 이론의 핵심 개념은 '인생의 구조', 즉 특정 시기에 있어서 개인 생활의 기초가 되는 유형이나 설계이다. 이것은 개인과 환경과의 관계를 형성하고 그 관계에 의해 구체화되는 발달적 기초안이다.

인생구조에는 외적 측면과 내적 측면이 있다. 여기에는 개인이 가장 중요하게 여기는 사람들, 장소, 제도, 사물뿐만 아니라 이것을 중요하게 여기게끔 만드는 가치, 꿈, 정서 등이 포함 된다.

대다수 사람들의 인생구조는 주로 그들의 일과 가족 중심으로 이루어진다. 다른 요소들로는 인종, 종교, 민족적 유산 및 전쟁과 경제불황 같은 광범위한 사회문제 또는 감명 깊은 책이나 좋아하는 휴양지 같은 구체적인 것도 있다.

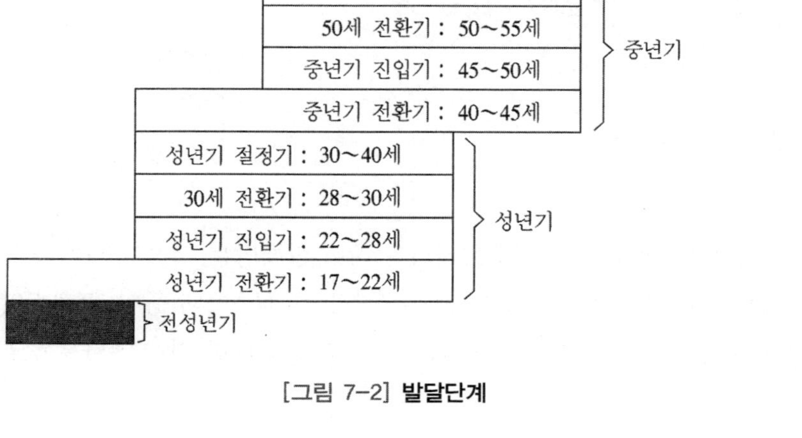

[그림 7-2] **발달단계**

[그림 7-2]는 Levinson이 제시한 발달단계이다. 그는 인생주기를 네 개의 계절로 구분하고, 각 계절은 약 20년 정도 지속된다고 보았다. 각 계절은 대략 5년간의 과도기와 연결되어 있는데 이 과도기 동안 사람들은 자신이 세운 인생구조를 평가하고 다음 계절에 인생을 재구성할 수 있는 가능성을 탐색한다. 각 계절은 안정기와 전환기 등 몇 개의 세부 단계들로 구성되어 있다.

네 계절은 다음과 같다.

① **아동기 · 청소년기**(0~22세) : 수태에서부터 청년기 후기까지의 형성기이다.

② **성년기**(17~45세) : 이 시기 동안 인생에서 중요한 선택을 하며, 최고의 정력을 발휘하지만 또한 가장 큰 스트레스를 경험한다.

③ **중년기**(40~65세) : 대부분의 사람들은 생물학적 능력이 다소 감퇴하지만 사회적 책임은 더 커진다.

④ **노년기**(60세 이상) : 인생의 마지막 단계이다.

이들은 한 단계가 다음 단계보다 덜 발달하였다는 의미에서의 단계가 아니다. 각각이 고유한 과업을 지닌다는 점에서 발달의 '계절적 주기'라고 한다. 인생의 매 시기마다 개인은 만족스런 인생구조를 설계하는 데 있어서 성공의 정도가 다양할 수 있다(Levinson, 1986).

3. 욕구좌절과 갈등

가. 욕구좌절

어떤 종류의 장애물에 의해 동기의 만족이 방해받는 것을 좌절이라고 한다. 일반적으로 욕구좌절이란 동기, 소원, 희망, 계획, 기대 등이 방해받았을 때 경험하는 감정이다. 이러한 감정들은 사실 좌절에 대한 정서적 반응들로 실망,

분노, 우울, 무감동, 놀람, 당황, 격분, 살인… 등 다양한 형태로 나타난다. 일반적으로 욕구좌절 개념의 본질적 특성은 장애 극복의 불가능성이다.

욕구좌절은 인내할 수 없는 외적 조건의 전체상황에 기인하는 외적 욕구좌절 요인과 욕구 소망과 반대방향으로 진행하는 내적인 힘과 태도를 통해 거부되는 내적 욕구좌절 요인에 기인한다.

① 욕구 좌절을 일으키는 외적 요인은 대체로 세 가지이다. 어떤 욕구에 대해 외부적인 물리적 · 자연적 · 사회적 결핍으로 인하여 충족이 불가능한 경우이다. 크게 틀어 놓은 윗집의 텔레비전 소리 때문에 잠을 제대로 잘 수 없다든가, 자동차 여행 도중 엔진 고장으로 어찌할 줄 모른다든가, 목이 마를 때 물이 없어 애를 태운다든가 하는 경우가 물리적 요인에 의한 것이다. 전쟁, 지진, 홍수와 같은 천재지변으로 가산을 잃고 실의에 빠진다든가 욕구 충족이 좌절되는 경우는 자연적 요인에 의한 것이며, 직장이 없어 취직을 못한다든가, 높은 담장 때문에 죄수가 교도소를 빠져 나가지 못하는 것은 사회적 요인에 의한 것이다.

② 욕구 좌절을 일으키는 내적 요인은 자신의 욕구수준과 관련되어 있다. 신체적 장애, 능력의 결함으로 자신의 욕구 수준(level of aspiration)을 달성하지 못하거나 부모나 교사가 성취 수준을 본인의 능력 이상으로 잡음으로 좌절을 경험하는 것들이 모두 내적 요인에 의한 것이다.

욕구 좌절에 대한 정서적 반응은 욕구를 불러 일으켰던 행동의 동기에 대한 강도, 욕구 좌절의 상황을 피할 수 있는 가능성, 욕구 좌절에 대한 인내성의 강도에 따라 다양하게 나타난다. 대개 욕구 좌절은 얼굴 표정, 제스처, 신체의 움직임과 같은 관찰할 수 있는 변화뿐만 아니라 부신의 아들레날린 분비, 혈압, 맥박, 호흡 진동수의 변화 등 다양한 신체적 반응을 유발한다.

J. I. Dollard와 N. E. Miller은 '욕구 좌절은 흥분을 야기하며, 그 중의 하나는 공격적 경향의 흥분이다. 공격성의 출현은 항상 욕구좌절을 전제로 하고 있다.' 면서 욕구 좌절에 대한 공격성 가설을 제시하고 있다.

나. 갈 등

1) 갈등의 의미

정서적 의미에서 보면 갈등 상황이란 서로 상반되는 느낌의 상태이다. 예컨대, 사회의 관습이나 도덕률과 상치되는 공격적 경향성, 취업과 대학원 진학, 출산과 피임, 공격과 후퇴, 순종과 도전 등이 모두 갈등 상황이다.

이와 같이 갈등이란 두 개 이상의 대등한 욕구 또는 행동목표가 동시에 일어나 그 중 어느 것을 선택해야 할지 망설여지는 심리상태를 말하며, 장이론에서는 한 목표와 다른 목표가 대등한 유인가(valence)를 지녀 장의 힘(field forces)이 대립된 상태를 갈등이라고 한다. 갈등이 오래 지속되어 해결되지 않을 때 부적응행동이 일어난다.

Lewin은 갈등의 모형을 설명하기 위해 표준적인 도해를 사용했다. [그림 7-3]은 접근-회피 갈등을 도해한 것이며, [그림 7-4]는 다른 갈등 유형을 간단히 나타낸 것이다.

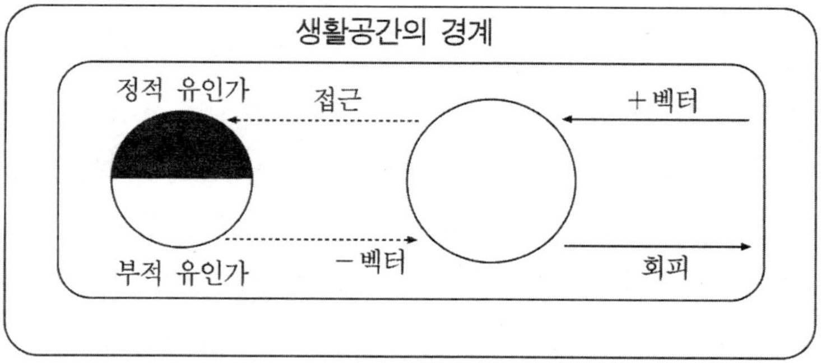

[그림 7-3] Lewin이 분석한 접근-회피 갈등

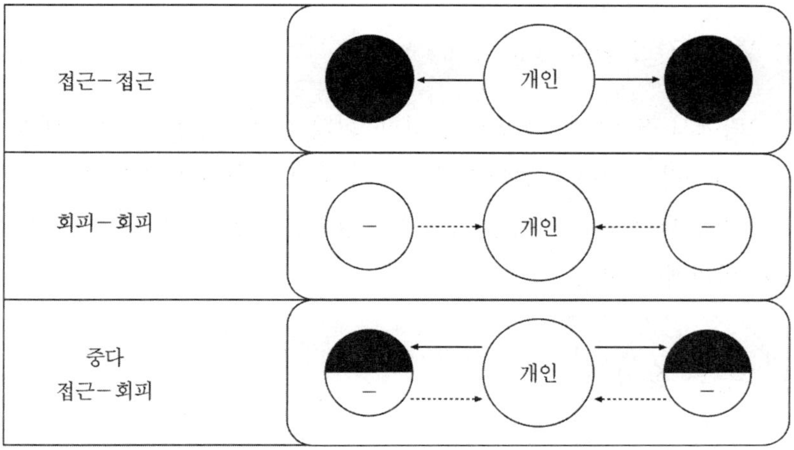

＊ 화살표는 운동, 즉 접근과 회피경향을 의미한다.

[그림 7-4] **다른 갈등유형**

Lewin의 갈등모형에서의 주요 개념은 다음과 같다.

(1) 유인가(valence)

‘+’, ‘–’로 표시되어 있다. 이것은 대상이나 활동의 정적 특성과 부적 특징을 말한다. 접근–회피 및 이중접근–회피갈등에서는 정적 유인과 부적 유인이 같은 대상에 있으므로 양가적(兩價的)이다.

(2) 벡터(vector)

화살표(‘→’)로 표시되어 있는데, 개인을 유인대상 쪽으로 접근하게 하든가, 피하게 하든가를 나타낸다.

(3) 이동(locomotion)

점선이 있는 화살표(‘⋯→’)로 접근과 회피를 나타낸다. 유인하는 상황에서 독자적으로 개인이 취하는 통로를 의미한다.

(4) 생활공간과 장(life space & field)

각 그림에서 경계선을 나타낸다. 회피-회피 갈등에서는 특히 이 경계가 중요하다. 왜냐하면 이것은 개인이 바람직하지 못한 것을 수용하는 데 필요한 사고와 일치하기 때문이다. 이러한 경계선이 없다면 반응을 할 수 없고, 그 상황을 완전히 회피해야 한다.

2) 갈등의 유형

유인가, 즉 접근과 회피에의 욕구에 따른 갈등의 유형이다.

(1) 접근-접근 갈등(approach-approach conflict)

정적 유인가를 띠고 있는 두 개의 상호 배타적인 행동 목표가 동시에 일어날 때 발생하는 갈등을 말한다. 즉, 두 개의 매력적인 선택간의 갈등이다. 예컨대, 복권을 사서 당첨이 되었다. 당첨금으로 자동차를 살 것인가, 유럽을 여행할 것인가를 놓고 갈등하는 유형이다.

이 갈등에서 한쪽을 선택하는 것이 다른 중요한 것의 상실을 의미할 때는 문제가 심각해진다. 이러한 갈등은 때때로 백일몽의 소재가 되기도 한다. 갈등 기간은 두 목표의 상대적인 등가성(equivalance)에 의해 결정된다.

(2) 회피-회피 갈등(avoidance-avoidance conflict)

부적 유인가를 띠고 있는 두 개의 상호 배타적인 행동 목표가 동시에 일어날 때의 갈등이다. 즉, 두 가지 행동 목표가 모두 하기 싫은 것일 경우로, 이런 경우를 소위 진퇴양난이라 한다. 갈등 기간이 매우 길고 가능하면 선택과 결정을 회피하려고 한다. 밤도 깊었고 피곤하다. 계획대로 하자면 어려운 두 과목 중 한 과목을 선택하여 한 시간 더 공부해야 한다. 어느 과목을 공부할 것인가?, 화창한 토요일 아침을 즐기고 싶으나 잔디를 깎아야겠고, 정원에는 잡초도 많다. 잔디를 깎을 것인가?, 잡초를 뽑을 것인가? 학기가 끝났는데 성적이 엉망이다. 부모님에게 성적을 알려 주기로 약속했다. 성적을 알면 부모님은 실망할 것이다. 무슨 방법이 없겠는가? 이런 상황은 두 가지 방안이 모두 불편하다. 아무 것도 택하지 않는 것이 더 나은 것처럼 보이지만 상황은 어떤 행동을 선택하도록 강요한다. 이것이 회피-회피 갈등의 어려운 점이다.

(3) 접근-회피 갈등(approach-avoidance conflict)

동일한 행동목표가 한편으로는 정적 유인가를 띠고 다른 한편으로는 부적 유인가를 띤 경우에 경험하는 갈등이다. 양극성(ambivalence)을 띤다. 이 갈등에서는 주어진 상황이 매력적인 동시에 비매력적이다. 그러므로 그 대상에 접근하려고 하는 경향과 피하려는 경향이 공존한다.

접근-회피 갈등은 때때로 중요한 적응문제를 불러온다. 젊은 여성이 성행위를 추구하고 있으나 도덕적 가치를 의식하여 억압하는 것, 자녀가 부모를 비난하고 싶으나 처벌, 죄책감을 두려워하는 것, 호기심이 많은 대학생이 새롭고 어려운 과목을 수강하고 싶으나 낮은 학점을 두려워하는 상황에서 겪는 갈등이 예이다.

대개 이와 같은 갈등장면에서는 회피함으로써 문제가 해결되지 않는 경우가 많다. 갈등에 대한 긴장 상태가 비교적 오래 계속되며 불안을 느낀다. 특히 증오감이나 적대감을 표출할 수 없을 경우에는 부적응행동이 일어나기 쉽다.

(4) 이중 접근-회피 갈등(double approach-avoidance conflict)

N. E. Miller가 제시한 갈등의 유형이다. 이것은 두 가지 행동목표가 각각 정적 및 부적 유인가를 띠고 있을 때 일어나는 갈등이다. 직장 선택에서 겪는 갈등이 좋은 예이다.

A 직장은 지위가 높다. 그러나 승진의 기회, 상여금이 적고 주말까지 일해야 한다. B 직장은 좋은 주택을 제공하고 월급이 많다. 그러나 몇 년이 지나지 않아 피고용인을 무더기로 해고하는 것으로 평판이 나 있다. 또한 전근의 가능

성이 높고, 경영주의 정책이 자주 바뀐다. 어느 직장을 택할 것인가?

이러한 예는 이중 접근-회피 갈등의 두 측면을 분명히 밝혀 주고 있다. 첫 번째로 고려해야 될 점은 '찬', '반'이 단순히 상반되는 것이 아니라는 사실이다. 두 번째 측면은 장점과 단점에 대하여 어떻게 얼마만큼 비중을 둘지를 결정하는 것이 무척 어렵다는 것이다. 일단 결정을 하더라도 그러한 갈등의 문제가 쉽게 해소되지 않는다.

이중 접근-회피 갈등을 해결하는 데 관여하는 심리적 과정은 아주 복잡하다. 최근 예일 대학의 L. L. Janis와 호주의 프린더스 대학의 L. Mann은 이중 접근-회피 갈등을 분석하는 데 있어서 큰 공헌을 했다. Janis와 Mann은 사업이 잘 되지 않고 미래가 불투명한 상황 속에서도 어떤 결정이든지 내려야 하는 이중 접근-회피 갈등에 처한 개인을 관찰하였다. 이런 관찰을 토대로 Janis와 Mann은 이중 접근-회피 갈등을 극복하기 위한 다섯 가지 유형을 제안하였다.

① **비갈등적 고수**(unconflicted adherence) : 손해의 위험이 있을 것이라는 정보는 무시하고 그가 하고 있는 일을 계속하기로 결정한다.

② **새로운 행동으로의 비갈등적 변화** : 가장 분명하고 강력하게 지지받은 새로운 행동을 무비판적으로 채택한다.

③ **방어적 회피**(defensive avoidance) : 지연시키거나, 타인에게 책임을 전가시키거나, 소망을 합리화하거나, 정확한 정보에 선택적으로 주의를 기울이지 않음으로써 갈등을 피한다.

④ **과경계**(hypervigilance) : 광적으로 궁지에서 빠져나가는 방법을 탐색하고 일시적으로 안심시켜 줄 것같이 보이는 해결책을 충동적으로 채택한다. 그리고 정서적 흥분, 반복적 생각, 기억 범위의 감소와 단순한 아이디어에 의해 나타나는 인지적 제약 때문에 그의 선택이 초래하는 전반적인 결과를 간과한다. 극단적인 경우에 과경계는 급작스런 고통으로 나타난다.

⑤ **경계**(vigilance) : 의사결정자는 적절한 정보를 찾고 이를 공정하게 처리하고 선택을 결정하기 전에 다른 방안들을 조심스럽게 평가한다.

4. 스트레스의 개념

가. 스트레스의 정의

'스트레스(stress)'는 영어권에서 15세기 경부터 압력(pressure) 또는 물리적 압박(physical strain)이란 뜻으로 쓰여지기 시작했다. 20세기 들어서서 스트레스는 정신신체 의학에 관심이 높아지면서 질병이나 정신질환의 원인으로 간주하기 시작하였다. 일반적으로 사용하는 의미의 스트레스는 우리에게 가해지는 외부적인 영향을 의미한다.

일반적으로 스트레스는 다음과 같이 크게 세 가지 방식으로 정의한다.

1) 반응으로서의 스트레스

주로 생물학이나 의학에서 사용하였다. Cannon(1932)은 추위나 산소결핍 등의 조건에서 항상성 유지에 장애가 왔을 때 경험되는 상태를 스트레스로 정의했으며 Selye(1936)는 더 전문적인 관점에서 새로운 자극 형태가 나타났을 때 이에 대응하려는 신체적인 방어의 틀, 즉 비특정 반응(일반적 증후군)으로 스트레스를 정의하였다.

2) 자극으로서의 스트레스

여기에서는 외적인 환경조건에서부터 내적인 생리적 현상까지 다양한 자극들이 포함된다. Lazarus(1977)는 자극으로써의 스트레스를 세 가지 유형으로 나눴다. 첫째는 다수인에게 격변을 일으키거나 영향을 주는 중대한 변화로 천재지변, 전쟁과 같은 어느 누구도 통제할 수 없는 사건을 말하며, 둘째는 일부사람에게 영향을 주는 변화로 사랑하는 사람의 죽음, 생명을 위협하는 병이나 무력하게 하는 질병, 직장의 해고, 이혼, 출산 등등 해롭거나 위협을 줄 수 있는 부정적인 경험들을 말하며, 셋째는 일상의 골칫거리로서 일상생활에서 경험하는 사건들을 말한다. 스트레스를 환경자극으로 파악하려는 대표적인 입장이 생활사건 접근법이다.

3) 관계론적 개념

스트레스를 자극이나 반응으로 표현하려는 입장에 대하여 Lazarus(1977)와 그의 동료들은 어떤 환경 사건도 개인의 지각이나 평가과정 없이 스트레스 요인으로 작용할 수 없다는 관계론적인 입장에서 스트레스를 보고 있다. 즉, 위협정도에 대한 지각과 이에 대해 대처할 수 있는 자신의 능력에 대한 평가 등에 의해 스트레스가 결정된다는 입장이다. 따라서 자극이 스트레스로 작용하는지 여부와 정도는 자극 혹은 반응 그 자체가 아니고 유기체가 환경자극을 해석하는 방식과 대처자원을 해석하는 방식에 의해서 영향을 받는다는 것이다. 자극이 어떤 의미를 부여하든지 자극 자체에 대한 평가 즉 어떤 사건이 바람직한지 아니면 위협적인지 평가하는 것을 일차적인 평가라고 하며 또 그것에 대해 자신이 어떻게 할 수 있는지에 대한 평가를 이차적인 평가라고 한다.

나. 스트레스의 본질

일반적으로 스트레스는 큰일에 직면했을 때 또는 어떤 요인에 의해서만 경험되는 것으로 생각하는 경향이 있지만 사실은 아주 사소한 일, 자신의 사고방식, 내부의 기대나 욕구에 의한 경험 여부와 강도에 따라 크게 좌우된다.

1) 일상적이고 사소한 일

스트레스라는 말은 엄청난 사건, 즉 전쟁, 지진, 홍수 등을 떠올리는 경향이 있는데 이와 같은 사건들은 빙산의 일각에 불과하다. 식당이나 은행에서 줄을 서서 기다리거나, 선물을 사기 위해 쇼핑하거나, 출근 길이 막혀 꼼짝도 못할 때와 같은 일상적인 일들 역시 중요한 스트레스의 원천이다. 이러한 스트레스는 사람들이 별로 중요한 것으로 인식하지 않기 때문에 배경 스트레스(background stress)라고도 한다. 그러나 스트레스 사건들도 반복해서 경험하다보면 충격적 스트레스 못지 않게 부정적인 효과를 미친다. 즉 스트레스의 영향은 누적적이다. 별것이 아닐지라도 사소하고 일상적인 일들이 쌓이면 그만큼 부작용은 커질 수 있다.

2) 환 경

많은 종류의 스트레스가 환경 조건에 의해 일어난다. 예컨대, 과도한 소음, 더위, 오염과 같은 환경의 특성들은 사람들의 안녕감을 위협할 수 있고 개인의 정신과 신체 건강에 영향을 끼친다. 예를 들면, 대도시의 학교 학생들 중 높은 소음을 듣는 아이들은 그렇지 못한 아이들에 비해서 혈압이 높은 경향이 있다. 직장에서도 마찬가지로 높은 소음에 노출된 사람이 그렇지 못한 사람보다 두통, 메스꺼움, 우울증을 더 많이 경험한다.

출근시간에 밀려있는 차량은 스트레스의 원천이 된다.

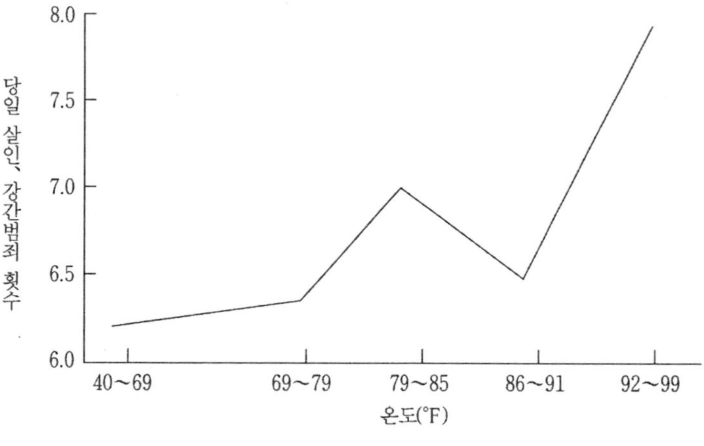

[그림 7-5] **살인 및 강간범죄와 당일의 최고 기온과의 관계**

살인이나 강간과 같은 극단적인 폭력범죄가 기온과 밀접한 관계가 있음이 밝혀졌는데 폭력적 범죄들은 기온이 상승하면 증가하는 경향이 있다. 하지만 환경 스트레스에 대한 경험 역시 주관적이기 때문에 소음, 더위, 혼잡의 수준이 그렇게 혐오스럽지 않을지 모른다.

3) 해 석

위협적이라는 정서의 경험은 우리가 어떤 사건에 주목하고 있는지, 그리고 그것을 평가하거나 해석하는 방식이 무엇인지에 의해 좌우된다. 예를 들면, 많은 사람들이 비행기를 타는 것은 어떤 사람에게는 어느 정도의 스트레스를 주지만 노련한 조종사는 도로에서 운전하는 운전자보다 더 쉬운 일이어서 불안해하지 않을 수도 있다는 것이다. 잠재적인 스트레스 사건에 대한 사람들의 평가는 매우 주관적이다. 많은 연구들이 불안하고 신경질적인 사람들은 그렇지 않은 사람들 보다 스트레스를 더 호소하고 스스로를 더 불행하다고 느끼는 경향이 있다. 따라서 스트레스는 당사자의 관점에 달려 있으며 사람들의 스트레스에 대한 평가는 매우 주관적이다.

4) 자기부과적인 스트레스

스트레스는 다른 사람이나 외부의 환경 조건에 의해서 부과되는 것으로 생각하는 경향이 있다. 그러나 대학생의 스트레스에 관한 최근 연구에서 스트레스 중 많은 것은 스스로 부과하는 것으로 밝혀졌다. 조기졸업을 위해, 직장에서 좋은 성적을 얻기 위해, 빨리 출세하기 위해 자신에게 압력을 가하는 것이 좋은 예이다.

일반적으로 자기 부과적인 스트레스(self-imposed stress)는 외부에서 주어지는 스트레스에 비해 스스로를 통제할 수 있는 여지가 더 많다.

다. 스트레스의 양면성

K. Bernard는 스트레스의 효과적인 면을 고려하여 두 개의 상이한 용어를 사용해야 한다고 주장했다. 그는 지나치고 불쾌한 욕구처럼 스트레스의 해로운 효과에 관한 것을 역기능적 스트레스(distress)로, 고무적이고 유익한 효과를 나

타내는 것을 기능적 스트레스(eustress)라고 표현하였다.

모든 사람에게 특정한 욕구가 항상 역기능적 스트레스가 된다거나 또는 기능적 스트레스가 된다는 것은 불가능하다. 왜냐 하면, 스트레스 자체가 특정인과 주어진 욕구 사이의 관계에 의존하기 때문이다.

스트레스를 인내하는 정도는 물론 스트레스 반응에도 개인차가 매우 크다. 중요한 것은 스트레스가 모두 나쁜 것은 아니며, 동일한 사건(event)도 개인에 따라 각기 다른 영향을 받는다는 것이다.

라. 스트레스의 근원

1) 좌절감

좌절감(frustration)이란 원하는 목표가 지연되거나 차단될 때 경험하는 부정적인 정서상태이다. 좌절감은 목표를 향하려는 욕구를 방해하는 장애물 때문에 경험한다. 장애물은 외적인 것과 내적인 것으로 구분할 수 있다. 외적인 것으로는 교통체증, 천재지변과 같은 물리적 요인과 종교, 종족, 사회계층간의 차별, 사회 경제적인 요인과 같은 사회적인 요인이 있다. 내적인 것으로는 외모, 건강과 같은 신체적 요인과 성격, 지능과 같은 심리적 요인이 있다.

[그림 7-6] **장애물과 좌절**

좌절감의 전형적인 예로서 '과밀'을 들 수 있다. 쥐를 대상으로 한 연구결과 과밀한 환경에서의 쥐들은 그렇지 않은 쥐보다 호르몬 분비에 이상을 보이며, 이차성징이 위축되고, 혈압이 상승하며, 비정상적인 행동과 생식능력의 쇠퇴를 보였으며, 사망률도 높았다. 인간의 경우도 마찬가지로 과밀한 지하철 통근자들의 경우 스트레스 관련 호르몬 분비가 더 많은 것으로 나타났다.

2) 과잉부담

개인차가 크지만 사람들은 욕구좌절에 대해 각기 제한된 처리용량을 가지고 있다. 따라서 개인의 처리용량을 벗어난 자극이나 요구도 중요한 스트레스의 원인으로 작용할 수 있다. 제한된 시간 내에 엄청난 일을 처리해야 하는 전화교환원은 그렇지 않은 교환수 보다 스트레스 관련 호르몬 분비가 더 많았다. 직장 내에서의 업무처리와 관련된 지나친 부담, 심한 경쟁 속에서 승진을 해야 하는 것도 역시 과잉부담(overload)이 될 수 있다. 학습해야 할 내용이 너무 많고 학습량이 자신의 능력 범위를 벗어날 때 심한 스트레스를 받는 소위 고 3병이라는 것도 과잉부담으로 이어져 심한 경우는 정신질환이나 자살로 이어진다. 사회가 복잡해질수록 이런 과잉부담은 증대하다.

3) 갈 등

두 가지의 동기들이 갈등을 일으킬 때 스트레스를 받는다. 갈등에는 접근하고 싶은 동기와 회피하고 싶은 동기간의 관계로써 네 가지의 유형이 있다(제3장 욕구과절과 갈등 참조).

4) 생활의 변화

생활의 변화(life change)도 스트레스를 유발하는 중요한 요인이다. 결혼, 이사, 군 입대, 이혼, 사별 등과 같은 생활의 급작스런 변화는 신체적인 질병과 관계가 깊다. 제한된 에너지에서 생활의 변화에 따른 적응성 에너지가 많이 소모되기 때문에 질병에 대한 에너지가 감소한다. Engle(1977)은 250명의 급사 사례를 조사한 결과 그들 중 대부분이 인생의 주요 사건을 경험했음을 밝혀냈다.

5) 탈핍성 스트레스

스트레스는 외부 또는 내부에서 오는 압력이나 자극의 정도가 심할 때만 경험하는 것이 아니다. 사람들은 적정 수준의 감각자극이나 흥분을 경험하기를 원한다. 따라서 원하는 만큼의 자극이 없을 경우에는 스트레스를 받으며 이를 탈핍성 스트레스(deprivation stress)라고 한다. 소위 무료함이나 외로움도 스트레스의 원인으로 작용한다. 독신자나 미망인 또는 이혼한 사람의 사망률이 높은 이유가 여기에 있다.

6) 내 · 외부의 압력

압력(pressure)이란 어떤 방식으로 행동하기를 원하는 기대들이나 요구들을 말한다. 압력은 두 가지 하위유형들로 나눌 수가 있다. 누군가로부터 신속하게, 효율적으로, 그리고 성공적으로 과제와 책임을 수행하도록 요구를 받는 수행압력(preformance pressure)과 주변 사람들로부터 받는 동조압력(conformity pressure)이다. 상사로부터 판매 실적을 강요받을 때 느끼는 압력이 수행압력이고, 시위 현장에서 똑같은 차림새를 강요받을 때 느끼는 압력이 동조압력이다.

압박감의 또 다른 근원은 자기 자신이다. 스스로 설정한 목표에 의해서 스스로 압력을 받는다. 자기 부과 압력이 대표적인 예이다.

5. 스트레스에 대한 반응

가. 신체 반응

몸은 위협 상황에 직면하면 일련의 신체 반응으로 대처한다. 위협 상황이 지속되면 만성적 스트레스에 보다 효과적으로 적응하기 위해 다음 단계와 같은 반응이 나타난다.

1) 위급 반응

위급한 상황을 겪게 될 때 신체가 자동적으로 나타나는 반응을 위급 반응(emergency response)이라고 한다. 간에서는 포도당을 분비하고 내분비선에는 위급 상황에 도움이 될 수 있는 호르몬을 분비하며 지방과 단백질을 당분으로 전환한다. 심박, 혈압, 호흡수가 증가하며 근육 긴장, 소화활동 감소, 침 분비 억제, 엔돌핀 분비, 피하혈관 수축(출혈감소), 적혈구 방출(비장), 골수에서의 백혈구 방출 등이 일어난다.

2) 일반적응증후군

내분비선 학자인 H. Selye는 동물들에게 나타나는 생리적인 흥분 양상은 스트레스 유형이 달라도 대부분 동일함을 관찰했다. Selye는 동물에게 독약을 주사했을 때 독약으로부터 자신의 몸을 보호하려는 생리적 과정이 자동적으로 작동하는 것을 발견했다. 가장 두드러진 것은 동물의 내분비선이 즉각적으로 활동을 개시한다는 점이다. 특히 부신선은 놀랄만한 변화를 나타냈다. 크기가 팽창하였으며 아드레날린을 보다 많이 생산해 냈다.

동물에게 며칠동안 계속해서 스트레스를 가하면, 동물은 스트레스 자극에 서서히 적응하는 것으로 나타났다. 부신선은 정상적인 크기로 되돌아오고, 스테로이드 호르몬의 공급방식도 바뀌기 시작했다. 혈액 속의 염분농도도 정상 수준 또는 그 이상으로 증가하는 등 외형적으로는 자극에 대해서 적응할 수 있게 된 것 같으며 생리적 상태도 아주 정상이었다.

그러나 그와 같은 회복은 일시적인 것이었다. 스트레스를 계속해서 몇 주 동안 가했더니, 부신선은 다시 팽창했으며 그 동안 저장했던 스테로이드 호르몬을 다시 방출하기 시작했다. 혈액 속의 염분농도도 급격하게 떨어졌다. 콩팥에

는 많은 호르몬들이 모여들어 손상을 입었다. 마침내 그 동물은 기운이 다한 양 죽어버렸다. 자기 자신을 방어하기 위해서 과량의 호르몬을 생산해냈기 때문이었다.

Selye가 발견한 또 하나의 중요한 사실은 외형상으로는 회복되는 시기에서조차 겉으로는 정상인 것 같지만 속으로는 그렇지 않다는 것이다. 이 시기에 제2의 스트레스를 가하면 동물은 금방 죽어버린다. 제일 먼저 가해졌던 스트레스에 적응하기 위해 방어능력을 최대한도로 써버린 결과 새로운 유형의 스트레스에 대해서는 무기력해지기 때문이다.

이와 같은 분석을 근거로 하여 Selye는 스트레스를 유기체 내에서 초개인적으로 작용하여 항상 동일한 반응을 유발시키고 있는 자극으로 파악하여, 거기서 하나의 비구체적이고 일반적인 다음과 같은 3단계의 '일반적응증후군(general adaptation syndrome, 1974)'을 기술해 내었다.

(1) 경고 반응기

스트레스가 장기간 가해지는 경우, 즉 비구체적인 병인(예컨대, 바이러스 전염, 극단적 온도 상태, 광선)의 영향하에서는 적응증후군의 첫번째 단계인 '경고반응'에 이른다. 여기서는 다시 두 단계로 진행된다.

① **충격기** : 첫번째의 '충격기'에서는 심장박동의 가속화, 근육 긴장, 체온의 하강, 위궤양과 장궤양의 생성, 혈액농축화와 무뇨, 백혈구 감소증과 같은 증세가 나타난다. 보다 최근의 조사결과에 따르면 일정한 신진대사 생성물의 방출로 특히 시상하부의 흥분을 통해서 뇌하수체 전엽으로 하여금 부신피질 호르몬의 분비를 촉진하게 한다.

② **항충격기** : 항충격기 동안에는 불안, 공포, 맹목적 파괴, 분노, 혼미, 심지어는 의식상실과 같은 증상들이 출현할 수가 있다. 여기서는 도피(회피)나 공격(대응)으로서의 활동과 동물들이 생명을 위협받는 상황에서 드러내는 반응 가운데 하나인 '사체반사(死體反射)'와 같은 정서 충격, 정서 혼미를 의미하는 부동 상태적

반응이 나타난다.

정서혼미란 급작스럽고 심한 정신적 충격(경악, 죽음의 불안, 생명 위협적 상황)하에서 출현하는 것으로서 의식과 사고력은 잔존하고 있지만, 정서적 및 운동적 과정이 마비되고 혼미한 상태를 말한다.

(2) 저항기

스트레스 상황이 지속될 때에는 항충격기가 적응증후군의 두 번째 단계인 저항단계로 넘어간다. 이 단계에서는 스트레스 상황을 적극적으로 극복하기 위해서 부신피질 호르몬(당류질 부신피질 호르몬과 무기질 부신피질 호르몬)을 최고도로 분비하는 것이 특징이다. 이에 따라 근육의 과잉 긴장상태(고혈압), 기관지 천식, 관절염, 위궤양과 같은 기질적 손상이 나타나기도 한다.

(3) 소진기

스트레스가 지속되었을 때 적응증후군의 세 번째 단계인 소진단계로 접어들 수가 있다. 이 단계에 접어들면 이전까지 온전하던 적응기제가 손상된다. 동물실험에서 동물들의 피폐단계에서는 혈관질환, 신장손상, 심근손상 등이 나타났다. 인간의 경우는 식물성 기능장애를 수반한 신경쇠약적 상태, 불안 긴장적 기분변조 상태, 심한 우울증이 나타난다.

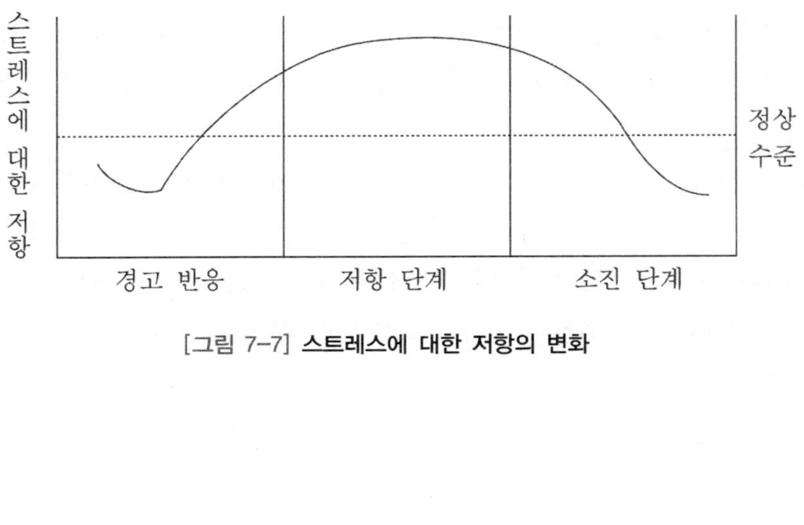

[그림 7-7] **스트레스에 대한 저항의 변화**

나. 신체적 질병

스트레스는 그것이 심리적인 것이든 물리적인 것이든 신체 기능에 다양한 영향을 미친다.

1) 근육 반응

스트레스 상태는 근육을 긴장하게 한다. 만성적으로 긴장된 근육은 두통, 요통, 설사, 잘못된 자세, 천식, 인후부와 흉곽의 답답증, 류마티스성 관절염 등 수많은 정신 신체적 질병을 일으킨다.

2) 위장 반응

부정적인 감정상태를 유발하는 스트레스는 소화기관에 부정적인 영향을 미친다. Selye는 실험실에서 동물에게 스트레스를 가하는 실험에서 위장 내부에 궤양이 나타남을 관찰하였다.

3) 심장순환계 반응

심장은 대뇌로부터 끊임없이 흥분을 받고 그 고유한 리듬은 계속적으로 중추신경계에 의해 영향을 받는다. 심장은 교감신경계 두 가지로부터 자극을 받는다.

심장근육의 수축성은 증가시킬 수 있는 에피네플린이라는 호르몬에 의해서 영향을 받는다. 스트레스와 관련된 심장순환계는 만성적으로 높아지는 고혈압(hypertension), 지방성 프라그의 혼합물에 의한 혈관의 파괴와 관련된 동맥경화증(arteriosclerosis), 혈관이 지나치게 수축됨으로써 일어나는 편두통(migraine)이 있다.

4) 피부반응

피부는 신체에서 일어나는 것과 정신에서 일어나는 것을 보여주는 두 가지 기본 반응패턴을 지니고 있다. 신체가 그 자체를 표현할 때 피부의 화학적인 활동은 변화하고 각기 다른 전기적 활동 패턴을 일으키는데 거짓말 탐지기(lie detector)도 이 피부반응을 이용한다.

피부의 두 번째 반응은 피부의 온도이다. 피부 밑에는 정서에 따라 반응이 변화하는 미세한 혈관이 있다 긴장과 불안을 느끼는 동안에는 혈관이 닫혀 혈액이 적게 흐르게 되므로 피부는 창백해 보이고 피부온도가 떨어진다.

다. 스트레스에 대한 심리적 반응

스트레스 상황에서는 주의집중이 안되고 무슨 일을 해도 능률이 오르지 않으며 불안, 분노, 우울 등 불쾌한 정서를 경험한다. 그러나, 때로는 스트레스가 자극이 되어 동기유발을 가져오기도 한다. 스트레스에 대한 심리적 반응은 인지적 손상, 과제 수행의 손상, 정서적인 반응, 긍정적인 효과가 있다.

1) 인지적 손상

정서적으로 흥분하면 포괄적으로 검토할 수 있는 능력이 현저하게 줄어들거나 새로운 해결 방법을 찾지 못하고 과거에 사용했던 해결 방법만을 고집하는 등 지적 수행상의 손상이 일어난다. 스트레스로 인한 생리적인 흥분을 경험하면 소위 터널 시야 현상(tunnel vision phenomena)이 나타난다. 터널 안에 들어갔을 때 시야가 좁아지는 것과 마찬가지로 가능한 장기적인 부담을 예측하기가 힘들어지고 즉각적이고 강한 단서에 좌우되기 때문에 충동적인 행동이나 모험을 행할 가능성이 높아진다.

2) 과제 수행의 손상

심한 스트레스는 주어진 과제를 효과적으로 수행하는 능력을 방해한다. R. Baumeister의 이론(1984)에 따르면 주의집중은 두 가지 방식으로 왜곡된다.

첫째, 상승된 자의식 때문에 과제수행에 요구되는 주의집중이 분산된다. 둘째, 학습이 너무 잘 되어 있어 자동적으로 수행할 수 있는 과제를 수행할 때도 자의식이 높아지면 과제에 지나치게 주의를 기울이기 때문에 오히려 과제 수행에 방해가 된다. 즉, 평소에 숙련되게 처리할 수 있는 일도 자기가 어떻게 하는지, 얼마나 잘 할 수 있는지 등 지나치게 신경을 쓰면 오히려 수행에 방해가 될 수 있다. 야구 월드시리즈 결승전에서는 홈팀이 승리하는 비율이 더 낮게 나타나는 것도 원정팀이 더 큰 부담(압력)을 받기 때문이다.

3) 정서적인 반응

스트레스 상황에서는 불안, 분노와 공격, 우울과 무감동과 같은 다양한 정서 반응이 나타난다.

(1) 불 안

불안(anxiety)은 평소 의식하지 못하고 있는 성적, 공격적인 충동이 어떤 계기에 의해 의식적으로 표출되려고 할 때 느끼는 정서상태이다. 불안은 위험을 경고해 주는 신호이다. 자아가 위협받거나, 그 위협의 정체를 제대로 파악하지 못하거나, 대처방안을 찾지 못했을 때 불안은 지속되거나 커진다.

불안과는 달리 공포(fear)는 긴박한 위험이 현존할 때나 실제의 위험이 예기될 때의 두려움을 말한다.

(2) 분노와 공격

공포가 도피욕구와 관련된 감정인데 반해 분노는 투쟁 욕구와 관련된 감정이다. 대체적으로 분노는 공격 행위로 발전한다. 쥐를 대상으로 한 실험에서 쥐에게 예측 불가능한 쇼크를 반복해서 제시하면 별다른 이유 없이 자기들끼리 서로 싸우는 행동을 보이며 쇼크가 끝나면 싸우는 행동이 현저하게 줄어든다. 이와 같이 스트레스는 분노와 공격적 행동을 가져온다.

(3) 우울과 무감동

욕구좌절 등으로 유발된 스트레스 반응의 또 다른 유형에는 무감동(apathy)이나 우울(depression)이 있다. 사랑하는 사람과 헤어지거나 거듭되는 실패는 우울감을 경험하게 한다. 우울은 만사에 의욕과 흥미를 잃게 하고 자포자기하게 한다. 스트레스가 반복되고 이에 대해 효과적으로 대처할 수 있는 능력이 없으면 우울감을 경험하며 무력감에 빠지고 심하면 무감동 상태에 빠진다.

4) 긍정적인 효과

스트레스가 반드시 부정적인 효과만 나타나는 것은 아니다. Selye는 심리적 및 신체적 건강상태나 과제 수행에 긍정적인 영향을 줄 수 있는 스트레스를 적정수준의 스트레스(eustress)로 표현하고 있다. 스트레스의 긍정적인 효과는 크게 세 가지로 살펴볼 수 있다.

첫째, 스트레스 상황은 자극을 받고 도전하려는 욕구를 자극한다.

둘째, 개인적 성장이나 자기 향상을 증진시키는 기능을 할 수 있다.

셋째, 스트레스를 경험함으로써 앞으로 닥쳐올 미래의 더 큰 스트레스에 대한 예방 접종과 같은 면역기능(inoculation function)이 생길 수 있다. 즉, 스트레스에 대한 내성(tolerance)이 길러진다.

6. 스트레스 수준

가. 스트레스 수준

T. Holmes와 R. Rahe는 사회적응 평가지수를 작성하여 여러 가지 생활상의 스트레스 수준을 평가하는 척도로 사용하였다. 사회 문화적인 배경이나 연령, 성별, 인종과 같은 개인적인 차이에도 불구하고 〈표 7-3〉과 같은 여러 가지 생활사건을 중심으로 조사한 스트레스 순위결정에서는 상당한 일치점을 보았다고 Holmes는 주장했다.

생활변화 단위(life change unit : LCU)에서 총점이 150~199인 사람은 '경미한 생활위기(mild life crisis)'에 처해 있으며 LCU가 200~299는 '견딜만한 위기(moderate crisis)', LCU가 300이 넘는 사람은 '심각한 위기(major crisis)'에 놓여 있다고 할 수 있다. LCU 숫자가 높을수록 병에 걸릴 위험 가능성도 높다. 흥미로운 것은 스트레스에 의한 충격은 일년 후까지도 지속된 피해를 줄 수가 있다는 것이다.

한편, 홍강의와 정도언(1982)의 연구결과에 의하면 우리 나라 사람과 서양 사람의 스트레스 수준은 다른 것으로 나타났다. 〈표 7-4〉는 그들이 제시한 한국판 스트레스 척도이다.

표 7-3 Holmes의 사회재적응 평가척도

생활사건(요인 항목)	평가 척도	생활사건(요인 항목)	평가 척도
1. 배우자 사망	100	5. 가까운 가족의 사망	63
2. 이혼	73	6. 큰 부상, 질병	53
3. 별거	65	7. 결혼	50
4. 교도소 수감	63	8. 직장 해고	47

9. 별거 중 재결합	45	27. 입학 또는 졸업	26
10. 정년 퇴직	45	28. 생활 조건의 변화	25
11. 가족 건강의 변화	44	29. 개인 습관의 변화	24
12. 임신	40	30. 보스와의 다툼	23
13. 성적인 문제	39	31. 작업시간 조건의 변화	20
14. 새 가족이 생김	39	32. 주거지의 변경	20
15. 사업상의 재적응	39	33. 학교의 변동	20
16. 재무 상태의 변동	38	34. 레크리에이션의 변화	19
17. 친한 친구의 죽음	37	35. 교회 활동의 변화	19
18. 직장을 옮김	36	36. 사회 활동의 변화	18
19. 배우자와의 불화	35	37. $10,000 이하의 저당	17
20. $10,000 이상의 저당	31	38. 수면 습관의 변화	16
21. 저당권의 처리	30	39. 가족구성원수의 변화	15
22. 직책의 변화	29	40. 식생활의 변화	15
23. 자식들의 가출	29	41. 휴가	13
24. 법적 분쟁	29	42. 크리스마스	12
25. 큰 성과 획득	28	43. 경범죄	11
26. 아내의 작업	26		

표 7-4 한국인의 스트레스 평가

삶의 변화	점 수	삶의 변화	점 수
자식 사망	74	사업의 일대 재정비	43
배우자 사망	73	직업 전환	43
부모 사망	66	정년 퇴직	41
이혼	63	해외 취업	39
형제자매 사망	60	유산	38
혼외정사	59	임신	37
별거 후 재결합	54	입학 시험, 취직 실패	37

부부의 이혼, 재혼	53	자식의 분가	36
별거	51	새 가족 등장	36
해고, 파면	50	가족 1명의 병	35
정든 친구의 사망	50	성취	35
결혼	50	주택, 사업, 부동산 매입	35
징역	49	정치적 신념 변화	35
결혼 약속	44	시댁, 처가 친척과의 알력	34
중병, 중상	44	학업의 시작, 중단	34

* 300점 이상 : 금년 질병을 앓을 가능성 50%
299~250점 : 금년 질병을 앓을 가능성 25%
249~200점 : 금년 질병을 앓을 가능성 25%
199점 이하 : 건강

나. 스트레스 수준의 개인차

1) 개인적 요인

심리적 스트레스 수준을 결정하는 것은 내적 · 외적 요인의 결합효과이다. 이혼과 실직을 동시에 당하는 것은 이 두 가지 사건 중 하나를 먼저 당해서 대처해 나가는 것보다 더 심한 스트레스 상태에 놓이게 된다는 것은 틀림없는 사실이다. 스트레스의 정도는 상황에 따라 다르다. 배우자의 죽음은 빚을 갚을 돈이 없는 경우보다 훨씬 스트레스적이다. 가해적 위협에 직면하면 그것 또한 스트레스를 가중시킨다.

개인의 심리적 스트레스 경험에 영향을 주는 개인적 요인들은 매우 다양하다. 한 연구조사에 의하면, 강렬한 행동, 공격성, 야망, 경쟁심, 일을 끝내야 한다는 압박감과 같은 특성을 지닌 성격의 소유자는 성격이 느긋한 사람보다 중년기에 이르러 2~3배 정도의 심장질환을 더 일으킬 확률을 갖고 있다고 한다(M. Friedman & R. Rosenman, 1974). 스트레스에 얼마만큼 잘 대처해 나갈 수 있는가의 여부는 우선 자신의 지능, 융통성에 달려 있다. 각자가 문제해결하는 데 있어서 강압적인 사건을 잘 이해하고 접근할수록 그 사건에 성공적으로 대처할 가능성은 더욱 커진다.

잠재적으로 강압적인 사건을 어떻게 감지하는가 하는 것도 스트레스 감각을 크게 좌우한다. 어린아이에 대해 부정적 감정을 지닌 여성은 매우 긍정적 경험으로 여기는 여자보다 어린애를 기른다는 것이 더욱 스트레스적이라고 생각한다.

2) 스트레스 저항 능력의 개인차

스트레스를 견디는 인내력도 개인에 따라 크게 다르다. 만성적으로 불안감이 있거나 건강이 나쁜 상태에선 스트레스에 대한 인내력이 저하되며 약간의 불안 또는 양호한 건강체질 상태하에선 스트레스에 대한 인내력이 증대된다.

M. Friedman과 R. Rosenman은 심장발작에 걸리는 확률을 조사해 나가는 가운데 A형이라고 명명한 사람들 중에 아주 모험을 좋아하는 사람들이 포함되어 있다는 것을 발견했다.

이 사람들은 성취동기가 아주 높고, 자신들이 노력만 열심히 하면 어떤 난관도 극복할 수 있다고 믿고 있었다. 그들은 야심이 컸고 경쟁하기를 좋아했으며 자신의 일을 제 시간 내에 끝마쳐야 한다는 강박감을 갖고 있었다. 그들은 자신들이 인내할 수 있는 한계선까지 일하는 것이 보통이었고, 한계선을 초과해서까지 일하는 경우도 종종 있었다. 도중에 좌절당하면 그들은 적대적이고 공격적인 반응을 나타냈다.

반면에 B형으로 명명된 사람들의 경우에는 심장발작을 일으키는 확률은 아주 적었다. 반면에 B형의 사람들은 A형의 사람들보다 낙천적이었으며 성공하는 것을 덜 중요시했다.

7. 스트레스 대처

대처(coping)란 환경 및 내적인 요구와 요구들 간의 갈등을 다루는 광범위한 노력을 의미한다. 스트레스 대처방법은 장르가 다양하며, 또한 개인에 따라 다르다.

가. 일반적인 대처방법

1) 포기하기

포기하기(giving up)는 스트레스에 직면했을 때 가장 흔히 보이는 대처방법 중 하나이다. Bnno Bettelhiim(1943)은 제2차 세계대전 중 나치 포로 수용소에서 죄수들이 보이는 정서적 반응들을 관찰하였다. 일부 죄수들은 그들을 체포한 사람들에게 싸움을 걸었고, 일부 죄수들은 살아남기 위해 간수들이 시키는대로 열심히 일했다. 그러나 많은 다른 수감자들은 무감동한 상태로 있으면서 적응하고 생존하려는 노력을 포기한 채 죽어 갔다.

M. Seligman(1974)은 그 원인을 밝혀줄 수 있는 모델을 동물들을 대상으로 한 연구를 통해 개발하였다. 동물들은 도망칠 수 없는 전기충격을 받았다. 그리고 그 충격을 피할 수 있도록 허용하는 반응을 학습할 기회를 주었다. 그러나 많은 동물들은 너무 무감동하고 무관심하게 되어서 도피반응을 학습하려고 시도하지 않았다.

이 증후군을 학습된 무력감(learned helplessness)이라고 부른다. 무력감은 피할 수 없는 사건과 직면함으로 유발되는 수동적 행동을 내포한다. 불행하게도 이 포기하려는 경향은 실제로는 무력해 할 필요가 없는 상황들에까지 전이될 수 있다. 일부 사람들은 일상적으로 스트레스에 대해 운명론과 포기로써 반응하며 효과적으로 다루어질 수 있는 좌절도 수동적으로 받아들인다.

2) 공격행동

스트레스는 강한 공격행동을 유발한다. 공격행동은 스트레스를 제공한 당사자에게 나타나는 경우가 대부분이다. 그러나 원인 제공자에게 분노를 터뜨릴 수 없을 때는 제3자에게 화풀이를 하는 경우도 있다. 이렇듯 분노 제공자가 아닌 다른 사람에게 공격행동을 하는 행위를 전위된 공격행동(displaced aggression)이라고 한다. 그러나 많은 경우, 공격행동에 따른 대인관계의 어려움은 또 다른 스트레스를 유발한다.

3) 쾌락의 추구

스트레스를 받을 때 많은 사람들은 괴로움에서 벗어나기 위해 음식을 먹거나, 술을 마시고, 담배를 피우며, 물건을 사고, 돈을 쓰면서 나름대로 쾌락 추구에 몰두한다. Moos와 Billing(1982)은 스트레스에 대해 일반인들이 전형적으로 나타내는 스트레스 대처 반응 중의 하나가 대안적 보상(Alternative Reward)의 추구임을 밝혀냈다.

이런 대안적 보상의 추구는 적절하게 통제할 수만 있다면 현실적으로 유용한 대처 전략이 될 수 있다.

나. 방어적 대처방법

Sigmund Freud는 스트레스를 야기할 수 있는 현실을 왜곡해서 불안감에서 벗어나도록 하는 무의식적인 과정이 있다고 가정했으며 이를 방어기제(defense mechanism)라고 불렀다. 불안에 처하면 사람들은 현실적으로 받아들이기 힘든 본능적 충동을 인식하지 않으려 한다. 그러면서도 간접적으로 본능적 충동을 충족하려고 시도하는데, 그러한 역할을 담당하는 것이 바로 방어 기제이다. 방어기제란, 개인이 불쾌한 정황이나 욕구불만에 직면했을 때 자신을 방어하기 위해 자동적으로 취하는 적응 방법을 말한다. 이러한 방어기제는 후천적으로 터득하는 것으로 욕구불만, 불안, 갈등 등에서 오는 긴장을 감소시킬 수 있다. 일반적으로 학습한 행동은 의식되지 않고 나타나는데 방어기제 역시 무의식적으로 나타난다.

방어기제는 대개 두 가지 특징을 가지고 있다. 첫째, 모든 방어기제는 무의식 수준에서 나타난다. 둘째, 방어기제는 불안을 감소시킨다. 그러나 방어기제는 현실을 왜곡해서 지각하고, 자기 기만적이기 때문에 불안을 일시적으로 감소시켜 줄지라도 최선의 대처방안은 아니다.

주요 방어기제에는 반동형성, 합리화, 투사, 억압, 이탈, 대상, 대리형성 등이 있다.

다. 문제중심의 건설적 대처

문제 중심의 건설적 대처(problem-focused constructive coping)란 스트레스를 유발

하는 문제 자체를 경감하거나 제거하는 노력을 말한다. 인생의 문제를 다루는데 있어서, 가장 분명한 행동의 과정은 그 문제에 정면으로 부딪히는 것이다. 체계적 문제해결의 과정은 다음과 같다.

1) 문제를 명료화하라.

문제가 무엇인지 정확히 확신하지 않고서는 문제에 정면으로 부딪힐 수 없다. 따라서, 체계적 문제해결 노력의 첫 번째 단계는 문제의 성질을 명료화하는 것이다. 때로 그 문제는 매우 명백할 수 있다. 그러나 어떤 경우에는 문제의 원천을 정확히 집어내기가 어려울 수도 있다. 어떤 경우든, 문제를 구체적이고 명확히 기술해야 한다.

2) 대안적 행동 과정을 창출하라.

체계적 문제 해결의 두 번째 단계는 대안적인 행동 과정을 창출하는 것이다. 이것은 대안적 해결을 의미하지 않는다. 많은 문제들을 놓고 Brainstorming에 착수하는 것이 바람직하다고 제시한다. Brainstorming은 비평과 평가를 억제하고 가능한 많은 아이디어를 창출하는 것을 포함한다. 다시 말해서, 당장에는 실용성이 확실히 보장되어 있지 않다고 생각되는 대안들도 염두에 둘 필요가 있다. 이러한 접근은 아이디어의 창조적 산출을 촉진한다.

3) 대안들을 평가하고 행위 과정을 선택하라.

가능한 많은 대안을 산출하고 난 다음에는 그것들의 가치를 다음과 같은 세 가지의 물음으로 평가해야 한다. 첫째, 각각의 대안이 얼마나 현실적인 계획인지 질문하라. 다시 말해서, 의도된 행동 과정을 성공적으로 수행할 확률은 얼마나 되는지, 예상치 못한 장애물은 없는지 생각해 보라.

둘째, 각 대안에 관련된 부담이나 위험을 고려하라. 때로는 문제를 '해결'하고

자 시도한 것이 문제 자체를 악화시킬 수도 있다.

마지막으로, 각 대안의 예상되는 결과가 바람직한 것인지를 점검하라. 비현실적인 가능성들을 제거한 후에, 각각의 대안이 갖고 있는 가능한 결과를 나열하라. 대안 가운데 하나를 결정할 때는 '무엇이 나에게 가장 중요한가? 어떤 결과에 가장 가치를 두는가?'를 질문해야 한다.

4) 융통성을 가지고 실행하라.

행동과정을 결정했다면 이번에는 계획을 실행에 옮겨야 한다. 이 때 융통성을 갖는 것이 중요하다. 행동 결과들을 면밀히 살펴보면서 필요하다면 기꺼이 전략을 수정할 수 있어야 한다. 행동과정을 평가함에 있어서 흑백논리를 사용해서 실패와 성공으로 구분하지 않는 것이 좋다. 만약 계획이 효과를 발휘하지 못했다면 미처 예상하지 못했던 상황적 요인이 작용했는지를 살펴보아야 한다.

라. 적극적인 대처방법

1) 생활환경의 개선

심리학자들은 불안 및 스트레스를 건설적으로 해결하려고 노력하는 것을 적극적으로 극복한다(assertive coping)고 말한다. 적극적 극복 방법의 한 가지는 스트레스를 직접 변화시키려고 하는 것이다. 환경을 적극적으로 극복하려면 어느 정도 실현 가능성이 있는 방법을 통해서 환경을 건설적으로 변화 · 개선시키려고 시도해야 한다. 그러한 시도는 실패할지 모른다. 그러나 시도해 보는 그 자체가 스트레스로 인한 피해를 감소시켜 주는 경우가 많다.

2) 행동방식의 개선

많은 경우 스트레스는 환경에서 온다기보다는 자신의 행동에서 비롯된다.

대학을 제대로 마치지 못하는 것은 수업시간에 주의가 산만했거나 공부를 효율적으로 하지 못했기 때문일 수도 있다. 다른 사람들에게 인기가 없는 것은 다른 사람들에게 까다롭고, 소극적이거나 과도하게 공격적으로 대했기 때문일지도 모른다. 따라서 경우에 따라서는 자신의 행동을 변화시키는 것이 스트레스를 감소시킬 수 있는 유일한 방법일 수 있다.

3) 긍정적인 자아개념의 유지

스트레스로 인한 피해를 조절하는 방법은 사실상 긍정적인 자아개념을 유지하는 방법에 해당된다. 왜냐하면 불안과 스트레스는 환경 그 자체에 달려 있다기보다는 자신을 어떻게 보며 환경과 어떤 관계를 맺고 있다고 생각하느냐에 따라서 결정되기 때문이다. 똑같은 상황에 처해서도, 자존심이 낮고 자아개념이 부정적인 사람은 자존심이 높고 자아개념이 긍정적인 사람보다 훨씬 더 스트레스를 경험한다.

마. 그 밖의 대처방법

1) 이완법

이완법은 Benson이 1975년 개발한 방법으로 신체 및 정신의 긴장을 이완함으로써 평정을 되찾는 방법이다. 조용한 환경에서 자극을 최소로 하고 한 가지 생각만 되풀이하다 보면 역기능적인 부작용 증상에서 벗어날 수 있다고 한다.

2) 초월적 명상법

Wallace와 Benson이 1972년 연구한 방법으로 TM이라고 하는 요가의 명상상태에 있는 사람을 조사한 결과, 혈액 순환이 증가하고 산소 소비량과 이산화탄소 배출량이 감소되며 교감신경 흥분이 자제되었다고 한다. 이런 반응은 스트레스 반응과 정반대되는 것이기에 스트레스 극복의 한 방법이 될 수 있다고 생각하는 것이다.

3) 바이오 피드백(bio feedback)

컴퓨터와 전자기기의 발달과 더불어 발전한 방법으로, 우선 심장박동, 혈압, 호흡, 뇌파 등을 측정할 수 있도록 장치한다. 이렇게 하면 스트레스를 극복하려는 사람은 자신의 현재 신체 상태를 알 수 있고 신체를 조정해 편안한 상태에 도달하려고 노력한다. 이런 노력은 처음에는 잘 성공하지 못하지만 점차 구체적인 방법을 찾게 된다. 이는 일종의 조작적 조건형성 과정이다. 즉, 불수의 내장기관을 조작하는 방법을 학습함으로써 스트레스를 극복하는 것이다.

4) 엔카운터 그룹(encounter group)

이것은 집단 속에서 상호작용을 하는 것으로 대다수의 스트레스가 인간 관계에서 생기는 부적응임을 고려한 방법이다. 서로 대면하는 집단 속에서 솔직히 내면세계를 털어놓는 엔카운터 그룹은 스트레스 해소 뿐만 아니라 개인의 인격 향상에도 도움이 된다.

진로선택과 직업

제8장

"늦기 전에 변화하라!(change before it's too late!)"

20세기 최고의 경영자 Jack Welch는 지속적인 변화와 개혁할 것을 '삶은 개구리'(boiled frog syndrome)에 비유하여 경고했다. 세상에서 변하지 않은 것은 '변화한다'는 사실 뿐이다. 끊임없이 변화를 추구하고, 변화를 준비하지 않으면 급변하는 21세기를 살아남을 수 없다.

인생은 준비하고 선택하는 일련의 과정이다. 대학, 배우자, 직업을 선택하고 또다른 준비를 하지 않으면 안 된다. 무엇을 어떻게 준비하느냐에 따라 선택의 질이 달라진다.

오늘의 대학생활이 과거의 준비한 결과라고 한다면, 바람직한 미래를 선택하기 위하여 지금의 대학생활은 또다른 선택을 위한 준비과정이다. 무엇을 어떻게 준비할 것인가를 고민하고 전략을 세우지 않으면 안 된다. 미래는 준비하는 자에만 선택될 수 있고, 또 선택받는다.

인생의 가장 중요한 선택 중의 하나는 직업이다. 직업은 생업수단 이상의 의미가 있다. 인간은 직업적 존재로서 일을 통해 경제적, 사회적 역할 수행이 가능하며, 직업생활을 통하여 궁극적인 자기완성, 자기실현을 이룰 수 있다. 이렇듯, 직업은 중요한 선택이고, 그러므로 철저한 준비가 필요하다.

1. 진로선택

개인의 지적, 신체적, 사회적, 정서적 요인은 개인의 진로에 영향을 미치고, 개인의 진로 또한 삶의 모든 영역에 영향을 미친다.

'커리어'라는 말은 '레이스코스'라는 의미의 프랑스 말에서 비롯된 것이다. 따라서 직업은 우리가 일생동안 하게되는 경주, 레이스코스인 셈이다. 일찍이 커리어(career)와 직업(job)이 동의어로 쓰인 적이 있었는데 이 때는 젊은이가 일단 한 가지 일(예를 들어, 목수, 교수, 판매원)에 종사하면 일생 동안 그 직업을 고수하였다. 그러나 오늘날에는 일생 동안 같은 직업에 종사하는 사람들보다는 여러 번 진로를 바꾸는 사람들이 점점 더 늘어나고 있다.

진로발달(career development)이란 진로를 선택하고 직업을 준비하는 과정을 말한다. 이런 과정은 개인의 인성특성과 사회적, 경제적, 직업적 현실과 조화를 이루는 것이 이상적이다. 아래에서는 진로발달에 관한 몇 가지 이론을 살펴보기로 한다.

가. Ginzberg의 절충이론

Ginzberg(1951, 1990)는 진로선택은 대략 10세부터 21세에 걸쳐 일어나는 하나의 과정이라면서 이 과정은 역행할 수 없고, 욕구와 현실 사이의 절충으로 정점에 이른다고 한다. 이 때 욕구와 현실을 중재하는 것은 자아이며, 자아기능에 의해 일어나는 진로발달 과정은 단계와 시기에 따라 다르게 나타난다. 청년초기에 있어서 선택의 근거는 흥미, 능력, 가치 등과 같은 개인의 내적 요인이고, 청년 후기에는 현실에 그 근거를 둔다. 이와 같이 진로선택의 근거가 변하는 것을 기준으로 해서 Ginzberg는 진로발달 과정을 다음과 같은 3단계의 시기로 나누고 있다.

1) 환상적 시기(fantasy period)

이 시기는 11세 정도인데 진로선택의 근거를 개인적 소망에 두며, 능력, 훈련, 직업기회 등 현실적인 문제는 고려하지 않는다. 이 시기의 아동은 제복, 소방차, 발레화 등과 같이 어떤 직업의 눈에 보이는 측면만을 생각한다.

2) 시험적 시기(tentative period)

이 시기는 11세에서 18세까지로 자신의 소망과 현실적인 문제를 함께 고려한다. 즉, 진로에 대한 흥미, 능력, 교육, 개인의 가치관, 인생목표 등을 고려하며, 고교 졸업 후에 취업을 할 것인가 아니면 진학을 할 것인가를 결정해야 한다. 처음에는 오로지 직업에 대한 자신의 흥미에만 관심을 집중하지만, 시간이 지나면서 자신의 관심사가 변하며, 흥미나 관심만으로는 직업을 선택할 수 없다는 것을 깨닫는다. 그래서 자신이 하는 일이 사회에 얼마나 기여할 것인지, 돈을 많이 버는 것, 자유시간을 갖는 것, 누구에게 간섭받지 않고 자기 일을 할 수 있는 것이 얼마나 중요한 일인지 등을 생각하고, 자신의 가치관과 능력에 알맞은 진로 쪽으로 기울게 된다.

3) 현실적 시기(realistic period)

이 시기는 18세 이후의 시기로 특정 직업에 필요한 훈련, 자신의 흥미나 재능, 기회 등을 현실적으로 고려하여 진로를 선택한다. 이 시기에 여성의 경우는 취업이냐, 결혼이냐에 대한 결정을 해야 한다.

한편, Ginzberg 이론에 대해서 이러한 단계가 누구에게나 적용되지는 않는다는 비판이 가해지고 있다. Ginzberg의 단계 이론은 중류층 이상을 모델로 한 것이다. 하류계층에서는 어린 시절에 진로를 선택해야 하는데, 이런 경우 진로는 흥미나 능력과는 무관하게 선택되며 그 선택의 범위도 한정되어 있다. 또한 어떤 사람은 성인이 되어서도 진로를 바꾸는 경우가 있으며, 따라서 청년 후기에만 진로선택이 문제되는 것이 아니라는 것이다.

Ginzberg(1990)는 최근 그의 이론을 수정하여 진로선택에 대한 의사결정 시기를 성인기까지 연장했으며, 진로발달의 단계는 청년기에만 일어나는 것이 아니고 일생을 통해서 나타난다고 하였다. 예를 들면, 중년기에 직업을 바꾸려는 사람도 새로운 진로에 대해 위의 세 단계를 거친다고 하였다.

나. Super의 자아개념이론

Super(1976, 1990)는 진로선택이 자아개념의 발달과 밀접한 관계가 있다고 하였다. 자아개념은 연령과 더불어 변한다. Super는 청년기의 진로발달은 욕구와 현실과의 절충이라기 보다는 통합이라고 보았다. 즉, 자신의 흥미, 욕구, 능력 등을 포함하는 자아상과 정체감에 일치하는 진로를 선택하게 된다고 한다.

청년기가 진로선택에 있어서 결정적 시기이기는 하지만 진로정체감은 일생을 통해서 이루어지는 과정이다. Super에 의하면 진로선택은 모두 8단계의 발달과정을 거친다.

1) 결정화(crystallization) 단계

이 단계는 청년 초기에 해당되는데 이 때에는 직업에 관해 막연하고 일반적인 생각만을 갖는다. 그러다가 점차로 확고한 정체감을 확립함에 따라 진로정체감도 발달한다.

2) 구체화(specification) 단계

이 단계는 청년 후기에 해당하는데 청년들은 다양한 직업과 진로세계에 관해 더 많은 것을 알게 된다. 진로에 대한 생각이 보다 구체화되고 하나의 진로를 선택한다는 것은 또 다른 가능성을 배제한다는 것을 인식한다.

3) 실행(implementation) 단계

이 단계는 20대 초반에 시작되는데 이 때 성년들은 한 두 개의 초보적인 직업을 시험해보거나 전문직종에 첫발을 들여놓는다. 실제로 직업세계와 직면하면서 최종적으로 어떤 직업을 선택하기 전에 마음을 바꾸는 경우도 있다.

4) 확립(establishment) 단계

20대 후반의 성년들은 자신이 선택한 진로분야에서 발전이 이루어지고 이제 자신의 진로를 자아개념의 일부로 간주하기 시작한다.

5) 강화(consolidation) 단계

확립단계에서 이루어진 전문지식이나 기술에 기초하여 30대 중반에는 강화단계로 옮겨간다. 자신의 분야에서 가능하면 더 빨리 더 높은 지위에 오르기 위해 노력한다.

6) 유지(maintenance) 단계

40대 중반에 시작되는 유지단계에서는 자신의 진로분야에서 높은 지위를 획득하고, 전문가가 되고, 고참이 된다.

7) 쇠퇴(deceleration) 단계

50대 후반에 쇠퇴기에 접어들면서 중년들은 이제 은퇴의 시기가 얼마 남지 않았다는 사실을 깨닫기 시작한다. 일의 양을 줄이고, 신체적으로나 정서적으로 직업으로부터 자신을 분리하기 시작한다. 직업에 지나치게 몰두해 있는 경우에는 이 단계에서 곤란을 겪는다.

8) 은퇴(retirement) 단계

이 단계에서는 대부분 직장에서 은퇴하고, 직업 외에 자신이 만족할 수 있는 새로운 역할을 찾는다.

다. Holland의 성격유형이론

Holland(1973, 1985)는 자신의 성격에 적합한 진로를 선택하는 것이 바람직하다고 보았다. 왜냐하면 사람들은 자신의 성격에 적합한 직업에 보다 쉽게 적응하고, 일하는 데 즐거움을 느끼며, 성공하기가 쉽기 때문이다.

Holland는 직업과 관련이 있는 여섯 가지 기본 성격유형이 있다고 믿는다(그림 8-1 참조).

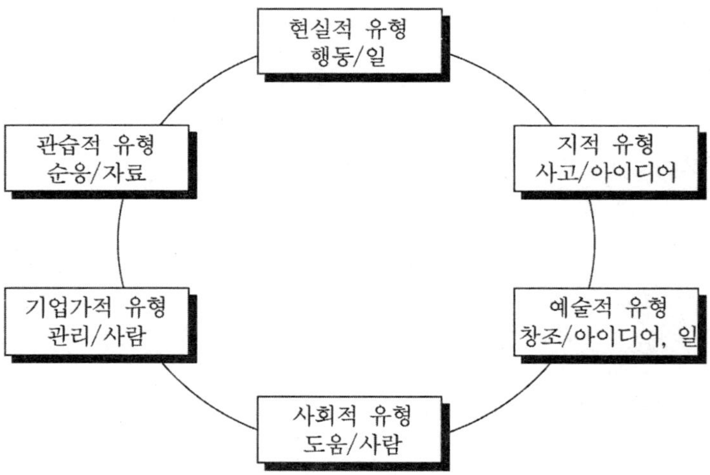

[그림 8-1] **Holland의 성격유형 모델과 직업선택**

* 출처 : Santrock, J. W.(1998). Adolescence. New York : McGraw-Hill.

1) 현실적 유형(realistic type)

이 유형은 현실적이고 실제적이며, 추상적이고 창의적인 접근을 요하는 문제보다는 체계적이고 분명하게 정의된 문제를 좋아한다. 대인관계 기술이 부족하므로 다른 사람과 함께 일하지 않아도 되는 직업을 선호한다. 이런 유형에 속하는 사람들은 기계공, 농부, 트럭운전사, 건설공사 인부, 측량기사 등의 직업에 적합하다.

2) 지적 유형(intellectual type)

이 유형은 개념적이고 이론적인 성격의 유형으로 이들은 인간관계를 회피하며, 행동가이기보다는 사색가인 편이다. 이들은 창의적이고 분석적인 접근을 요하는 일이나 혼자 일하는 것을 좋아하지만 반복을 요하는 일은 싫어한다. 이런 유형의 사람들은 과학자, 의사, 문필가(작가), 컴퓨터 전문가 등의 직업에 적합하다.

3) 사회적 유형(social type)

이 유형에 속하는 사람들은 여성적 특질을 보이며, 사람 사귀는 것을 좋아하고, 이해력이 빠르고, 붙임성이 있고, 모임에서 중심인물이 되는 것을 좋아한다. 어떤 문제에 직면했을 때 이성적인 해결보다는 감정에 호소하는 방식으로 문제를 해결한다. 이런 유형의 사람들은 언어적 기술이 뛰어나서 사회사업이나 상담, 목사, 교사직에 적합하다.

4) 관습적 유형(conventional type)

이 유형은 권위나 규칙에 순응하는 유형으로 비구조적인 활동을 싫어하고,

민완하고, 단정하고, 성실하다. 이런 유형의 사람들은 은행원이나 사무원, 회계사, 비서직에 적합하다.

5) **기업가적 유형**(enterprising type)

이 유형은 다른 사람들을 거느리거나 지배하려는 유형으로 대인관계 기술이 뛰어나고, 자기주장이 강하다. 부동산 중개인, 세일즈맨, 정치가, 법조인, 경영직에 적합하다.

6) **예술가적 유형**(artistic type)

이 유형은 예술적 표현을 통해 자신의 세계와 교감하며 관습적인 것을 싫어하는 유형으로, 독창적이고 창의적이며 상상력이 풍부하다. 이들은 작가, 화가, 음악가, 작곡가, 지휘자, 무대감독 등에 적합하다.

라. 직업선택시의 갈등요소

Janis와 Mann은 한 사람이 두 개의 직업 중 하나를 선택 결정하는 데 대한 갈등요소를 다음의 네 가지 범주로 분류하고 있다.

1) **실리적인 개인적 득실**(utilitarian personal gains and losses)

이 범주는 가장 직접적으로 의사결정자에게 적용되는 것으로 봉급, 상여금, 작업의 흥미도, 회사의 지리적 위치 등이 포함된다.

2) **중요인물에 대한 실용적인 득실**(utilitarian gains and losses for significant others)

이 범주는 가족의 사회적 지위, 자녀에 대한 교육기회, 가족과 친구와의 관계에 미치는 효과 등이 포함된다.

3) 자기 승인 혹은 불승인(self-approval or disapproval)

어떤 직업을 택하는 것이 의사결정자의 자아를 증진시키는가 혹은 감소시키는가?

4) 사회적 승인 혹은 불승인(social approval oridsapproval)

가족, 친구, 전문가, 매스컴 등이 자신이 선택한 직업을 어떻게 평가하는가?

2. 취업준비

가. 직업의 의미

Freud는 인생에서 중요한 두 가지 가치를 일과 사랑이라고 하였다. 인간은 누구나 일을 하며 산다. 일이란 휴식, 놀이, 여가활동을 제외한 모든 생산적인 활동이다. 직업은 경제적으로 보상되는 활동을 뜻하며 개인이 지닌 잠재능력을 발휘하는 자기 실현활동이기도 하다. 이러한 직업활동은 우리 삶의 중요한 일부이며 다음과 같은 의미를 갖는다.

첫째, 직업은 생계유지의 기본수단이다. 직업은 생활에 필요한 경제적 소득을 얻는 생계의 근거가 된다.

둘째, 직장은 자신의 능력을 발휘하는 자기실현의 장이기도 하다. 생존과 생활에 필요한 경제적 소득을 얻는 곳으로서의 소극적 의미를 넘어서, 자신의 개성과 능력을 발휘하여 자신이 추구하는 목표와 가치를 실현하는 곳이다. 직장은 인생에 있어서 자기실현이라는 적극적인 의미를 지니는 곳이다.

셋째, 직업은 우리가 어디서 살지를 결정한다. 직업을 택함에 따라 고향을 떠나 생면부지의 대도시로 이사하기도 하고 친지와 헤어져 작은 마을로 가야 하는 경우도 있다. 심지어 가족과 헤어져 해외로 떠나야 하는 경우마저 있다.

넷째, 직장은 인생에서 사실상 가장 많은 시간을 보내는 곳이다. 정규 교육을 마치게 되는 10대후반 또는 대학졸업자의 경우에는 20대중반부터 직장에서 많은 시간을 보낸다. 직장을 갖게 되면, 하루에 8시간 내외 그리고 정년퇴직까지 30~40년을 직장에서 보낸다.

다섯째, 직업은 일상적 행위에 영향을 미친다. 가령 일주일에 5, 6일은 출근하거나 9시에 출근해서 5시에 퇴근해야 하는 직업이 있는가 하면 야근을 해야 하는 경우도 있다. 일단 직업이 정해지면 데이트나 쇼핑 등은 일하는 시간 이외에 해야 한다. 직업은 주로 어떤 사람들과 접촉할지와 어떤 이들과 친구가 될지를 결정한다.

여섯째, 미래에는 '직업(job)'과 하고 싶은 '일(work)'과는 분명한 차이가 있다. 직업은 급여를 받기 위하여 수행하는 일련의 임무이다. 일은 체질적으로 만족스러워하고 그 자체가 동기 인자이기 때문에 행하는 무엇이다. 무급여로 일할 수 있다는 것을 말하는 것이 아니라, 일의 어떤 특성이 만족스럽게 할 수 있다는 것이다.

이런 관점에서 볼 때, 직장은 일차적으로 일을 통한 경제적 소득을 얻고 자기 잠재능력을 발휘하는 곳이다. 뿐만 아니라 인생의 가장 많은 시간을 지내게 되는 직장에서 여러 직장동료와 동료애를 경험하게 되는 곳이다. 즉, 직장은 일과 사랑의 조화를 통해 삶의 의미를 찾는 곳이다. 그러나 미래에는 직업과 일과의 차이가 분명히 나타난다.

직업의 종류 및 구분

우리사회에는 매우 다양한 직업이 있다. 사회가 발전됨에 따라 직업도 보다 세분화되고 전문화되어 다양하게 늘어나고 있다. 산업혁명 당시 약 400종의 직업이 있었으나, 20세기 중엽에는 약

10,000종으로 늘어났고, 그후 더 많은 직업이 분화되었다.

특히 우리나라는 1957년도에 2,300여 종의 직업이 있었으나 1986년도에는 10,450여 종, 1996년에는 12,850여 종으로 늘어났다.

다양한 직업을 살펴보기 위해 흔히 직업분류방식을 사용한다. 거기에는 직업을 업무의 내용에 따라 크게 전문직, 관리직, 사무직, 판매직, 서비스직, 생산직, 농어민, 미취업으로 나누고 해당되는 세부적 직업이 열거되어 있다.

전문직

의사 · 약사 · 간호사 · 변호사 · 판사 · 검사 · 회계사 · 대학교수 · 교사 · 언론인 · 방송인 · 종교인 · 체육인 · 예술인 · 엔지니어 기타

행정관리직

기업체 경영주(5인 이상 고용) · 기업체 간부(부장 이상) · 고급공무원(중앙관서 과장 이상) · 사회단체 간부(부장 이상) · 군인(영관급 이상) · 경찰(경정 이상) 기타

사무직

회사원 · 은행원(과장급 이하) · 일반공무원(사무관 이하) · 사회단체 직원(과장급 이하) · 타이피스트 · 전화교환원 · 집배원 · 군인(위관급 · 하사관) · 경찰(경감 이하) 기타

판매직

도 · 소매상인(5인 미만 고용) · 판매점원 · 부동산 중개인 · 외판원 행상 · 노점상 기타

서비스직

음식점 · 여관 등의 주인, 음식 · 여관 등의 종업원, 이용실 · 미용실 · 세탁소 주인, 이용실 · 미용실 · 세탁소 종업원, 청소부 · 수위 기타

생산직

생산감독(주임 및 반장) · 숙련공 · 기능공, 공장근로자 · 견습공 · 비숙련공, 단순노무자 · 막노동자, 운전사(자동차 · 중장비), 기타

농 · 임 · 수산직

부농(2정보=6000평 이상), 중농(1~2정보=3000~5999평) · 소농(0.5~1정보=1500~2999평), 빈농 · 소작농(0.5정보 = 1500평 미만) · 농업노동자 · 품일군, 축산 · 낙농업자, 선주 · 어부 · 수산 · 양식업자 기타

미취업

학생 군인(사병) · 무직(실업) · 정년퇴직 · 연금생활자 기타

나. 변화하는 직업심리

인테림 테크놀로지(Interim Technology)가 미국 근로자들을 대상으로 한 최근의 조사를 보면 근로자의 근본적인 사회심리나 태도는 일정한 추이로 이동한다. 이러한 추이는 주로 안정된 직장, 직장 변화, 자기 계발, 고용주에 대한 충성심, 그리고 도전 정신 등에서 나타나며 세대간 성향에 있어서 근본적인 차이를 보인다.

오랫동안 한 직장에서 일해온 나이 든 근로자들은 전형적으로 전 후 1950년대의 가치관을 지니고 있는 반면에, 젊은 근로자들은 이른바 X세대라고 일컬어지는 베이비붐 이후 세대들로서 1980년대 후반에 직장생활을 시작한 사람들이다.

확실히 전통세대와 신세대 간의 직업관은 갈등구조를 갖고 있다. 인테림 테크놀로지의 연구는 다음과 같은 사실을 발견했다(표 8-1).

표 8-1 전통세대와 신세대 근로자의 의식 비교

전통세대 근로자	신세대 근로자
직장의 장기적 안정성을 요구함	직장의 장기적 안정성이 기업에 대한 헌신을 유도하는 도구가 되지 못한다고 생각함
고용주가 경력 계발에 책임이 있다고 생각함	경력 계발을 자신의 책임이라고 생각함
자신의 일에 대하여 덜 만족함	자신의 일에 대하여 더 만족함
직업에 있어서의 변화가 종종 자기 성장에 장애물이 된다고 생각함	충성심이란 직장에 대한 공헌도라고 간주함
충성심은 재직기간과 비례함	일을 자기 성장의 기회로 간주함
일하는 것을 수입을 위한 기회로 간주함	직업을 자주 바꾸는 것이 자기 성장의 일부가 될 수 있다고 생각함

① 전통세대 고용주들의 44%는 그들이 장기적으로 안정된 직장을 제공하지

못할 것이라고 생각하고, 직원들의 성공을 돕기 위해 자신들의 체제를 수정할 이유가 없다고 생각한다. 반면에 신세대 근로자의 경우, 단지 4%만이 이러한 관점을 가지고 있었다. 이것은 즉, 직원들의 지속적인 교육에 책임감을 갖는 신세대 상사들이 10년 안에 나타날 것이라는 것을 의미한다.

② 전통세대 근로자의 45%는 자신의 일을 좋아하지는 않지만 보수를 위해 일한다고 대답한 반면, 신세대 근로자들은 겨우 2%만이 그렇다고 대답했다.

③ 전통세대 근로자의 81%는 1~2년마다 직장을 바꾸는 것이 개인의 경력을 관리하는 데 지장을 초래한다고 대답한 반면, 신세대 근로자들은 겨우 30%만이 그렇다고 대답했다.

④ 신세대 근로자의 87%는 고용주가 개개인의 경력 계발에 책임이 없다고 응답했다. 그러나 전통세대 근로자의 경우 51%만이 그렇다고 대답했다.

⑤ 97%의 신세대 근로자들이 직장에 대한 충성심은 재직기간보다는 업무 공헌도와 상관 있다고 보는 반면, 전통세대 근로자들은 69%만이 이에 동의했다.

⑥ 신세대 근로자의 98%가 일이 자신들이 성장할 수 있는 기회를 제공한다고 믿는 반면, 전통세대 근로자들은 70%만이 그렇다고 대답했다.

이러한 사실들은 직장에 대한 사회적 심리가 급변하고 있음을 나타낸다. 이러한 변화가 우리들 자신이나 어떤 특정한 회사의 움직임으로부터 일어나기보다는 훨씬 더 큰 일련의 사건들로부터 초래되기는 하지만, 한 시대나 세대간의 성향, 새로운 도전과 관련 있는 것만큼 개별기업의 독특한 움직임과도 깊은 관련을 지니고 있다.

다. 직업선택

직장은 인생의 가장 많은 시간을 보내는 자기실현의 장이자 인간관계의 장이다. 직장생활의 만족은 인생의 행복을 결정하는 중요한 요인이다. 이런 점에서, 어떤 직업과 어떤 직장을 택하느냐라는 문제는 인생을 결정하는 중요한 선택이다.

직업의 만족도를 결정하는 가장 중요한 요인은 개인과 직업의 적합성(person-job fit)이다. 좋은 직업이라고 해서 누구에게나 만족을 주는 것은 아니며 우수한 사람이라고 해서 어떤 직업에서나 성공하는 것은 아니다. 자기자신의 특성을 잘 알고 이러한 자신의 특성에 알맞는 직업을 선택해야 한다. 자신이 만족할 수 있으며 자신의 역량을 잘 발휘할 수 있는 직업을 선택하는 것이 중요하다. 직업선택시 고려해야 할 점들은 매우 다양하다. 진로상담전문가들은 직업선택시 고려해야 할 주요한 요인으로서 가치관, 흥미, 성격, 적성, 능력, 직업전망, 부모의 기대와 지원을 들고 있다(권석만, 2001).

1) 가치관

인간은 자신이 가치있게 여기는 일을 할 때 만족한다. 따라서 직업이나 전공을 선택할 때 자신의 가치관을 고려해야 한다. 가치관은 '개인이 특정 상황에서 어떤 선택이나 결정을 내려야 할 때, 특정한 방향으로 행동하게 하는 원칙, 믿음, 신념'을 의미한다. 가치관은 특정한 방향을 향해 특정한 방식으로 행동하게 한다.

가치관은 내면적인 신념체계로 평소에는 잘 자각되지 않는다. 따라서 자신의 가치관을 알고 있는 사람은 많지 않으며 또 자신의 가치관을 아는 일은 쉽지 않다.

표 8-2 가치관의 유형과 관련된 직업

유 형	특 징	관련된 직업
이론형	사물의 진리를 탐구하고 연구하며 가르치는 일에 보람과 긍지를 느낀다.	교사, 교수, 연구원, 학자, 과학자, 평론가, 수학자, 교육가 등 연구 및 교육활동에 종사하는 직업
경제형	재산형성에 큰 가치를 부여하며 돈을 버는 경제적 활동에 관심과 흥미를 갖는다.	소·도매상인, 유통업 종사자, 중소기업인, 대기업인, 무역인 등 경제활동에 종사하는 직업
심미형	아름다움의 추구에 가치를 두며 아름다움의 창조활동을 다른 어떤 일보다 소중하게 여긴다.	음악가, 화가, 무용가, 소설가, 예술평론가 등 예술분야의 직종

사회 사업형	고통받는 사람의 삶에 관심이 많으며 그들을 위해 돕고 봉사하는 일에 높은 가치를 둔다.	사회사업가, 상담교사, 재활상담원, 의사, 간호사, 사회봉사자 등의 직종
정치형	국가 및 사회발전에 관심이 많으며 권력을 취득하여 자신의 영향력을 행사하는 일에 가치를 둔다.	정당인, 정치가, 국회의원, 장관, 차관, 행정관료, 기관장, 시도의원 등의 정치형 직종
종교형	인생의 궁극적 의미를 추구하며 절대자의 숭배나 자기초월적 수행에 최고의 가치를 둔다.	목사, 전도사, 승려, 신부, 기타 종교와 관련된 직종

* 자료 : 권석만(2001)

직업선택을 위해 자신의 가치관을 탐색해보는 방법에는 크게 3가지가 있다. 첫째는 자기자신에게 여러 가지 질문을 던져 자신의 가치관을 의식화하는 방법이다. 예를 들면, 어떤 삶이 가치있는 삶이라고 생각하는가? 인생에서 무엇을 중시하며 살아갈 것인가? 나는 어떤 일과 활동을 할 때 가장 가치있는 일을 했다고 느끼는가? 의 물음을 자신에게 지속적으로 던짐으로써 평소에 의식하지 못하던 자신의 가치관이 좀더 분명하게 드러날 수 있다. 둘째 방법은 표준화된 검사를 통해서 자신의 가치관을 평가해 보는 방법이다. 우리나라에는 여러 가지 가치관검사가 개발되어 있으며 교육상담이나 진로상담을 하는 기관에서 이러한 검사를 받을 수 있다. 셋째로 가치명료화 프로그램이라는 집단프로그램을 통해 가치관을 평가하는 방법이 있다. 이러한 프로그램에서는 여러 사람이 함께 모여 집단을 형성하고 프로그램 인도자의 안내에 의해 가치관을 탐색하게 된다. 흔히 집단형성단계, 자신의 가치관 인식단계, 가치갈등 상황의 명료화와 대안탐색단계, 가치의 선택단계, 가치존중 및 확신의 단계, 가치관의 행동화 단계를 통해 자신의 가치관을 탐색하고 행동화하도록 구성되어 있다.

2) 지능, 적성, 흥미

개인의 지능, 적성, 흥미 등도 직업선택에 영향을 미친다. 첫째, 지능은 개인의 의사결정 능력과 관계가 있다(Dilley, 1965). 지능이 높은 사람은 직업을 선택할 때 자신의 능력, 흥미, 특정 직업을 위한 훈련을 받을 기회 등을 고려한다. 반면, 지능이 낮은 사람은 비현실적이며 자신의 흥미나 능력보다 단순히 멋있어 보이는 직업을 택하거나 부모나 또래의 영향을 크게 받는다. 둘째, 지능은 포부수준과도 관계가 있는데 지능이 높은 사람은 포부수준도 높다(Picou & Curry, 1973). 셋째, 지능은 선택한 직업에서의 성공 여부와도 관계가 있다(Sanborm, 1965). 직종에 따라 요구되는 적성과 능력은 다르다. 어떤 직업은 특별한 적성과 재능을 필요로 한다(Hoyt, 1987). 예를 들면, 어떤 직업은 힘을 필요로 하고, 어떤 직업은 속도를, 그리고 어떤 직업은 공간지각 능력이나 음악적인 재능, 또는 언어적 기술 등을 필요로 한다. 창의성, 독창력, 자율성이 요구되는 직업이 있는가 하면, 어떤 직업에서는 순응성과 협동심 등이 요구된다.

어떤 특정 직업에서의 성공 여부를 예측하기 위해 여러 종류의 심리검사가 이용되기도 한다. 물론 적성과 능력은 고정불변의 것이 아니므로 직업선택시에 이런 종류의 심리검사를 이용하는 데에는 한계가 있다.

표 8-3 적성과 직업의 관계

적성 요인	내 용
언어능력	효과적인 의사소통을 위해 정확한 단어를 선택하고 어휘를 연상하며, 문장의 뜻을 이해하고 의사를 발표하는 능력을 의미한다. 이 언어능력은 언어적 개념을 중요한 요인으로 하는 사회과학분야에서 요구되는 적성이다.
공간지각 능력	입체적 공간관계를 이해하는 능력으로서 시각을 통해서 실체적 물체를 취급하고 물체를 회전 또는 분해했을 때의 형태를 상상하는 능력이다. 이 능력은, 설계, 건축, 미술, 가구 등 제도에서부터 재단에 이르기까지 입체구성 능력을 요구하는 직업분야의 적성 요인이다.
계산력	정확하고 빠르게 계산하는 능력을 말하며 이 능력은 대부분의 직업에서 필요한 기초적 능력이지만, 특히 사무분야에서 중요한 적성이다.
추리력	원리를 추리하고 응용하는 능력이다. 자연과학, 사회과학 등의 분야에서 필요로 하는 적성이다.
기계추리력	각종 기계기구 및 물리학적 원리를 이해하고 추리하는 능력을 말하며, 이 능력은 토목·기계수리 기술자, 조립기술자, 기타 이공학 시설분야 및 공장 등에서 요구되는 적성이다.
척도해독력	척도, 그래프, 차트, 계기 등을 신속하고 정확하게 읽는 능력을 말하며, 이 능력은 이공학,

	화학, 생물, 수학, 의학 등의 과학분야와 실업 및 기술분야에서 요구되는 적성이다.
수공능력	운동감각의 정확성과 신속히 반응하는 능력이다. 이 능력은 전자공, 전기공, 인쇄공, 세공 등의 직업분야에서 중요한 적성이다.
기억력	복잡한 자료나 항목들의 분류 및 상징, 기호를 학습하고 암기하는 능력을 말하며, 이 능력은 사회과학, 실업, 사무분야에서 중요한 적성이다.
사무지각 능력	문자나 기호를 정확하고 신속하게 식별하는 능력을 말하며, 경리, 서기, 전화교환 등 사무분야에서 필요한 적성이다.
형태지각 능력	실물이나 도해를 정확하고 빠르게 비교 · 변별하는 능력을 말하며, 이 능력은 통신, 타자 등의 사무분야와 도안, 디자인 등의 응용미술분야, 그리고 기타 기능직분야에서 필요한 적성이다.

* 출처 : 청소년 대화의 광장(1996).

흥미는 직업선택에 영향을 미치는 또 하나의 중요한 요인이다. 자신의 직업에 흥미가 크면 클수록 그 분야에서 성공할 확률이 높다. 그러나 어떤 분야에서 성공하기 위해서는 흥미와 관련지어 지능, 능력, 기회, 그 외의 다른 요인들이 고려되어야 한다(Prediger & Brandt, 1991). 어떤 사람이 의학분야에 관심이 많다 하더라도 그럴만한 능력이 없거나 의학공부를 할 기회가 주어지지 않는다면 의사가 될 수 없다. 대신에 실험실 기술자나 물리치료사, 그 외에 관련직종을 고려해 볼 수 있다.

3) 부모의 영향

부모는 자녀의 직업선택에 여러 가지 방법으로 영향을 미친다(slocum, 1974 ; Werts, 1968 ; Young & Friesen, 1992). 부모가 직접적으로 자신의 직업을 물려받기를 강요하거나 자신의 직업기술을 전수함으로써 자녀가 자신의 직업을 계승하도록 요구하기도 한다. 또한 부모는 어렸을 때부터 자녀의 흥미나 활동을 제한하거나 장려함으로써 영향을 미친다. 간접적으로는 자녀가 선택할 직업의 범위를 정하여, 그 범위 안에서 직업을 선택하도록 유도한다.

또한 직업에 대한 포부는 자녀가 직업에서 얼마나 성공하기를 원하는가 하는 부모의 성취동기와 관계가 있다. 지능이나 사회경제적 지위가 같을 경우 부모의 포부수준이 높을수록 자녀의 포부수준도 높다(London & Greller, 1991; Penick & Jepsen, 1992).

부모의 영향력은 자녀의 나이에 따라 다르게 나타난다. 한 연구(Wijting, Arnold, & Conrad, 1978)에서는 부모와 자녀의 직업관을 비교해 보았는데, 직업관은 직업의 사회적 지위, 직업에 관한 관심, 보다 나은 직업의 추구, 임금, 직업에 대한 긍지 등으로 평가되었다. 연구결과, 중학교 때까지는 동성 부모의 가치관을 닮았으나, 고등학교 때부터는 남녀 모두 아버지의 가치관과 비슷한 것으로 나타났다. 그러나 어머니가 직업을 가지고 자신의 직업을 자랑스럽게 여길 경우는 청년기 자녀에게 보다 큰 영향을 미치는 것으로 보인다.

직업선택에 영향을 미치는 부모의 역할이 항상 긍정적인 것만은 아니다(Penick & Jepsen, 1992). 왜냐하면 직업에 대한 역할모델 노릇을 제대로 못하거나, 자신들이 이루지 못했던 것을 자녀의 능력이나 적성, 흥미와는 무관하게 자녀에게 기대함으로써 자녀에게 지나친 부담감을 안겨줄 수 있기 때문이다.

4) 사회계층

사회경제적 지위는 청년들의 직업에 대한 지식과 이해에 영향을 준다(Lemann, 1986). 중류계층의 부모는 하류계층의 부모보다 직업에 관한 지식의 폭이 넓으며, 그 범위도 넓다. 따라서 자녀에게 해줄 수 있는 조언의 폭이 넓을 수 있다. 하류계층의 청년은 직업에 관한 지식과 이해에 도움이 되는 정보가 적으므로 선택의 범위가 좁다.

아버지의 직업수준은 자녀들의 직업선택에 영향을 미친다. 대부분의 청년들은 부모의 직업과 비슷하거나, 좀더 높은 수준의 직업을 갖기를 희망한다. 사회계층은 또한 학업성취와도 관계가 있으며 학업성취에 따라 선택하는 직업의 종류가 달라진다.

라. 취업준비

1) 취업정보 탐색

(1) 학교의 취업 상담

학교에서는 학생들을 위한 취업 정보를 제공하고 있다. 이곳에서는 학생들의 개인적 정보－교육, 훈련, 경험 등－를 서류화하여 제출하면 이것을 정리 · 보존하여 적합한 일자리를 알선해 준다. 또한 취업정보를 모든 사람이 볼 수 있는 곳에 게시해 둔다.

(2) 노동부와 직업안정소

노동부에서는 적재적소라는 기치 아래 구직자에게 적성검사(GATB)를 실시하고 직업상담, 직무 분석과 더불어 취업 정보를 제공하고 있다. 한편 고용주들로부터 취업 정보를 수집하고 그 산하에 지방 및 지역별로 직업안정소를 운영하고 있다. 이곳에서 적성검사와 직업상담을 받을 수 있다.

(3) 각종 구인광고

중앙신문과 지방신문 또는 지역신문을 잘 살펴보면 여러 가지 취업 정보를 얻을 수 있다.

(4) 개인적인 접촉

우리 사회는 연고와 '우리 의식'을 매우 중시한다. 소위 안면과 '빽'이 취업에 한 몫하는 것은 바람직하지 않지만 통용되고 있는 것이 사실이다. 따라서 이웃, 친척, 동창, 동향인, 친구 등과의 접촉을 통해서 얻기 어려운 취업 정보를 포착할 기회를 얻는 경우가 있을지도 모른다.

2) 이력서와 자기소개서 준비

(1) 이력서

이력서는 한 사람이 받고 경험한 교육, 훈련, 경력, 기타의 자격을 기록한 요약서이다. 이력서를 작성하는 데 참고해야 할 점은 다음과 같다. 오자가 없도록 조심해야 하며 가능한한 자필로 쓰는 것이 좋다. 또한 허위의 사실을 기록하지 말아야 한다. 상세하고 간단 명료하며 깔끔하게 쓰고 사진은 가능한 한 최근의 것으로 규격에 맞는 것을 붙인다. 또한 자신의 연락처나 긴급 연락처를 명기해 둔다. 이력서를 쓰는 것은 취업을 향한 구체적인 첫걸음이다.

(2) 자기소개서

고용주측에서 자기소개서를 요구하는 이유는 다음과 같다. 첫째, 구직자의 성장 과정과 가정 환경을 알아보기 위해서이다. 둘째, 구직자의 구직 동기와 장래성을 알아보기 위해서이다. 셋째, 구직자의 문장력과 필체를 알아보기 위해서이다.

자기소개서를 작성할 때 유의할 사항은 다음과 같다. 첫째, 자신의 성장과정을 순서대로 적는다. 가족사항, 가풍, 학창 시절에서 특기할 만한 점과 독특한 체험이나 에피소드를 섞어 가면서 쓴다. 남성의 경우에는 군대생활시의 특기할 만한 사항을 첨가해도 좋다. 가족 생활과 부모형제 그리고 자신에게 영향을 많이 준 친구, 선배, 은사 등 주변 인물에 대해 긍정적인 시각으로 기술한다. 또한 인사 담당자가 가장 궁금히 여기는 것은 역시 최근의 모습이므로 그 부분을 가장 많이 언급하는 것이 좋다.

둘째, 자신의 장점을 최대한 어필한다. 자신의 능력, 좋은 점, 특기사항(가령, 외국어 실력, 통솔력, 컴퓨터에 능숙함)을 쓰되 건방지게 보이지 않도록 지나치지 않게 적는다. 크게 결격 사유가 되지 않을 정도의 단점을 곁들이면 보다 객관성이 있고 솔직하게 보일 것이다.

셋째, 입사를 지원하게 된 동기를 구체적으로 밝힌다. 희망 회사의 업종이나 특성과 자신의 전공 및 희망을 관련지워 구체적으로 쓰는 것이 좋다. 이렇게 하려면 해당 기업에 대해 신문이나 방송, 사보 등을 구해 미리 알아 두면 도움이 될 것이다.

넷째, 장래의 포부와 희망을 말하라. 일단 그곳에 취업했다는 가정하에 목표 성취와 자기개발을 위해 어떠한 계획과 각오를 가지고 일할 것인가를 구체적으로 언급하는 것이 좋다.

다섯째, 긍정적 시각으로 간단명료하게 진술하고 깔끔하게 쓴다. 특히 오자가 없도록 조심해야 한다. 이상의 요령을 염두에 두고 지금 한 번 여러분의 자기소개서를 작성해 보자.

마. 직장생활을 위한 준비

직장에서 필요한 기술은 기능적, 개념적, 인간관계의 기술이다. 이런 기술이 준비되어 있는 만큼 직장생활에 잘 적응할 수 있다.

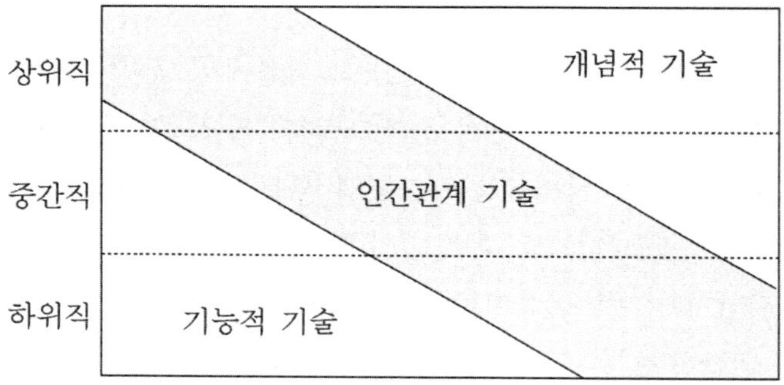

[그림 8-2] **직장에서 필요한 세 가지 기술**

직업에서의 성공

자신의 직업에서 성공한 사람과 그렇지 못한 사람은 능력이나 성격특성에서 차이가 있는가? 1956년에 시작된 AT & T회사 연구는 이에 대한 몇 가지 정보를 제공해 준다(Howard & Bray, 1988).

이 연구에서는 연구가 시작된 후 20년 동안 6단계의 관리직 중 4단계 이상의 직위에 오른 사람들을 '성공적'인 것으로 정의하였다. 20년에 걸친 조사에서 성공과 관련이 있는 특성뿐만 아니라 어느 시점에서 이러한 특성이 나타나며, 높은 지위에 오른 후에는 어떤 변화가 나타나는지 등의 정보를 얻게 되었다. 성공과 관련이 있는 몇 가지 특성은 직업을 갖기 시작할 때부터 갖고 있던 것이지만 나머지는 성공한 후의 변화에 의한 결과이다.

직업에서의 성공을 예측할 수 있는 가장 중요한 요인은 지적 능력, 대인관계 기술, 성취욕구 등인 것으로 나타났다. 예를 들면, 남보다 앞서려는 성취욕구는 연구대상 모두에게서 연령과 함께 감소하는 경향이 있었지만 성공한 사람들에게서는 감소가 미미한 수준이었다. 한편, 입사 초기에는 직업관여도(work involvement)가 두 집단에서 비슷했지만, 시간이 경과할수록 성공한 집단은 직업관여도가 점점 높아졌다. 따라서 직업관여도는 나중에 직업에서의 성공을 예측할 수 있는 좋은 변수가 되었다. 권위주의는 성공 집단에서는 연령과 함께 감소 또는 안정적인 반면, 비성공 집단은 연령과 함께 증가하였다. 목표달성을 위해 자신의 행동양식을 바꿀 수 있는 능력인 행동의 유연성과 지배성 또한 직업성공에서 중요한 변수가 되었다(Howard & Bray, 1988).

4. 좌절과 위기

가. 직업 스트레스 위기

1) 인간관계 스트레스

인간관계 스트레스는 업무보다는 직장 구성원과의 인간관계 속에서 경험하는 다양한 스트레스를 의미한다(Cooper, 1986). 대부분의 직장은 상사, 동료 직원, 부하직원, 타부서의 직원 등으로 구성된 복잡한 인간관계 구조를 지니고 있다. 이렇게 다양한 직장구성원들과 사무적 또는 개인적 관계를 맺는 과정에서 여러 가지 갈등을 경험하는데 이를 직장에서의 인간관계 스트레스라고 한다. 직장인들이 직장에 불만을 느끼고 전직이나 이직을 고려하는 주요한 이유 중에는 직장에서 느끼는 인간관계의 갈등과 스트레스 때문인 경우가 많다. 또한 이러한 직장에서 느끼는 인간관계 스트레스는 매우 다양하다.

이러한 스트레스는 직장의 인간관계 분위기, 직장구성원의 특성, 직장에서의 위치 등에 따라 그 내용이 다르다.

첫째, 입사 후 직장에서 새로운 인간관계를 형성하는 과정에서 여러 가지 스트레스를 경험할 수 있다. 변화된 상황에서 낯선 사람들과 새로운 인간관계를 맺는 것은 누구에게나 부담스러운 일이다. 특히 대학과 같이 자유로운 분위기에서 생활하다가 직장의 위계적인 인간관계 구조에 적응하는 일은 쉬운 일이 아니다. 직장의 상사나 인간관계 구조의 특성을 잘 파악하여 적절한 행동을 보이는 것이 중요하다.

둘째, 대부분의 직장에는 상사와 부하직원 간의 갈등이 많다. 직장은 업무수행을 위한 위계적 조직사회이기 때문에 업무를 지시하는 상사와 이를 수행하는 부하 간에 갈등이 생겨나기 쉽다(표 8-4 참조).

셋째, 동료직원과의 갈등이다. 동료직원은 흔히 나이나 직위가 비슷하기 때문에 매우 친밀한 동료관계를 맺을 수 있지만 또한 갈등을 초래할 소지도 높다. 동료직원은 흔히 상사의 업무지시를 공동으로 수행하는 경우가 많기 때문에 업무를 배분하고 수행하는 과정에서 여러 가지 갈등이 생길 수 있다.

넷째, 직장문화나 직장분위기에 적응하지 못하여 어려움을 겪는 사람도 있다. 직장에는 직장구성원간의 인간관계에 영향을 미치는 나름대로의 독특한 문화나 분위기가 있다.

다섯째, 직장의 인사이동에 의해 부서이동이나 전근과 같이 타의에 의해 근무처를 옮겨야 하는 경우가 있다. 이런 경우, 새로운 부서나 낯선 근무지로 옮겨 새로운 인간관계를 맺어야 한다. 이렇듯, 잦은 부서이동이나 전근은 새로운 인간관계의 형성이라는 스트레스를 주게 된다.

표 8-4 기업조직이 근로자에게 기대하는 내용

기대범주	구체적 내용
1. 업무수행	맡겨진 업무의 완수 업무개선을 위한 아이디어의 제안 사업에 관련된 창의적인 아이디어의 제안

	필요시 잔업이나 휴일 근무 업무시간의 준수
2. 추가역할 수행	전근시 철저한 업무 인수인계 후배사원의 교육 및 지도 업무나 기술의 전수 부서 내 업무 관련정보의 공유 동료의 업무수행에 대한 자발적인 협조 후배사원의 업무성과에 대한 인정과 칭찬
3. 자기계발	새로운 정보, 지식, 기술의 습득 외국어 및 컴퓨터 실력의 향상 요구되는 업무능력의 개발 사내 · 외 교육프로그램의 적극적 참가
4. 대인관계	원만한 대인관계의 유지 동료의 업무에 관련된 고충의 이해와 해결 모색 동료의 개인적인 어려움에 대한 청취와 도움
5. 애사심	회사의 위기시 적극적인 대처와 참여 회사의 정책이나 제도에 대한 수용 중요한 문서나 정보의 보호 이직시 한 달 전에 통보

* 참고 : 민혜경(1997)

2) 작업 조건 스트레스

직장에서 받을 수 있는 작업조건과 관련한 스트레스는 두 가지이다.

첫째, 적절한 생리적 동기가 충족되지 않을 때 스트레스를 받을 수 있다. 가령 너무 추운 작업 조건(예, 실외에서 일하는 직업, 전봇대 수리, 외근이 많은 직업)에서는 주의가 분산되고 멍해지고 반응 시간이 느려진다. 온도가 너무 높은 작업 조건 역시 주의를 분산시킴으로써 수행 수준을 낮추고 짜증나게 하고 동료에 대한 공격성을 증가시킨다(Anderson & Anderson, 1985).

둘째, 피로와 권태는 직장에서 느낄 수 있는 스트레스의 원천이다. 업무량이 폭주하거나 단조로운 일을 할 때 피로와 권태를 느끼고 신체적, 정신적, 정서적 기능이 저하된다. 과밀집, 고립, 소음, 예기치 않거나 어려운 작업 계획, 애매한 작업 과제 등도 스트레스를 유발할 수 있는 요인이다. 또한 스트레스는 수행 수준을 감소시킬 뿐만 아니라 산업재해를 초래할 수도 있다.

자가진단 : 나의 일중독 성향은?

일과 사랑은 삶의 두 기둥이다. 즉, 직업활동과 인간관계는 우리 인생의 주요한 두 가지 영역이다. 건강한 삶은 이 두 가지 영역의 균형과 조화를 이루며 사는 삶이다. 그러나 일과 인간관계의 균형을 이루는 일은 쉽지 않다. 특히 업적과 성취를 중시하는 경쟁사회에서는 삶의 비중이 일과 직업활동으로 기울어질 가능성이 많다. 이러한 경향이 지나치면 소위 일중독증(work addection, workaholism)에 빠질 수 있다(Robinson, 1989). 일중독자(workaholics)는 일에 강박적으로 매달리는 사람으로서 늘 일에 쫓기며 살아가고 인간관계를 소홀히 하는 경향이 있다. 이들은 자신을 혹사하는 업무습관으로 인하여 다양한 신체적 증상이 나타나게 되며 인간관계의 부적응을 나타낼 수 있다. 현대사회에는 이러한 일중독자가 많다. 이런 점에서 과연 나는 어떤가? 혹시 일중독증에 빠져 있지는 않은가? 나의 일중독 성향은 어느 정도인가? 아래에는 이러한 일중독 성향을 평가해 볼 수 있는 검사가 제시되어 있다.

아래의 문항을 하나씩 읽고 각 문항이 귀하에게 해당되는 정도에 따라 다음과 같이 적당한 숫자에 ○표 하십시오.

전혀 그렇지 않다	거의 그렇지 않다	종종 그렇다	항상 그렇다
1	2	3	4

1. 나는 대부분의 일에서 남의 도움을 받기보다 혼자서 해내려고 한다 ·········	1	2	3	4
2. 나는 누군가를 기다려야 하거나 천천히 진행되어 오래 걸리는 것을 잘 참지 못한다 ·········	1	2	3	4
3. 나는 시간에 쫓기며 바쁘게 사는 경향이 있다 ·········	1	2	3	4
4. 어떤 일을 한창 하고 있을 때 누가 방해하면 짜증이 난다 ·········	1	2	3	4
5. 나는 많은 일에 손을 대서 늘 바쁘다 ·········	1	2	3	4
6. 나는 동시에 여러 가지 일(예: 빵을 먹으며 전화하고 메모를 함)을 하는 경향이 있다 ·········	1	2	3	4

7. 나는 내가 감당할 수 있는 일을 넘어 지나치게 많은 일에 관여하는 경향이 있다 ········ 1 2 3 4
8. 나는 뭔가 일을 하고 있지 않으면 마음이 편치 않다 ········ 1 2 3 4
9. 나는 내가 하는 일의 가시적인 성과를 중요시한다 ········ 1 2 3 4
10. 나는 일의 진행과정보다 최종 결과에 더 많은 관심을 갖는다 ········ 1 2 3 4
11. 내게는 왠지 일들이 신속하게 진행되는 것 같이 느껴질 때가 많다 ········ 1 2 3 4
12. 나는 일이 내 계획대로 진행되지 않는 것을 견디기가 어렵다 ········ 1 2 3 4
13. 나는 내가 이미 해답을 얻은 질문에도 계속 매달리는 경향이 있다 ········ 1 2 3 4
14. 나는 미래의 일에 대해서 생각하고 계획하는 데 많은 시간을 쓴다 ········ 1 2 3 4
15. 나는 동료들이 일을 중단한 후에도 계속 일을 하는 경향이 있다 ········ 1 2 3 4
16. 나는 사람들이 나의 완벽한 기준에 미치지 못하면 화가 난다 ········ 1 2 3 4
17. 나는 내 맘대로 통제할 수 없는 상황에 있으면 매우 불편하다 ········ 1 2 3 4
18. 나는 일을 할 때 스스로 최종 시한을 정해 놓고 내 자신을 압박하는 경향이 있다 ········ 1 2 3 4
19. 나는 일하고 있지 않을 때 느긋하게 쉬기가 어렵다 ········ 1 2 3 4
20. 나는 친구와 지내기가 취미 또는 여가활동을 하는 데 보다는 일을 하는 데에 더 많은 시간을 보낸다 ········ 1 2 3 4
21. 나는 과제수행시 준비가 제대로 되기도 전에 일을 빨리 착수하기 위해 과제에 뛰어드는 경향이 있다 ········ 1 2 3 4
22. 나는 사소한 것이라도 실수를 하면 마음이 매우 불편하다 ········ 1 2 3 4
23. 나는 배우자(연인)나 가족과의 관계보다는 나의 일에 대해서 더 많은 생각과 시간과 에너지를 투여한다 ········ 1 2 3 4
24. 나는 가족의 생일이나 기념일을 잘 잊으며 중요하게 생각하지도 않는다 ········ 1 2 3 4
25. 나는 충분한 자료의 검토없이 중요한 일을 일단 벌리고 보는 경향이 있다 ········ 1 2 3 4

해석 : 모든 문항의 점수를 합한 총점이

☞ 25~54점이면 → 당신은 일중독증과 거리가 멀다. 비교적 건강한 업무습관을 지니고 있으며 일과 인간관계를 균형있게 영위하고 있다.

☞ 55~69점이면 → 당신은 약간 일중독 성향이 있다. 일에 다소 강박적으로 매달리는 경향이 있으며 인간관계를 소홀히 할 수 있다. 앞으로 이런 경향이 더욱 심해져서 일중독증에 빠질 가능성이 있으므로 주의가 필요하다.

☞ 70~100점이면 → 당신은 일중독 성향이 높다. 인간관계의 중요성을 인식하고 가족, 연인, 친구에게 좀더 많은 관심을 기울이는 것이 필요하다. 아울러 강박적 업무 습관으로 인해 신체적·정신적 건강을 손상할 가능성이 있으므로 주의를 요한다.

나. 직업 전환

현대사회에서 직업전화은 이제 점점 보편적인 현상이 되고 있다. 사실상 일생동안 한 가지 직업에 종사하던 시절은 이제 지나갔다(Sarason, 1977). 직업전환은 Leveinson(1978)에 의해 성인기의 전환점(turning point)으로 묘사된 바 있다. 중년기는 은퇴하기까지 시간이 얼마나 남았는가에 비추어 이상적인 꿈 또는 희망을 현실적 가능성으로 대체해야 한다. 정년퇴직까지 시간이 얼마나 남았는지 곰곰이 따져보고 직업목표에 도달하기 위해서는 얼마나 속도를 내야 하는지를 생각해 보아야 한다. 만약 자신이 설정한 목표가 비현실적이거나 너무 뒤쳐져 있다고 느끼면, 재평가 또는 재적응이 이루어져야 한다. 이 때 자신이 이루지 못한 꿈으로 인해 슬픔에 빠진다. Levinson에 의하면 많은 중년 남성들이 자신의 직장상사나 아내, 자식들로부터 구속당한다고 느끼고 이러한 느낌은 작은 반란을 불러일으킨다. 반란은 몇 가지 형태로 나타나는데 혼외정사, 이혼, 알코올중독, 자살 또는 직업전환이다.

직업전환은 가끔 태도, 목표, 가치관의 변화와 관련이 있다. 어떤 사람들은 자신이 하는 일을 싫어하면서도 그 일을 계속하는가 하면, 어떤 사람들은 자신이 하는 일에 만족하면서도 직업을 바꾼다. 직업을 고수한다고 해서 개인의 태도, 목표, 가치가 바뀌지 않았다는 것을 보장하지는 못한다. 개인의 외적 생활에서는 변한 것이 아무 것도 없지만 그 사람은 여전히 변할 수 있다.

직업전환에는 몇 가지 이유가 있다(Schaic, 1996). 기술혁신은 새로운 기술의 개발로 인해 쓸모 없게 된 직업으로부터 보다 매력적인 새로운 기술개발에 의한 직업으로 전환케 하고 있다. 신문지상의 구인란을 보면 25년 전이나 50년 전의 직업과는 많이 다른 것을 알 수 있다. 이와 같이 기술혁신은 놀라울 정도로 빠른 속도로 새로운 직업을 창조해 내고 있다.

Wayne Hazelwood의 예는 오늘날 급속도로 변하는 기술로 말미암아 한 개인의 직업인생에서 경험하게 되는 직업변화 유형을 실감나게 한다(New York Times,

May 17, 1985, p. 15). Wayne은 1964년에 타자기 조립공으로 IBM에 입사하였다. 그는 맡은 바 일에 충실하였고 훌륭한 조립공이 되었다. 그러나 IBM은 타자기 제작을 기계화하여 대규모 제작에 들어가게 되었다. Wayne이 하던 조립작업은 이제 더 이상 쓸모가 없게 되었다. 그래서 1975년에 Wayne은 타자기를 검사하는 훈련 프로그램에 참가하여 타자기의 품질을 검사하는 검사관이 되었다. 그는 그 역할을 훌륭하게 수행했다. 그러나 타자기 기술의 새로운 발달은 또 새로운 기술을 요구하였다. 1980년에 Wayne은 제조업 교육의 조교 훈련을 받고 IBM에서 16년간 일한 생산공정의 경험을 활용하게 되었다. 1985년에 Wayne은 전자카드 조립품 기술감독이 되었는데, 이것은 IBM사에서 그가 가진 네 번째 직업이었다. 재훈련과 새로운 기술을 배우는 일은 고용주 및 피고용인이 변하는 직업세계에 적응하는 중요한 측면이 되었다.

오늘날 직업에 종사하는 기간이 옛날보다 훨씬 길어졌다. 1900년에는 직업에 종사하는 기간이 평균 21년이었는데 그때는 직업전환이 매우 드물었다. 1980년에는 37년으로 증가하였는데 45세쯤에 새로운 일을 시작해도 앞으로 20년 정도 그 일을 계속할 수 있다. 이와 같이 직업에 종사하는 기간이 길어지면서 새로운 것을 시도해 보려는 직업전환의 기회가 많아졌다.

21세기에는 산업사회에서 정보사회로 급속히 변화함에 따라 직업의 종류나 필요한 기술의 종류가 달라질 것이다(Naisbitt, 1984). 많은 직업이 직접적으로 제품을 생산하는 것보다 정보를 제공하고 이용하는 데 관여할 것이다(예를 들면, 교사, 비서, 변호사, 기술자 등).

정보사회에 영향을 미치는 두 가지 요인은 정보의 양이 증가하는 속도와 정보가 전달되는 속도이다. 과학적 · 기술적 정보의 양은 이제 매 5년마다 2배로 증가하고 있으며, 정보가 전달되는 속도는 거의 동시적이다. 이러한 정보사회에서 자신의 직업에서 사용하는 지식과 기술은 매우 빠른 속도로 변 한다.

직업시장이 빠른 속도로 변하는 것에 대한 사람들의 반응은 다양하다. 자신의 직업분야에서 변화를 따라가지 못하는 사람은 자신의 지식이 쓸모없고, 자신이 퇴보하고 있다는 위협을 느낀다. 쓸모없게 된 지식은 문제해결에서 덜 효율적인 이론이나 개념 또는 기술의 사용으로 정의할 수 있다(Willis & Dubin, 1990). 이것은 연령과 관련된 능력의 감소를 의미하는 것이 아니고, 오히려 새로운 지식이나 기술을 계속해서 익히는 데 실패한 것의 반영이다.

구식화(obsolescence)의 정도는 변화속도가 빠른 분야에서 더 높다. 예를 들면, 1986년 사무직 근로자의 19%가 컴퓨터를 사용한 반면, 1988년에는 27%로 증가하였다. 그리고 오늘날에는 대부분의 직업에서 지식의 구식화를 피하기 위해 어느 정도 수준의 컴퓨터 지식이 필요하다. 특히 '테크노 스트레스'로 대변되는 '중년 컴퓨터 불안증후군'은 컴퓨터가 지금까지 쌓아온 업무상의 노하우를 단번에 무용지물로 만들어 버리는 데 대한 중년관리직이 느끼는 불안감을 의미한다. 노사 양쪽이 급속도로 변화하는 직업세계에서 살아남기 위해서는 재훈련과 직업상담이 필요하다(Shannon, 1989).

교육과 상담은 중년기에 직업을 바꾸려는 생각을 하고 있는 사람들에게 많은 가능성이 그들 앞에 놓여 있다는 것을 깨닫게 하고, 이러한 기회들을 어떻게 하면 최대한으로 이용할 수 있는지를 이해하는 데 도움을 준다. 이러한 기회 중에는 학업과 직업, 여가를 조화시키는 새로운 방법들이 있다. 여기에 대한 한 가지 견해가 Bolles(1979)의 '인생의 세 가지 상자'([그림 8-3] 참조)에 제시되어 있다.

인생의 세 가지 상자

직업상담자인 Richard N. Bolles(1979)는 '인생의 세 가지 상자'라는 책에서 인생을 설계하는 새로운 방법을 제시하고 있다. 인생의 세 가지 상자란 인간 생의 세 가지 영역, 즉 교육, 직업, 여가를 말한다. Bolles에 의하면 우리들 대부분은 첫 20년 정도의 세월을 학업에, 다음 40년 간은 주로 직업에, 그리고 나머지 인생은 여가로 시간을 보낸다(그림 8-3a).

이러한 접근의 문제는 한 번에 인생의 한 가지 측면에만 전념함으로써 우리가 할 수 있는 한 맘껏 인생의 각 시기를 즐기지 못하며, 인생의 다음 단계에 대비하지 못한다는 것이다. 예를 들면, 수십년간 학업과 일에 몰두함으로써 사람들은 어떻게 노는지를 잊어버린다. 결과적으로 은퇴해서 원하는 여가시간을 갖게 될 때 너무나 많은 사람들이 어떻게 해야 할지 모른다. 그러나 만약 사람들이 이 세 가지 영역을 일생에 걸쳐 양립시키면 인생은 더 풍요롭고 만족스런 것이 될 것이다(그림 8-3b).

교육과 직업 그리고 여가를 쉽게 통합하기 위해서는 많은 사람들이 중년기에 그들의 인생을 재평가하듯이 사회적 지침이나 가치도 그러한 재평가를 거쳐야 한다. 아마도 우리 문화 역시 비슷한 재평가를 받으면 재설계될 수 있을 것이다.

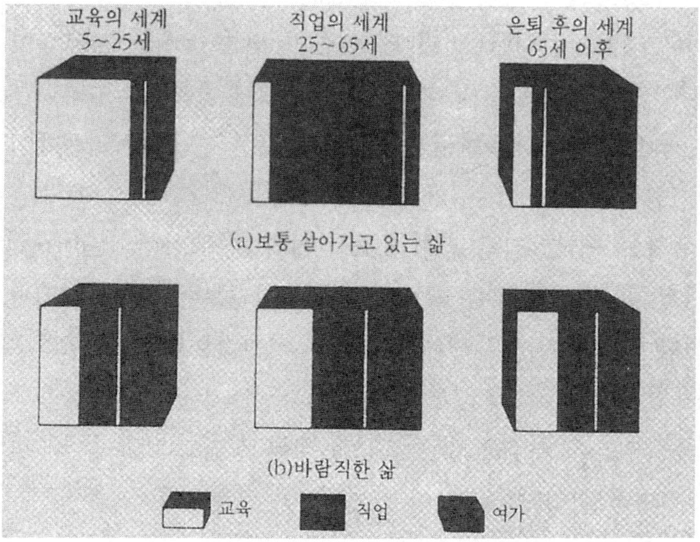

[그림 8-3] **인생의 세 가지 상자**

* 출처 : Bolles, R. N. (1979). The three boxes of life. Berkeley, CA : Ten Speed Press.

다. 실 직

직업과 관련된 스트레스 원인 중 가장 큰 것은 무엇보다도 갑작스럽고 예기치 않은 실직이다. 실직상태가 일시적이든 영구적이든 누구나 스트레스를 받는다. 실직에서 오는 스트레스는 수입상실로 인한 경제적 곤란뿐만 아니라 자아개념의 손상에 기인한다. 직업에서 정체감을 찾는 사람들, 가족부양을 남성다움으로 여기는 남성들, 자신의 가치를 자신이 벌어오는 돈으로 정의하는 사람들은 직업을 잃을 때 봉급보다 더 많은 것을 잃게 된다. 그들은 자신의 일부를 잃으며, 자존감을 상실하게 된다(Brenner. 1991 ; Merva & Fowles. 1992 ; Voydanoff, 1987,

1990).

실직에 대한 두려움은 중년기에 가장 높다(Sheehy, 1995). 일시해고(Layoff)의 1/3 정도가 중간관리직인데 이 직위에는 중년들이 많다(Downs, 1996). 이것은 주로 구조조정의 일환으로 행해진다(Farber, 1996).

중년기에 실직하면 새로운 직업을 구할 기회가 매우 드물다(Barnes-Farrell, 1993). 특히 40세 이후에는 새 직장을 구한다해도 이전보다 봉급이 적은데 55세 이후에는 더욱 그러하다(Kossen, 1983). 이 때 많은 중년들은 자신들이 덫에 걸렸으며, 자신이 직업목표를 달성할 수 없고, 탈출구가 없다고 느낀다. 이것은 중년기에 발생하는 우울증이나 기타 다른 심리적 문제의 원인이 된다.

적응하는 데 있어 중요한 요소는 실직을 바라보는 시각이다. 그 같은 어쩔 수 없는 변화를 다른 것을 할 수 있는 기회로 여기거나 성장을 위한 도전으로 생각하는 사람들은 정신적으로 또 직업적으로 발전할 수 있다.

Powell과 Driscoll(1973)은 실직에 대한 심리적 반응을 네 단계로 나누어 설명하고 있다.

1) 위안(relaxation and relief) 단계

이 단계는 처음 실직당했을 때의 충격, 분노, 좌절에서 벗어나 곧 직장을 다시 구할 수 있다는 자신감을 갖는 시기로 가족과 함께 시간을 보내는 것에 즐거움을 갖고 집안일을 돌보기도 한다.

2) 협력(concerted effort) 단계

이 단계에서는 직업을 구하기 위해 신중하게 모든 노력을 동원하는데, 실직 후 한달쯤 지나면 여가시간을 지루해 한다. 그러나 새 직장을 구하기 위해 새로운 시도를 하는 등 여전히 낙관적이다. 여러 곳으로부터 거절당하는 편지를 받아도 불안해하거나 우울증에 빠지지 않고 긍정적으로 생각하려고 노력한다.

3) 동요(vacillation and doubt) 단계

직장을 구하는 것이 여의치 않을 때 자신의 능력을 의심하며, 가족과 친구들과의 관계도 소원해지는 단계이다. 이 시기에는 감정의 기복이 심하여 불안증세까지 나타난다.

4) 냉소(malaise and cynicism) 단계

실직상태가 지속됨에 따라 모든 일에 자신감이 없어지고, 불안하고 냉소적인 태도로 변하는 단계이다. 이제는 일을 다시 시작해야 한다는 것조차 어렵다고 느끼며 술로 시름을 달래기도 한다.

실직은 불안, 우울증, 공허감, 신체적 건강쇠퇴, 알코올 중독, 그리고 자살에까지 이르게 한다(DeFrank & Ivancevich, 1986; Kelvin & Jarrett, 1985). 실직의 영향은 당사자뿐만 아니라 부부관계, 자녀관계에도 영향을 미친다.

라. 은 퇴

1) 은퇴의 의미와 과정

은퇴는 사회적 지위의 변화인 동시에 점진적 과정의 하나를 의미하며, 직업에서 물러나서 은퇴자로서 갖는 사회적 역할을 수행해 나가는 과정이다(Atchley, 1977). 비숍(Bischof, 1976)은 이 과정을 5가지 단계로 나누었다.

표 8-5 비숍의 분류

은퇴 적응 단계	특 징
(1) 장래에 대한 설계 시기	퇴직금과 연금, 적절한 주택 선정과 이사 준비, 기타 은퇴 생활에 필요한 여러 가지 정보 수집 단계

(2) 은퇴기	은퇴 직후 며칠간의 생활 리듬의 파괴와 자신에게 맞는 시간 스케줄의 재조정 단계
(3) 은퇴 직후기	건강이나 경제적 여유에 따라서 활동이 활발하게 되는 단계
(4) 은퇴생활 안정기	여러 가지 방면에서 활동이 감소하고, 일정한 은퇴 생활 스타일에 적응하고, 남은 여생을 현실 그대로 받아들이는 단계
(5) 마지막 단계	신체적, 정신적 기능이 극도로 쇠퇴하고, 최종적 저하현상이 일어나며, 현실 적응이 어렵고 의존적으로 되는 시기

2) 은퇴의 심리적 적응

직업세계를 떠나 자신의 정체감의 중요한 부분을 포기한다는 것은 심리적으로 매우 어려운 일이다. 많은 이들에게 그러한 전환은 자존감 상실을 초래한다. 은퇴 후의 적응은 이전에 겪었던 삶의 적응양식과 밀접한 관계가 있다. 은퇴에 잘 적응하는 사람들은 과거와 현재, 앞으로 일어날 삶의 여러 사건들을 연결시켜 주고, 욕구를 충족시켜 주는 생활양식을 채택할 수 있다. 성공적인 적응은 또한 일생을 통하여 발달과업을 조화롭게 해결하는 것으로 특징지어진다(Feathrman, Smith, & Peterson, 1990 ; Marsh, 1991).

일반적으로 대부분의 사람들은 은퇴에 효율적으로 적응할 수 있다(Coberly, 1991). 은퇴를 부정적인 경험으로 인식하는 경우는 건강이나 경제적 문제 때문에 은퇴를 스트레스를 주는 사건으로 지각하기 때문이다(Ruchlin & Morris, 1992; Iams & McCoy, 1991). 또 어떤 이들은 은퇴에 대한 부적절한 기대나 일역할에 지나치게 몰두한 관계로 행복하지 못하다.

Boss와 그의 동료들(1991)은 은퇴가 부정적인 영향을 준다고 생각하는 사람들의 경우 은퇴가 실제로 스트레스를 주는 사건이 된다는 것을 발견하였다. 강제로 퇴직을 당했거나, 해고 또는 건강문제로 퇴직했거나, 은퇴 후 경제적 곤란을 겪거나 건강이 좋지 않은 경우에는 자의로 은퇴하고, 예정된 은퇴를 하고, 그리고 은퇴 후 경제적 여유가 있는 사람들보다 은퇴로 인한 스트레스를 더 많이 경험하는 것으로 나타났다.

사랑과 결혼

제9장

사랑은 인간이 경험할 수 있는 가장 행복하고 오묘한 감정이다. 사랑은 가장 황홀하면서 때로는 가장 고통스런 체험이기도 하다. 사랑은 한 인간과 한 인간이 서로를 강렬하게 원하며 서로를 융합시키는 신비스런 마력을 지니고 있다. 사랑은 누구나 동경하는 체험이며 동서고금을 막론하고 예술과 문학의 변함없는 주제였다. 한 개인의 삶에 있어서도 사랑은 기쁨과 슬픔, 환희와 고통, 행복과 불행을 좌우하는 가장 중요한 요인이다.

1. 사랑의 의미

'사랑'은 다양한 형태가 있고 그 속성과 관련된 심리상태도 매우 다양하다. John Lee(1977) 'A typology of styles of loving'이라는 논문에서 사랑의 스타일을 6가지 유형으로 분류한 바 있다.

① **에로스**(EROS) : 주로 상대방의 외모의 아름다움으로 인해 생기는 사랑이다. 에로스적 사랑을 하는 사람은 자신이 이상적으로 생각하는 외모를 가진 사람을 찾는다.

② **루더스**(LUDUS) : 유희적 사랑으로서 이런 사랑을 하는 사람은 한 사람과의 관계에서 자신을 매어놓지 않고 책임지려하지도 않는다. 대신 여러 사람과 유희적인 사랑을 택하는 경향이 있다.

③ **스토게**(STORGE) : 어떤 사람과 가까이 지내며 서서히 발전하는 애정의 결과로 생긴 사랑이다. 이런 사랑을 하는 사람은 강렬한 정열 없이 서서히 조심스럽게 지속적인 책임 있는 관계로 나아간다.

④ **마니아**(MANIA) : 강렬한 낭만적 사랑으로서 이런 사랑을 하는 사람은 질투가 많고 상대에 대해 집중적으로 몰두한다. 또한 상대로부터 강렬한 사랑을 기대하고 반복적인 확인을 요구한다.

⑤ 아가페(AGAPE) : 이타적 사랑으로서 받는 것을 기대함이 없이 주는 사랑이다. 온유한 보살핌과 무조건적인 헌신이 주요한 요소이다.

⑥ 프라그마(PRAGMA) : 합리적 사랑으로서 이런 사랑을 하는 사람은 교육, 종교, 직업 등 여러 가지 현실적 조건을 고려하여 적당한 사람을 찾고 선택한다.

사랑에 대한 신화

신화 1 : 이게 바로 사랑이야

가장 흔한 생각은 어느 순간 갑자기 사랑에 빠져 이게 바로 사랑이구나 하는 그런 운명적인 느낌이 올 것이라는 생각이다. 첫눈에 반한 열정적인 사랑이 아마 그런 사랑일 것이다. 그러나 모든 사랑이 그렇게 시작되지는 않으며 그렇게 시작되지 않는다고 해서 그것이 시시한 사랑도 아니다. 친밀감이 있는 사람은 상대방을 이해하고 자신을 표현하면서 서서히 발전된다. 이 과정에서 느끼는 사랑이란 그렇게 분명히 알 수 있는 것은 아니지만 훨씬 안정적이고 오래 지속되는 관계를 가져온다.

신화 2 : 사랑은 행복이며, 괴로움과 고통은 없다.

사랑은 고통이 따르기도 하고 질투나 좌절, 분노와 같은 부정적 감정에 휩싸이기도 한다. 사랑에는 서로 상반되는 양가적인 감정이 흔히 있다. 사랑하면 질투나 분노를 느껴서는 안 된다는 생각은 잘못된 생각이다. 그렇게 생각한다면 오히려 자신과 상대방에게 솔직하지 못해 친밀감을 방해한다. 진실한 이해와 수용이란 질투, 분노 같은 부정적인 감정조차도 표현하고 이를 받아들이는 데서 깊이를 더해 간다.

신화 3 : 진정한 사랑은 영원하다.

진정한 사랑이라도 처음에는 맹목적일 수 있고, 열정적인 사랑도 시간이 지나면서 희미해진다. 인간의 감정이란 시간이 흐르면서, 상황이 변화하면서 변하기 마련이다. 따라서 어제 좋아하지 않았던 사람을 오늘은 진정으로 사랑하게 될 수 있고, 반대로 오늘 진정으로 사랑하는 사람이라고 해도 영원히 그러리라고 보장할 수 있는 것은 아니다. 자신의 감정이 변하는데도 불구하고 생각만으로 자신의 감정을 규정짓고 묶어 두려 한다면, 자신을 소외시키면서 상대를 속이는 행위가 된다.

신화 4 : 사랑은 모든 문제를 다 해결할 것이다.

결혼 전에 두 사람의 관계에서 문제가 많았던 경우 결혼함으로써 사랑의 힘으로 모두 해결될 것으로 기대하는 경우가 종종 있다. 그러나 현실은 그렇지 않다. 이것은 어느 한쪽이 갈등으로부터 도피하기 위해 결혼이라는 돌파구를 찾는 경우도 마찬가지이다. 그것은 마른 짚더미를 지고 불구덩이에 뛰어드는 것과 같다. 사랑은 정서경험이 주가 되는 인간생활의 한 부분이다. 사랑은 직업이 아니며 여가활동도 아니다. 더구나 사랑은 만병통치약이 될 수 없으며, 영원하지도 않다. 오히려 서로가 깊은 감정적 유대를 맺고 있는 상태이기 때문에 감정적인 갈등이 더 심하게 드러날 수 있다. 사랑은 우리에게 안정감을 주지만, 그 사랑을 유지하기 위해서는 많은 노력이 필요하다. 그러므로 사랑은 우리에게 해결해야 할 과제를 하나 더 부과하는 삶의 과정이라는 점을 잊지 말아야 한다.

가. Erich Fromm의 사랑론

Erich Fromm은 독일의 유태인 가정에서 태어났다. 제 1차 세계대전 후, 미국으로 망명한 Fromm은 Freud의 정신분석과 Marx의 이론을 토대로 자본주의 사회의 사회 문화적인 현상과 현대 문명의 병을 진단하고 건전한 사회의 모델을 제시하려고 하였다.

Fromm은 「자유로부터의 도피(The Escape from Freedom)」에서 현대인의 소외와 고독을 깊이 다루었다. 근대 사회에 접어들면서 인간은 중세 사회의 공동체적 구속으로부터 벗어나 그토록 갈망하던 자유를 얻었지만, 막상 자유를 얻고 보니 고독이라는 값비싼 대가를 치러야 했다. Fromm은 고독과 소외를 극복하지 못한 현대인은 다시 자유로부터의 도피를 꾀하게 되며, 이렇게 고도로 산업화된 사회의 병폐로부터 회복되려면 인간이 본래 지니고 있던 고유한 창조성과 사랑이 필요하다고 역설한다.

1) 사랑의 기술

Erich Fromm이 사랑의 기술을 심리학적으로 접근해 간 저서가 「사랑의 기술(The Art of Loving)」이다. 여기서 Fromm이 말하는 사랑은 매우 폭넓은 사랑이며 사랑이란 우연히 어떤 기회에 찾아오는 즐거운 것이 아니라 다른 예술과 마찬가지로 기술이 필요하다는 전제하에서의 사랑이다.

대개 커다란 희망과 기대를 가지고 사랑을 시작했다가 번번이 실패하는 경우도 많다. 그렇다고 사랑을 포기할 수는 없다. 다른 모든 일과 마찬가지로 실패의 원인을 찾아 이를 극복해야 한다. Fromm은 사랑도 그림이나 음악, 건축처럼 기술이 필요함을 강조한다. 즉, 사랑의 기술을 습득하여야 한다는 것이다.

여기에는 세 가지 요소가 있다. 이론의 습득, 이론의 실습, 완전한 기술의 습득이라는 궁극적인 목표가 있어야 한다.

이 시대의 사랑을 위한 실천적 기술은 무엇인가? Fromm은 사랑이란 오직 스스로 실천할 수 있는 개인적인 경험이라고 못박으면서, 사랑도 다른 예술과 마찬가지로 기술이 필요하다고 역설한다. 이러한 기술을 습득하기 위해서는 훈련과 집중, 인내 그리고 최고의 관심이 있어야 한다.

현대인의 생활은 규칙적인 생활이다. 따라서 적절한 훈련이 없다면 무질서해지고 중심을 잃게 된다. 기술을 습득하기 위해서는 집중과 인내가 필요한데, 특히 인내는 현대인에게 필수적인 덕목이다.

2) 사랑의 종류

사랑은 인간의 실존적 문제에 대한 해답임을 강조하는 Fromm은 인간의 실존적 불안을 피력하고 있다. 인간은 태어남과 동시에 본능과 같은 확실한 태내의 세계로부터 불투명한 세상으로 내던져진다. 모태로부터의 이러한 분리는 실존적 불안을 야기하며, 인간은 그 고통에서 벗어나고자 개체로서의 생명을 초월한 '합일상태'를 추구한다.

이런 추구는 다양한 형태로 나타난다. 무속적인 숭배, 군사적인 정복, 예술적인 창조, 인간에 대한 사랑, 하나님에 대한 사랑… 등 인간의 종교와 철학의 역사를 이루고 있는 근본적인 행위가 여기에 기인한 것이다.

모태에서 분리됨으로서 야기된 실존적 불안을 상쇄시키는 가장 완전한 방법은 인간 대 인간의 융합이다. 그것은 사랑에서 찾을 수 있다. 그런 의미에서 사랑이란 수동적인 것이 아니라 활동 그 자체이며, 빠지는 것이 아니라 능동적으로 참여하는 것이다. 주는 것은 빼앗기는 것이 아니라 자기의 의지가 들어있는 행동으로서 더 큰 기쁨을 준다.

한 사람을 사랑한다는 것은 그의 실존을 있는 그대로 사랑하는 것이며, 세계를 사랑하고 인생을 사랑하는 것이다. 따라서 그가 말하고 있는 여섯 가지 이름을 가진 사랑은 대상을 기준으로 구분한 것이 아니라 사랑의 다양한 속성을 나타내기 위한 표현이다.

(1) 형제애(brotherly love)

Fromm은 모든 사람에 대한 배타성 없는 사랑을 형제애라고 보았다. 모든 사랑의 근본 형태이다.

(2) 모성애(motherly love)

어린아이의 생명과 욕구에 대한 무조건적인 긍정과 같은 사랑이다, 상대방의 생명과 성장에 절대적으로 필요한 보호와 책임을 제공하면서 단순한 생물학적 차원의 생존뿐만 아니라 삶에 대한 사랑을 키워주는 것까지 포함한다.

(3) 부성애(fatherly love)

일방적이며 맹목적적인 모성애에 의한 자아도취적인 성향을 보완하는 엄격함과 복종이 내포되어 있는 사랑이다.

(4) 성애(erotic love)

이성간의 사랑이라고 볼 수 있는 사랑이다. 타인과 완전한 융합을 추구하는 사랑으로 본질적으로 배타적이며, 성적인 욕망과 결부되어 있다. Fromm은 성적 욕망은 사랑 이외에도 고독, 불안, 정복욕구에 의해 자극되기도 한다는 점을 지적하면서, '성을 위한 사랑'이 아니라 '사랑을 위한 성'을 강조하였다.

(5) 자기애(self-love)

다른 사람을 사랑하는 정도로 자기 자신을 사랑하는 것이 자기애이다. 자기애는 배타적인 것이 아니다. 자기를 사랑할 줄 아는 사람이 다른 사람도 사랑할 수 있기 때문이다. 자기소외를 초래하는 이기심과 자기애는 구별되어야 한다.

(6) 신에 대한 사랑(love of God)

앞의 다섯 가지 사랑과 마찬가지로 분리를 극복하고 영원한 것과 합일을 추구하려는 사랑의 한 형태이다. 여기서 신의 존재는 최고의 가치이며, 인간이 열망하는 모든 것의 상징으로 볼 수 있다.

나. 사랑의 삼각형이론

사랑은 매우 다양하고 미묘한 체험이어서 실체를 파악하기 가 어렵다. 그러나 사랑의 기본적인 구성요소와 사랑의 다양한 형태를 명쾌하게 설명하는 이론이 Sternberg(1986 ; Sternberg & Grajek, 1984)의 사랑의 삼각형이론(triangular theory of love)이다. Sternberg는 적어도 한 번 이상 사랑을 해본 경험이 있는 여러 연령층의 사람들을 대상으로 하여 설문지와 면접을 통해 사랑을 연구하였다.

1) 사랑의 3요소

Sternberg는 사랑은 친밀감, 열정, 개입이라는 세 가지 요소로 구성되어 있다고 보았다.

(1) 친밀감(intimacy)

가깝고 편하게 느낌, 서로를 잘 이해함, 함께 공유함, 원활한 의사소통, 긍정적인 지지 등을 의미한다. 친밀감은 사랑의 '따뜻한' 측면으로서 사랑이 따뜻하고 푸근하게 느껴지는 것은 이러한 친밀감 때문이다. 친밀감은 사랑의 정서적 측면을 반영하는 특성이다. 이러한 친밀감은 만남의 횟수와 교제 기간에 비례하여 서서히 증가한다. 그러나 친밀감은 어느 정도 이상의 높은 친밀 수준에 이르면 더 이상 증가하지 않으며 서로 친밀하다는 것을 의식하지 않는 상태로 발전한다.

(2) 열정(passion)

사랑의 동기적 측면을 이루는 것이다. 사랑의 '뜨거운' 측면이다. 열정은 연인들을 생리적으로 흥분시켜 들뜨게 하고 사랑하는 사람과 함께 있고 싶고 일체가 되고 싶은 강렬한 욕망을 불러일으킨다. 열정은 친밀감과 달리 급속히 발전한다. 때로는 상대방을 처음 만난 순간부터 강렬한 열정을 느끼기도 한다. 그러나, 열정은 오래 지속되기 어렵다. 연인과의 교제기간이 길어짐에 따라 열정의 강도는 감소하거나 다른 형태로 변화되는 것이 일반적이다.

(3) 개입(commitment)

개입은 누구를 사랑하겠다는 결단이요, 사랑을 지속하겠다는 책임과 약속으로 다분히 의지적인 요소이다. 개입은 두 사람간의 관계에 맞춰 서로의 생활이나 활동을 조정하고 결정하는 일, 구체적으로 서로 돕고 관여하는 모든 행위와 절차를 포함한다. 약혼이나 결혼, 주거를 마련하기 위한 장래계획 같은 것이 그 예이다. 오래되지 않은 단계에서는 서로에 대한 개입이 적으나, 장기적이고 안정적인 관계를 유지하는 사랑일수록 개입요소가 큰 비중을 차지한다.

이 밖에도 세 구성요소는 여러 가지 속성에 있어서 차이를 보인다. 〈표 9-1〉은 이러한 차이를 8가지의 속성에서 비교하여 제시하고 있다.

표 9-1 사랑의 삼각형을 구성하는 세 요소의 속성

속 성	구 성 요 소		
	친 밀 감	열 정	개 입
안정성	상당히 높음	낮음	상당히 높음
의식적 조절 가능성	보통	낮음	높음
단기관계에서의 중요성	보통	높음	낮음
장기관계에서의 중요성	높음	보통	높음
애정관계에서의 보편성	높음	낮음	보통
생리적 반응의 관여도	보통	높음	낮음
의식적 자각도	상당히 낮음	높음	상당히 높음
체험되는 강도	불안정함	높음	불안정함

2) 사랑 삼각형의 기하학

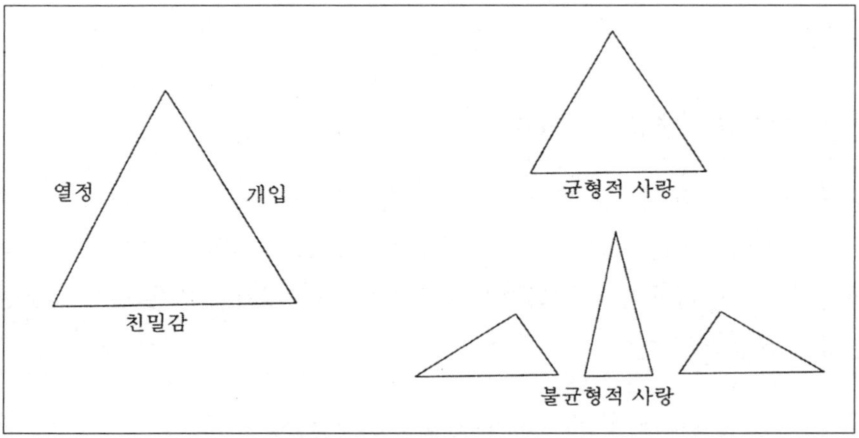

[그림 9-1] **사랑의 삼각형**

사랑의 유형을 삼각형으로 나타내는 기하학은 사랑의 강도와 균형이라는 두 가지 요인들을 포함한다. 만약에 상대방에 대해 강한 사랑을 느낀다면 세 가지 요소로 구성된 삼각형의 면적은 그만큼 커진다. 또한 사랑의 세 가지 요소의 균형 정도는 삼각형의 모양을 결정한다. 따라서 세 가지 요소의 크기가 비슷하다면 균형 잡힌 정삼각형이 된다.

반면 이 세 가지 요소가 균형을 이루지 못한다면 가장 큰 요소의 방향으로 치우친 삼각형이 그려진다. 그리고 이러한 삼각형은 실제적 경험과 이상적 사랑, 자신과 상대방, 스스로 지각한 것과 상대방이 지각하는 것, 생각하고 있는 것과 행동으로 나타나는 방식에서 각기 다른 모양을 가정할 수 있다(이민규, 2001).

(1) 실제적 및 이상적 삼각형

우리는 두 사람의 실제적인 관계 속에서 상대방에 대한 자신의 사랑을 나타내는 실제적인 삼각형 뿐 아니라 어떤 이상적인 관계를 나타내는 삼각형을 가질 수 있다. 현실적 삼각형이 이상적 삼각형에 비해 면적이 작다고 판단되면 관계에 덜 관여할 것이다. 반면, 현실적 삼각형이 이상적 삼각형 크기보다 더 크면 과대하게 관여하고 몰입할 것이다. Sternberg와 Barnes(1985)의 연구결과에 따르면 이 두 가지 삼각형에서 차이가 클수록 사랑관계에서 경험된 만족도는 줄어든다.

(2) 자기와 상대방의 삼각형

두 사람의 관계에서는 각자 한 개씩의 삼각형을 경험한다. 따라서 사랑하는 사람들의 삼각형을 비교해 봄으로써 합치 정도를 확인할 수 있다. 두 사람의 삼각형에서 합치가 클수록 만족감이 증가하며, 차이가 클수록 불만족이 증가한다.

(3) 자기가 지각한 것과 상대방이 지각한 삼각형

자신이 지각하고 있는 삼각형의 모양이 상대방에 의해서도 반드시 동일하게 지각될 것이라는 보장은 없다. 예를 들면, 하나의 사랑 관계 속에서도 한쪽 파트너가 사랑한다고 생각하는 정도만큼 상대방이 사랑받고 있다고 느끼지 못할 수 있다. 또 한쪽에서는 우정관계(친밀감) 이상을 바라지 않는데 다른 쪽에서는 낭만적인 사랑(친밀감+열정)을 추구하는 경우도 있다.

자가진단 : 나의 사랑은 어떤 모양일까?

Sternberg(1990)는 사랑의 세 구성요소를 측정하기 위해 '사랑의 삼각형이론 척도(The Triangle Theory of Love Scale)'를 제작하였다. 현재 이성 친구가 있는 이성친구에 대한 자신의 사랑을 삼각형이론에 비추어 살펴보고자 한다면, 다음의 척도를 활용하여 사랑의 삼각형 모양을 만들어 볼 수 있다(장선철, 2003에서 재인용).

(4) 사고 삼각형과 행동 삼각형

스스로가 느끼는 사랑의 강도와 방식이 상대방에게도 동일하게 지각되지 않는 경우가 많다. 이러한 차이를 유발하는 여러 가지 근원들 중 하나는 사람들이 생각하고 있는 것을 항상 동일하게 행동으로 나타내지 않는다는 것이다. 즉, 어떤 식으로 생각하고 느낀다는 것과 행동을 하는 것은 별개일 수 있다는 것이다. 예컨대, 친밀성은 대화를 많이 하는 것으로, 열정은 껴안아주는 행동으로, 개입은 반지를 사 주는 것 등으로 전달될 수 있다. 아무리 위대한 사랑이라도 행동으로 표현하지 않으면 언제 곁에서 떠날지 모른다. 따라서 자신이 생각하고 있는 사랑을 어떻게 행동으로 표현하는지를 검토할 필요가 있다.

〈사랑의 삼각형 이론 척도〉

아래의 문장들은 현재 당신이 사귀고 있는 이성친구에 대한 당신의 심리 상태를 기술한 것입니다. ○○는 이성친구의 이름을 뜻합니다. 각 문장이 ○○에 대한 당신의 상태를 잘 나타내는 정도를 다음과 같이 적절한 숫자에 ○표해 주십시오.

전혀 아니다				상당히 그렇다				극히 그렇다
1	2	3	4	5	6	7	8	9

1. 나는 ○○의 행복을 위해서 적극적으로 지원한다	1	2	3	4	5	6	7	8	9
2. 나는 ○○과 따뜻한 관계를 맺고 있다	1	2	3	4	5	6	7	8	9
3. 나는 힘들 때 ○○에게 의지할 수 있다	1	2	3	4	5	6	7	8	9
4. ○○는 힘들 때 나에게 의지할 수 있다	1	2	3	4	5	6	7	8	9
5. 나는 ○○와 나의 모든 것을 공유할 의향이 있다	1	2	3	4	5	6	7	8	9
6. 나는 ○○로부터 상당한 정서적 지지를 받고 있다	1	2	3	4	5	6	7	8	9
7. 나는 ○○에게 상당한 정서적 지지를 주고 있다	1	2	3	4	5	6	7	8	9
8. 나는 ○○와 말이 잘 통한다	1	2	3	4	5	6	7	8	9
9. 나는 내 인생에서 ○○를 매우 중요시한다	1	2	3	4	5	6	7	8	9
10. 나는 ○○와 친밀감을 느낀다	1	2	3	4	5	6	7	8	9
11. 나는 ○○와 편안한 관계를 느끼고 있다	1	2	3	4	5	6	7	8	9
12. 나는 ○○를 정말 이해하고 있다고 느낀다	1	2	3	4	5	6	7	8	9
13. 나는 ○○가 나를 정말 이해하고 있다고 느낀다	1	2	3	4	5	6	7	8	9
14. 나는 내가 ○○를 정말 신뢰한다고 느낀다	1	2	3	4	5	6	7	8	9
15. 나에 관한 매우 개인적인 정보를 ○○와 공유하고 있다	1	2	3	4	5	6	7	8	9
16. ○○를 보기만 해도 나는 흥분된다	1	2	3	4	5	6	7	8	9
17. 나는 낮에도 ○○에 대해서 생각하는 나 자신을 자주 발견한다	1	2	3	4	5	6	7	8	9
18. ○○와 나의 관계는 정말 낭만적이다	1	2	3	4	5	6	7	8	9
19. 나는 ○○이 매우 매력적이라고 느낀다	1	2	3	4	5	6	7	8	9
20. 나는 ○○를 이상화하고 있다	1	2	3	4	5	6	7	8	9
21. 나는 ○○처럼 나를 행복하게 만드는 사람을 상상할 수 없다	1	2	3	4	5	6	7	8	9
22. 나는 다른 어떤 사람보다도 ○○와 함께 있고 싶다	1	2	3	4	5	6	7	8	9
23. ○○와의 관계보다 더 중요한 것이 이 세상에 없다	1	2	3	4	5	6	7	8	9
24. 나는 ○○와 신체적으로 접촉하는 것을 특히 좋아한다	1	2	3	4	5	6	7	8	9
25. ○○와의 관계에는 '마술적'인 점이 있다	1	2	3	4	5	6	7	8	9
26. 나는 ○○를 찬미한다	1	2	3	4	5	6	7	8	9
27. 나는 ○○없는 인생을 생각할 수 없다	1	2	3	4	5	6	7	8	9

28. ○○와 나의 관계는 열정적이다 ········ 1 2 3 4 5 6 7 8 9
29. 낭만적인 영화나 책을 볼 때면 ○○를 생각하게 된다 ······ 1 2 3 4 5 6 7 8 9
30. 나는 ○○에 대해서 공상을 하곤 한다 ········ 1 2 3 4 5 6 7 8 9
31. 내가 ○○에 대해서 염려하고 있다는 것을 알고 있다 ······· 1 2 3 4 5 6 7 8 9
32. 나는 ○○와의 관계를 지속시키기 위해 최선을 다하고 있다 ········ 1 2 3 4 5 6 7 8 9
33. 다른 사람이 우리 사이에 끼어들지 않도록 나는 ○○에 대해 헌신할 것이다 ········ 1 2 3 4 5 6 7 8 9
34. 나는 ○○와의 관계가 흔들리지 않을 것이라는 점에 대해 자신감을 가지고 있다 ········ 1 2 3 4 5 6 7 8 9
35. 나는 어떤 난관에도 불구하고 ○○에게 헌신할 것이다 ···· 1 2 3 4 5 6 7 8 9
36. ○○에 대한 나의 사랑은 남은 인생 동안 계속되리라고 예상한다 ········ 1 2 3 4 5 6 7 8 9
37. 나는 ○○를 위해서 항상 강한 책임감을 느낄 것이다 ······ 1 2 3 4 5 6 7 8 9
38. ○○에 대한 나의 사랑은 확고한 것이다 ········ 1 2 3 4 5 6 7 8 9
39. 나는 ○○와의 관계가 끝나는 것을 상상할 수 없다 ········ 1 2 3 4 5 6 7 8 9
40. 나는 ○○에 대한 나의 사랑을 확신한다 ········ 1 2 3 4 5 6 7 8 9
41. 나는 ○○와의 관계가 영원히 지속될 것이라고 생각한다 ········ 1 2 3 4 5 6 7 8 9
42. 나는 ○○와 사귀는 것을 잘한 결정이라고 생각한다 ········ 1 2 3 4 5 6 7 8 9
43. 나는 ○○에 대한 책임의식을 느낀다 ········ 1 2 3 4 5 6 7 8 9
44. 나는 ○○와의 관계를 계속 유지할 작정이다 ········ 1 2 3 4 5 6 7 8 9
45. 설혹 ○○와 갈등이 생긴다해도 나는 여전히 우리 관계를 유지할 것이다 ········ 1 2 3 4 5 6 7 8 9

* 채점 : 1번에서 15번까지의 점수를 합산하시오. 이 점수가 당신의 친밀감 점수이다. 16번에서 30번까지의 점수를 합산한 것이 당신의 열정 점수이다. 31번에서 45번까지의 점수를 합산한 것은 당신의 개입 점수이다.

* 세 구성요소의 점수를 각각 세 변으로 하여 삼각형을 구성해 보라. 당신의 사랑 삼각형은 어떤 모양을 하고 있는가? 어떤 구성요소가 가장 크고 어떤 구성요소가 가장 작은가? 이것은 당신의 사랑에 대해 무엇을 의미하는가? 당신의 이성친구도 이 척도에 응답을 했다면 이성친구의 사랑 삼각형은 어떤 모양인가? 당신의 사랑 삼각형과 비교할 때, 어떤 차이가 있는가? 이러한 차이는 어떻게 해소되어 서로 일치하는 사랑의 삼각형을 만들 수 있을 것인가?

다. 사랑의 애착이론

인간이 최초로 경험하는 애착의 형태는 유아기에 부모와 갖는 애착관계이다. 유아기에 안정애착을 체험하느냐 못하느냐 하는 것은 성인이 되어서 누군가를 사랑할 수 있는 능력에 영향을 미친다는 가설이 있다.

사랑의 애착이론은 이 가설을 근거로 하는 것인데(Hazen & Shaver, 1987 ; Simpson, 1990), 이 이론에 의하면 사랑하는 두 남녀의 관계는 세 가지 유형으로 나눌 수 있다. 첫째, '안정애착'을 체험한 사람들은 쉽사리 친밀한 관계를 유지하고 상호의존적이 된다. 그리고 상대방으로부터 버림받을까 두려워하지 않는다. 반면에 '회피애착'을 체험한 사람들은 너무 가까워지는 것을 두려워하고, 쉽사리 상대방을 믿거나 의지하지 못한다. 세 번째 유형인 '불안회피애착'을 체험한 사람들은 자신은 상대방과 가까워지기를 간절히 갈망하는데 상대방은 그에 상응하지 않는다고 생각한다. 그래서 상대방이 자신을 진심으로 사랑하지 않을까봐 걱정하기 때문에 관계에 대해 자신이 없다.

한 연구(Hazen & Shaver, 1987)에서 성인의 53%가 안정애착, 26%가 회피애착, 그리고 20%가 불안회피애착 유형인 것으로 나타났다. 그리고 354명의 연인들을 대상으로 성인의 애착유형을 조사한 연구(Kirpatrick & Davis, 1994)에서는 반 이상이 두 사람 모두 안정애착 유형이었고, 10%의 경우는 한 사람은 안정애착 유형이지만 또다른 사람은 회피애착 유형이었으며, 10%는 안정애착과 불안회피애착 유형에 해당하는 연인들이었다. 두 사람 모두 회피애착 유형 또는 불안회피애착 유형인 경우는 한 쌍도 없었다.

라. Lasswell과 Hatkott의 사랑의 유형

사랑을 하면 감정, 행동의 변화가 일어나지만 모든 사람이 똑같은 강도와 속도로 달라지는 것은 아니다. 어떤 사람은 첫눈에 반해 정열적인 사랑에 빠지지만, 또 어떤 사람은 친구처럼 지내던 이성과 자기도 모르게 서서히 사랑에 빠진다. 사람마다 성격이나 적성이 다르듯이 사랑에 빠져드는 것도 사람마다 제 각각이다.

사회학자 Lasswell과 Hatkott(1980)은 50개의 문항으로 구성된 사랑 척도 검사를 제작했다. 이 검사문항을 만들기 위해 이들은 사랑을 하고 있거나 해 본 적이 있는 사람들을 대상으로 광범위한 면담을 실시했다. 뿐만 아니라 사랑을 주제로 한 문학작품에 나타난 사랑의 표현방식 혹은 행동들을 광범위하게 수입하고 분류했다. 그 결과로 만들어진 검사를 수천 명의 남녀에게 실시하고 요인분석하여 여섯 가지 유형의 사랑방식을 규명했다(이민규, 2001에서 재인용).

1) 사랑의 유형

(1) 정열적인 사랑

좋아하는 사람을 만나면 '첫눈에 반했다'는 생각이 들고 두 사람의 관계가 순식간에 가까워진다면 정열적인 사랑을 추구하는 사람이다. 이런 부류의 사람들은 상대방의 외모에 많은 비중을 두는 경향이 있다. 자신의 속마음을 쉽게 털어놓고, 상대방에 대해서도 속속들이 알고 싶어한다. 이들은 남의 눈을 별로 의식하지 않고 신체적인 접촉을 즐기거나 상대방을 이상화하여 과대평가하는 경향이 심하다.

(2) 유희적 사랑

유희적 사랑(Game-Playing Love)을 추구하는 사람은 사랑을 책임져야 하는 것으로 보기보다는 인생을 즐기기 위한 하나의 수단으로 생각한다. 여러 가지 취미생활을 할 수 있는 것과 마찬가지로 파트너도 한 사람으로 만족하지 못하는 경향이 있다. 사랑도 게임처럼 재미있게 할 수 있어야 하기 때문에 책임감이나 의무감에 많은 비중을 두지 않는다. 스릴을 추구하기 때문에 다양하고 노련한 취향과 매너를 보여줄 수는 있다.

(3) 친구같은 사랑

동료나 이성친구로 오랫동안 함께 지내는 사람에게 자기도 모르게 서서히 사랑하는 감정이 생기는 경우를 친구 같은 사랑(Friendship Love)이라고 한다. 여기에 속하는 사람들은 상대에게 첫눈에 반해 황홀감을 경험하지는 않지만 하는 일이나 취미가 비슷하고 허물없이 지내는 사람에게서 외모보다는 상호간의 신뢰감을 기반으로 사랑의 감정을 싹 틔운다. 서로 잘 알고 정서적으로 안정되어 있기 때문에 서로 떨어져 있어도 초조해하지 않으며 애정표현이 유난스럽지도 않다. 비교적 덤덤한 관계를 유지하나, 결혼을 한 경우 이혼율은 낮은 편이다.

(4) 논리적 사랑

짝을 찾을 때 경제수준이나 학력, 가정환경, 외모 등 차후에 갈등의 소지가 될 수 있는 요인들을 사전에 고려하는 사람은 논리적인 사랑(Logical Love)을 하는 사람이라 할 수 있다.

이 사람들은 현실적이고 현명한 사랑을 추구하기 때문에 관계가 장기적으로 지속되기 어려운 대상은 처음부터 포기한다. 상대방과 자신의 장단점을 고려하고 사랑이란 일종의 공정성에 기반을 둔 거래라고 생각하기 때문에 책임질 수 없는 불장난을 하지 않는 경향이 있다. 또한 이들은 사랑을 시작할 때와 마찬가지로 끝낼 때도 서로 상처받지 않고 결별할 수 있는 방법들을 모색하는 경향이 있다.

(5) 소유적 사랑

소유적 사랑(Possessive Love)은 상대방을 완전하게 소유하는 것을 사랑이라고 생각하기 때문에 상대에게 매우 헌신적이며, 상대에게도 이를 요구한다. 상대에 대한 헌신에 보답을 받지 못하거나 배신당했을 때는 강한 분노를 나타낸다. 사랑하고 사랑받는 것으로 자신의 존재 가치를 확인하는 경향이 있기 때문에 상대에게 '사랑해?' 또는 '얼마나 좋아해'라고 확인하는 일이 많다. 이들은 사랑에 너무나 많은 것을 기대하기 때문에 헤어져 있을 때는 견디지 못하고 상대가 다른 이성에게 조금만 관심을 가지면 심한 질투심을 표출한다.

(6) 헌신적 사랑

소위 아가페적인 사랑이 헌신적인 사랑(Selfless Love)이다. 자기 자신의 욕구보다 사랑하는 사람을 더 배려하며 사랑이란 베푸는 것이지 받는 것이 아니라고 생각한다. 따라서 상대가 자신에게 실망을 시키거나 배신한 경우마저도 실망하지 않고 자비심을 베풀며, 무시하고 학대하는 상대에게도 인내심을 갖고 헌신한다. 고난과 역경에서도 인내심을 발휘하며, 상대가 떠나도 오랜 시간동안 돌아오기를 기대하면서 참아낸다. 철저한 자기희생의 이면에는 변화에 대한 두려움과 열등감이 숨겨진 경우들이 있다.

사랑의 6가지 type 검사

* 다음 문항에서 자기의 생각과 일치하는 문항의 (   ) 속에 ✔하시오.

(   ) 1. 나는 '첫눈에 반한다'는 것이 가능하다고 생각한다.

(   ) 2. 나는 한참 지난 다음에야 비로소 내가 사랑하고 있음을 알았다.

(   ) 3. 우리들 사이의 일이 잘 풀리지 않으면 나는 소화가 잘되지 않는다.

(   ) 4. 현실적인 관점에서 나는 사랑을 고백하기 전에 먼저 나의 장래목표부터 생각해 보지 않으면 안 된다.

(   ) 5. 먼저 좋아하는 마음이 얼마 동안 있은 다음에 비로소 사랑이 생기게 되는 것이 원칙이다.

(   ) 6. 애인에게 자신의 태도를 다소 불확실하게 해 두는 것이 언제나 좋다.

(   ) 7. 우리가 처음 키스하거나 볼을 비볐을 때, 나는 성기에 뚜렷한 반응(발기, 축축함)이 옴을 느꼈다.

(   ) 8. 전에 연애 상대였던 사람들 거의 모두와 나는 지금도 좋은 친구관계를 유지하고 있다.

(   ) 9. 애인을 결정하기 전에 인생설계부터 잘해 두는 것이 좋다.

(   ) 10. 나는 연애에 실패한 후 너무나 우울해져 자살까지도 생각해 본 적이 있다.

( ) 11. 나는 사랑에 빠지면 하도 흥분되어 잠을 이루지 못하는 때가 있다.

( ) 12. 애인이 어려운 처지에 빠지면 설사 그가 바보처럼 행동한다 하더라도 힘껏 도와주려고 노력한다.

( ) 13. 애인을 고통받게 하기보다는 차라리 그 고통을 내가 받겠다.

( ) 14. 연애하는 재미란, 그것을 진행시키면서 동시에 내가 원하는 것을 거기서 얻어 내는 재주를 시험해 보는 데 있다.

( ) 15. 사랑하는 애인이라면, 나에 관하여 모르는 것이 있다 하더라도 그것 때문에 그렇게 속상해 하지는 않을 것이다.

( ) 16. 비슷한 배경을 가진 사람끼리 사랑하는 것이 가장 좋다.

( ) 17. 우리는 만나자마자 서로가 좋아서 키스를 했다.

( ) 18. 애인이 나에게 관심을 보이지 않으면 나는 온몸이 쑤시고 아프다.

( ) 19. 애인이 행복하지 않으면, 나도 결코 행복해질 수 없다.

( ) 20. 대개 제일 먼저 나의 주의를 끄는 것은 그 사람의 상냥한 외모이다.

( ) 21. 최상의 사랑은 오랜 기간의 우정으로부터 싹튼다.

( ) 22. 나는 사랑에 빠지면 다른 일에는 도무지 집중하기가 힘들다.

( ) 23. 그의 손을 처음 잡았을 때 나는 사랑의 가능성을 감지했다.

( ) 24. 나는 어느 사람하고 헤어지고 나면, 그의 좋은 점을 발견하려고 무진 애를 쓴다.

( ) 25. 나는 애인이 다른 사람하고 같이 있는 것 같은 생각이 들면, 도저히 견딜 수 없다.

( ) 26. 나는 두 애인이 서로 알지 못하도록 교묘하게 꾸민 적이 적어도 한 번은 있었다.

( ) 27. 나는 매우 쉽고 빠르게 사랑했던 관계를 잊어버릴 수 있다.

( ) 28. 애인을 결정하는 데 한 가지 가장 고려해야 할 점은, 그가 우리 가정을 어떻게 생각하는가 하는 것이다.

( ) 29. 사랑에서 가장 좋은 것은, 둘이 함께 살며, 함께 가정을 꾸미고 그리고 함께 아이들을 키우는 일이다.

( ) 30. 애인의 소원성취를 위해서라면, 나는 기꺼이 나의 소원을 희생할 수 있다.

( ) 31. 배우자를 결정하는 데 있어서 가장 먼저 고려해야 할 점은 '그가 좋은 부모가 될 수 있겠는가?'의 여부이다.

( ) 32. 키스나 포옹이나 성관계는 서둘러서는 안 된다. 그것들은 서로 충분히 친밀해지면 자연스럽게 이루어지는 것이다.

( ) 33. 나는 매력적인 사람들과 바람 피는 것을 좋아한다.

( ) 34. 나와 다른 사람들과 사이에 있었던 일을 애인이 더러 알게 된다면 매우 속상해 할 것이다.

( ) 35. 나는 연애를 시작하기 전부터 나의 애인이 될 사람의 모습을 분명히 정해 놓고 있었다.

( ) 36. 만일 나의 애인이 다른 사람의 아기를 갖고 있다면, 나는 그 아기를 내 자식처럼 키우고 사랑하며 보살펴 줄 것이다.

( ) 37. 우리가 언제부터 서로 사랑하게 되었는지 정확히 알 수 없다.

( ) 38. 나는 결혼하고 싶지 않은 사람하고는 진정한 사랑을 할 수 없을 것 같다.

( ) 39. 나는 질투 같은 것은 하고 싶지 않지만, 나의 애인이 다른 사람에게 관심을 가진다면 참을 수 없을 것 같다.

( ) 40. 나의 애인에게 방해가 된다면, 차라리 내가 그만 두겠다.

( ) 41. 나는 애인의 것과 똑같은 옷, 모자, 자전거, 자동차 등을 갖고 싶다.

( ) 42. 나는 연애하고 싶지 않은 사람하고는 데이트도 하고 싶지 않다.

( ) 43. 우리들의 사랑이 끝났다고 생각될 때도, 그를 다시 보면 옛날 감정이 되살아나는 때가 적어도 한 번쯤은 있었다.

( ) 44. 내가 가지고 있는 것은 무엇이든지 나의 애인이 마음대로 써도 좋다.

( ) 45. 애인이 잠시라도 나에게 무심해지면, 나는 그의 관심을 되끌기 위하여 때로는 정말 바보 같은 짓도 할 때가 있다.

( ) 46. 깊이 사귀고 싶지는 않더라도, 어떤 상대가 나의 데이트 신청에 응하는지를 시험해 보는 것도 재미있을 것이다.

( ) 47. 상대를 택할 때 고려해야 할 한 가지 중요한 점은, 그가 자신의 직업을 어떻게 생각하는가 하는 것이다.

( ) 48. 애인과 만나거나 전화한지 한참 되었는데도 아무 소식이 없다면, 그에게 그럴 만한 이유가 있기 때문일 것이다.

( ) 49. 나는 누구와 깊게 사귀기 전에, 우리가 아기를 가지게 될 경우 그쪽의 유전적 배경이 우리와 잘 맞는지부터 먼저 생각해 본다.

( ) 50. 가장 좋은 연애관계란 가장 오래 지속되는 관계이다.

– 애정형 척도 검사 채점법과 해석 –

채점방법은 매우 간단하여, 각 척도별로 '그렇다'로 대답한 문항의 수를 합치기만 하면 된다. 그 합친 수를 척도별로 퍼센트를 계산하여 백분율 값이 가장 높은 척도가 자신의 애정형을 나타내는 것이다.

가장 좋은 친구	이타적	논리적	소유적	낭만적	유희적
2	12	4	3	1	6
5	13	9	10	7	14
8	19	16	11	17	15
21	24	28	18	20	26
29	30	31	22	23	27
32	36	38	25	35	33
37	40	42	39	41	34
50	44	47	43		46
	48	49	45		
합 계	합 계	합 계	합 계	합 계	합 계

즉, '그렇다'로 ✔한 문항의 번호를 적어 위의 표에서 척도별로 그 번호들을 맞춘다. 그런 다음에 척도별로 '그렇다'로 ✔한 문항의 수를 세어 백분율을 계산하는 것이다. 그 결과, 예를 들어, '가장 좋은 친구' 척도에서 80%가 나오고, '논리적' 척도에서 60%가 나왔다면, 당신은 애인을 가장 좋은 친구로 삼는 사람임과 동시에 사랑을 하는 데 있어서도 매우 실제적(혹은 현실적)인 사람이라고 해석하는 것이다.

2. 실 연

실연은 극복하기 어려운 사랑의 후유증을 남기는 등 삶에 심각한 영향을 미친다. 실연은 사랑의 해체이며 종결을 의미한다. 실연에는 한 사람의 일방적 요구에 의해 그 관계가 파기되는 '일방적 실연', 두 사람이 사랑의 관계를 종결하기로 서로 합의하고 헤어지는 '합의된 실연', 당사자의 의사와 상관없이 외부적 요인에 의해 사랑의 관계가 지속되지 못하고 중단되는 '강요된 실연'이 있다.

일방적 실연에는 우울증, 상대에 대한 분노, 적개심, 배신감, 복수심 등이 생겨나며, 강요된 실연에는 이루지 못한 사랑에 대한 안타까움, 그리움, 아쉬움

등이 뒤섞인 감정이 뒤따른다. 흔히 강요된 실연의 경우 상대에 대한 사랑의 감정은 지속되거나 더욱 강해지는 경우가 있다. 이를 '로미오와 줄리엣 효과'라고 한다.

실연에는 한 사람의 일방적 요구에 의해 그 관계를 파기하는 '일방적 실연', 두 사람의 사랑의 관계를 종결하기로 서로 합의하고 헤어지는 '합의된 실연', 당사자의 의사와 상관없이 외부적 요인에 의해 사랑의 관계가 중단되는 '강요된 실연'이 있다.

실연에는 여러 가지 심리적 후유증이 뒤따른다.

① 실연에는 정서적인 우울감이 따른다. 실연은 기본적으로 상실 경험이다. 상실에 대한 주된 정서적 반응은 슬픔과 우울감이다. 일상생활에 대한 의욕과 흥미가 감소하고 활동량이 감소한다.

② 실연에는 인지적 기능의 변화를 가져온다. 실연을 당한 사람은 일반적으로 주의가 산만해지고 지적인 업무수행 능력이 떨어진다. 또한 판단력이나 기억력도 일시적으로 저하된다. 종결된 사랑에 대한 미련과 후회로 다시는 사랑을 할 수 없을 것 같은 생각을 갖는다. 일상생활에서 의미를 찾지 못하고 삶 전체를 무의미하게 느낀다. 따라서 실연은 대인관계, 학업, 직장생활에 큰 변화를 초래하며 술, 담배, 마약에 탐닉하거나 식욕 저하, 불면증, 두통, 소화불량, 생리불순 등과 같은 신체적 증상을 가져오기도 한다. 심한 경우에는 실연에 대한 분노가 자살이나 반사회적 공격행동으로 나타나기도 한다.

③ 실연의 고통에서 벗어나고자 하는 노력은 다양한 방어기제로 나타난다. 상대를 먼저 거부하거나, 평가절하하고, 사랑이 아니었다고 부인하며, 다른 이성에게로 도피하는 경우다.

실연을 극복하는 과정은 3단계를 거친다.

① **충격과 고통** : 실연 직후, 가장 큰 고통을 경험하는 시기이다. 슬픔, 우울, 미련, 후회, 배신감, 분노 등 고통스런 감정에 휩싸이는 시기이다.

② **치유** : 실연의 아픔을 이겨내기 위한 여러 가지 노력이 나타나는 시기이다. 가까운 사람에게 도움을 요청하고, 실연의 과정을 재정리한다. 여행을 떠나거나

낭만적 사랑이 갖는 비합리적 신념

인지치료자인 Ellis는 낭만적 사랑이 갖는 비합리적인 신념을 다음과 같이 설명하고 있다.

① 사랑은 뜨겁고 열정적이어야 한다. 낭만적 사랑은 다른 종류의 사랑보다 우월하다. 강렬한 낭만적 사랑을 경험하지 못한다면 나의 삶은 무의미해 질 것이다.
② 내가 열정적으로 사랑할 수 있는 사람은 오직 한 사람뿐이다. 진정한 사랑은 평생에 한 번 밖에 할 수 없다.
③ 강렬한 낭만적 사랑은 영원히 지속될 것이다. 낭만적 사랑은 행복한 결혼을 보장한다. 결혼을 하면 낭만적 사랑은 더욱 강렬해 질 것이다.
④ 누군가가 나를 사랑한다면, 내가 사랑받고 있다고 항상 느낄 수 있어야 한다. 내가 항상 사랑받고 있다고 느낄 수 없는 사랑은 사랑이 아니다.
⑤ 사랑하는 사람을 잃는다면, 다시는 사랑에 빠질 수 없을 것이다. 사랑에 실패하면, 나는 극심한 고통을 겪을 것이고 오랜 기간 동안 이런 고통으로부터 헤어나지 못할 것이다.
⑥ 낭만적 사랑을 느끼지 않고 결혼하거나 성행위를 하는 것은 옳지 않다. 낭만적 사랑과 성행위는 항상 함께 따라다니는 것이다.

새로운 일에 몰두한다. 이러한 노력 속에 시간이 흘러가면서 결코 아물 것 같지 않을 것 같았던 실연의 상처가 서서히 아물어 간다.

③ **성숙** : 실연의 아픔을 극복하는 과정에서 자신을 뒤돌아보며 사랑에 대한 새로운 시각을 갖게 된다. 이러한 과정을 통해서 인격적으로 성숙하게 되고 보다 성숙한 이성관계를 위한 재학습이 이뤄진다.

3. 결혼과 성

결혼은 열정적 사랑이나 낭만적인 사랑만으로 되는 것이 아니다. 서로 매력을 느끼는 것은 사랑의 한 조건이지만 결혼을 위한 충분조건은 못 된다. 오랜 세월

동안 서로 믿고 살기 위해서는 친밀감이 반드시 필요하다. 친밀한 관계란 자기를 편안하게 노출하고 상대방 또한 있는 그대로 수용할 수 있는 관계이다. 진정한 관계를 위해서는 두 사람이 서로를 있는 그대로 수용하고, 자기를 표현하며 상대방의 반응을 처리할 줄 알아야 한다.

결혼식장에서 흔히 듣는 표현이 바로 신성한 결혼이라는 말과 부부는 일심동체라는 말이다. 결혼이란 신성하다는 의미와 부부간의 조화로운 생활을 축원하는 말일 것이다. 신성하다는 표현은 인륜지대사라는 의미를 넘어서 신성성을 부여하고 있다. 신성성은 인간적인 속성을 초월하는 완전성, 즉 신의 특성을 나타내는 말이다. 결혼은 남녀의 결합, 음양의 조화이자 서로 반대되는 속성의 결합으로서 심리적인 완전성을 상징한다. 이것은 반쪽짜리 두 개가 합쳐 하나가 되는 것을 뜻하는 것이 아니라, 자기 안에 있는 또 다른 면을 발견하고 자기 것으로 만들어 감으로써 스스로 온전한 하나의 개체가 된다는 것을 의미한다.

결혼이란 성숙한 두 인격체가 만나 먼 길을 나란히 가는 1대 1의 대등한 동반자 관계이지, 결코 한 사람이 상대방에게 업혀 가는 것이 아니다. 부부는 일심동체가 아니며, 의견이 일치되지 않는다고 해서 사랑이 없는 것이 아니다. 성숙한 두 사람이 두 개의 몸과 두 개의 마음을 가지고 서로 조화를 이루는 노력이 필요하다. 일치와 달리 조화는 서로간의 차이를 인정하고 수용하며, 이를 조정하는 것이다(원호택, 2000).

가. 결혼 준비

1) 배우자 선택

배우자 선택의 과정을 일련의 '여과' 과정으로 보는 심리학적 접근법이 있다

(Gate & Llydo, 1992). 예를 들면, Murstein(1970, 1976, 1986)는 배우자감을 만났을 때 우선 외모, 예절, 사회계층과 같은 외적 특성에 기초하여 둘이 얼마나 잘 맞을지를 점검한다고 보았다. 만약 첫 번째 관문에서 통과하면 그 다음에는 태도나 신념(정치적 또는 종교적) 등을 맞추어 본다. 그리고 여기서도 통과하면, 즉 서로 호감이 가면 이제 '역할조화(role fit)'가 쟁점이 된다. 상대방이 나에게 바라는 기대가 나의 욕구나 성향과도 일치하는가? 양자의 성역할에 관해서도 의견이 일치하는가? 등을 점검한다. 여과이론을 지지하는 연구결과도 있지만 Murstein이 제안한 것처럼 여과과정이 순서대로 진행되는 것이 아니고 위에서 언급한 요소들이 처음부터 동시에 존재하는 것으로 보는 견해도 있다.

Udry(1971) 또한 배우자 선택에서 결혼 상대자로 선택하기까지 모두 여섯 개의 여과망을 거친다는 여과이론을 주장한다(그림 9-2 참조).

첫째, 근접성(propinquity)의 여과망을 통해 가능한 모든 대상자 가운데서 지리적으로 가깝고 만날 기회와 상호작용의 가능성이 많은 사람들로 그 대상이 제한된다.

둘째, 매력(attractiveness)의 여과망을 통해 서로 매력을 느끼고 끌리는 사람들로 그 대상이 좁혀진다.

셋째, 사회적 배경(social background)의 여과망을 통해 인종, 연령, 교육수준, 종교 등의 사회적 배경이 유사한 사람들로 범위가 더욱 좁혀진다. 사회적 배경의 여과망은 당사자보다 부모에 의해 더욱 강조된다.

넷째, 일치(consensus)의 여과망을 통해 태도나 가치관이 자신과 비슷한 사람만이 남게 된다.

다섯째, 상호보완성(complementarity)의 여과망을 통해 욕구와 성격특성에서 서로의 단점을 보완해 줄 수 있는 사람을 선호하게 된다.

마지막으로, 결혼준비 상태(readiness for marriage)라는 여과망을 통과함으로써 비로소 결혼에 이르게 된다. 결혼 적령기, 결혼하라는 부모의 압력, 결혼하고자 하는 강한 욕구 등이 결혼준비 상태에 영향을 준다.

반면, 사회학자들은 외적 특성을 보다 더 강조한다. 배우자 선택에서 강력한 단일 요인은 유사성이다. 연령, 교육수준, 사회계층, 종교, 태도, 관심분야,

기질 등이 서로 비슷한 사람끼리 끌린다. 사회학자들은 '동류교배(assortive mating)'라는 말로 이 과정을 묘사한다(Murstein, 1986).

동류교배의 과정에 더하여 배우자 선택은 일종의 교환과정을 포함하는 것으로 보인다. 교환이론가(Edwards, 1969)에 의하면 사람들은 가장 좋은 흥정을 하려고 노력한다. 이 이론은 여성들은 주로 성적 서비스 또는 가사 노동을 제공하고, 남성들은 경제적 부양을 제공한다고 주장한다(Schoen & Wooldredge, 1989). 이것은 배우자 선택에서 여성의 경우 남성의 경제적 능력을, 남성의 경우 여성의 외모를 중시하는 것을 의미한다. 한 연구결과도 이 견해를 지지한다(South, 1991).

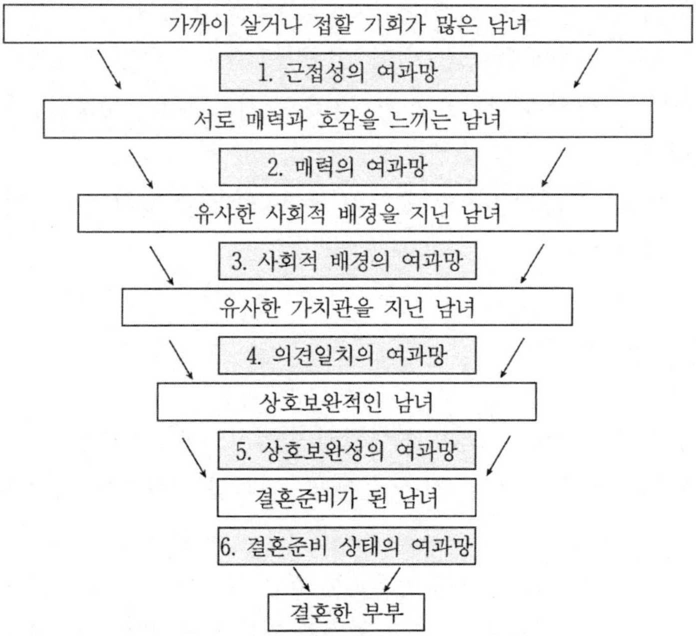

[그림 9-2] **배우자 선택과정에 대한 여과망이론**

* 참고 : Udry, 1971; 김명자, 1993.

우리나라 미혼남녀를 대상으로 한 연구(유영주, 1976 ; 백남희, 1987)에서도 남성은 외모와 성격을 중요시하며, 여성은 학력, 직업 또는 장래성을 중요시하는 것으로 나타났다. 최근에 와서는 배우자 선택에서 외적 특성을 점점 더 강조하는 것으로 보인다.

김명자(1986)는 배우자 선택시 고려할 점을 다음과 같이 요약하였다.

① 결혼은 냉혹한 현실생활이므로 두 사람의 사랑만 있으면 모든 것이 잘될 것이라는 생각은 잘못된 것이다.

② 애정, 존경, 신뢰감 등이 수반되지 않으면 성적 매력만으로는 그 관계가 오래 지속되지 않는다.

③ 인생관이나 가치관이 서로 조화될 수 있어야 한다.

④ 이 세상에 완전한 사람은 없다. 한 사람을 배우자로 선택한다는 것은 상대방의 약점이나 부족한 점도 함께 받아들임을 의미한다.

⑤ 지금 비록 마음에 안 드는 점이 있더라도 결혼을 하면 변하겠지 하는 생각은 착각이다. 따라서 상대방을 변화시키려는 시도보다는 상호적응하려는 노력이 중요하다.

⑥ 충분한 교제기간과 대화를 통하여 상대방을 잘 파악한 후에 결혼하는 것이 적응에 도움이 된다.

2) 성공적인 결혼

결혼의 동기는 사랑의 실현, 성생활의 합법성 부여, 자녀출산의 기회, 경제적 · 정서적인 안정, 사회적 기대에 부응, 법적인 이득 등이다(Turner & Helms, 1994).

동서고금을 막론하고 결혼이 존재하는 것은 결혼이 다양한 기본 욕구를 충족시킨다는 사실을 입증해 준다. 결혼은 보통 자녀의 생산과 그로 인한 종의 존속을 확실하게 하는 최선의 방법으로 여겨진다. 대부분의 사회에서 결혼은 또한 경제적인 이점도 지니고 있다. 즉, 물질적인 욕구가 결혼생활을 통해서 더 쉽게 충족이 된다. 뿐만 아니라 결혼은 성적 욕구를 합법적으로 충족시켜 준다. 결혼은 우정, 애정, 동반자 관계의 안전한 근거를 마련해 주며, 정서적인 도움이 된다. 오늘날 높은 이혼율은 이러한 이상에 도달하기가 어렵다는 것을 말해주지만, 높은 재혼율은 많은 사람들이 계속 노력하고 있음을 보여준다.

연구결과, 결혼한 사람들이 결혼하지 않은 사람들보다 더 행복하며, 행복한 사람들이 결혼하는 경향이 있다고 한다. 모든 연령대의 기혼남녀가 독신자나 이혼한 사람 또는 사별한 사람보다 생활만족도가 더 높은 것으로 보고되고 있다(Campbell, Converse, & Rodgers, 1975).

결혼은 또한 건강에도 좋은 것으로 보인다. 기혼자들은 이혼이나 별거 또는 사별한 사람보다 더 건강한 것으로 보인다(Verbrugge, 1979). 그러나 이 자료만으로는 결혼이 건강을 가져다 주는지 어떤지를 확실히 알 수 없다. 하지만 건강한 사람들이 보다 쉽게 연인의 관심을 끌 수 있고, 결혼에 더 많은 관심을 가지며, 상대를 더 많이 만족시킬 것이다. 또한 기혼자들은 독신자들보다 더 건강하고 안전하게 인생을 산다고 할 수 있을지 모른다. 배우자들은 서로를 보살피며, 서로 말상대가 되고, 정서적 지원을 하며, 일상생활을 편하게 해주는 많은 일들을 하기 때문이다. 이혼하거나 사별함으로써 이러한 지원을 못 받게 될 때 이혼자나 미망인들은 정신적, 신체적 질병에 더 취약해진다(Dobhrty & Jacobson, 1982).

성공적인 결혼의 일반적인 조건은 다음과 같다.

① 종교, 취미, 특기 등 서로 공통점이 많아야 한다.
② 두 사람 다 아동기가 유복한 것이 바람직하다.
③ 부모의 결혼생활이 행복하며 결혼 상대자의 부모와 갈등이 적어야 한다.
④ 사회 경제적, 교육 수준이 비슷한 것이 좋다.
⑤ 적령기 이후에 결혼하는 것이 좋다.

결혼에 대한 미신

① 서로를 완전히 이해한다.

결혼 전에 서로를 완전히 이해해야 된다는 생각을 가진 사람이 있다. 그러나 그것은 불가능한 생각이다. 세상 어느 누구도 다른 사람을 완전히 이해할 수 없다. 결혼생활이란 일생을 같이 하면서 서로를 점차 이해해 가는 과정이며 그 끝은 없다.

② 결혼은 둘만의 문제이다.

결혼은 사실 결혼 당사자들이 결정하고 책임져야 할 문제이다. 하지만 그런 결정과 책임져야 할 부분에는 양가의 문제도 걸려 있다. 두 사람의 결혼으로 인해 새로운 부모가 생기고 친척들이 생긴다. 그들과 새로운 관계를 맺으면서 또 다른 즐거움과 고통이 따르게 마련이다. 결혼의 결정에는 이런 관계에서 발생하는 책임도 포함되어 있다.

③ 사랑만 있으면 문제없다.

흔히 경제적인 문제는 사랑만 있으면 문제가 되지 않는다는 생각, 결혼만 하면 어떤 문제도 해결될 것이라는 생각을 쉽게 한다. 그러나 앞에서 언급했듯이 결혼은 새로운 문제를 계속 야기한다. 부부나 배우자나 연인으로 살 수만은 없다. 여전히 자식으로서, 사회 구성원으로서 여러 가지 역할을 맡고 있다. 결혼은 이런 역할에 변화를 가져오지만, 기존의 역할들을 없애 주지는 않는다. 오히려 결혼으로 새로운 역할이 더 생기는 것이며, 그 중에서도 태어나는 자녀에 대한 부모의 역할은 세상의 어떤 역할보다도 어려운 것이다.

④ 결혼하면 저절로 공통의 광장이 마련될 것이다.

결혼은 오랜 시간을 지속적으로 함께 보내는 것이기 때문에 즐거움과 괴로움을 모두 함께 해야 한다. 그러므로 부부간에 서로를 이해할 수 있는 시간과 기회를 만들어 어려움을 해결해야 한다. 그러나 실제 결혼생활을 하다보면 남편은 남편대로 사회생활에 바쁘고, 부인은 부인대로 가사와 자녀 돌보기에 피곤해 대화할 시간이 부족하다. 그런 생활이 지속되면 서로간에 오해도 늘고, 대화하는 것까지 피곤해지기 쉬우며, 그러면서 거리감을 느끼고 권태기에 빠져든다. 대화와 서로에 대한 이해가 없이는 약속만 남는 메마른 결혼생활이 된다. 대화의 기회를 만들려는 서로의 노력과 의지가 있어야 한다.

나. 성과 성행동

1) 성의 기능과 동기

섹스는 종족을 번식하는 기능을 가지고 있을 뿐 아니라 쾌감과 한 인간으로서의 존재 가치를 제공하며 이성간의 사랑을 발전시키고 부부간의 유대감을 유지시키는 중요한 기능을 가지고 있다. 소설, 영화, 연극 등 많은 예술 장르에서 성과 사랑을 주제로 다루고 있으며, 성적인 욕구를 충족시키기 위해 싸우고, 죽이고 강탈하며 자신의 재산, 건강 심지어는 목숨까지도 무릅쓸 정도로 인간의 섹스에 대한 욕망은 끈질기다. 치약 선전에서부터 자동차 광고까지 매력적인 모델들을 등장시켜 잠재된 성적인 욕구를 자극하는 것을 보더라도 성에 대한 관심이 얼마나 지대한지를 짐작할 수 있다.

섹스가 기본적으로 쾌락을 제공하는 기능을 가지고 있지만 때로는 그것 때문에 수치심이나 죄책감을 두려움을 겪어야 하는 경우도 있다. 성폭행이나 살인 사건과 같은 범죄, 변태성욕이나 동성애, 또는 성 기능부전과 같은 많은 문제들이 섹스와 관련되어 있다. 섹스가 인간의 가장 강력하고 기본적인 동기 중의 하나이기 때문에 잘못 사용될 때는 그 무엇보다도 파괴적인 결과를 초래할 수 있다. 그래서 어느 사회에서나 여전히 성에 대한 수많은 금기가 남아 있으며 대부분의 문화권에서는 성욕의 충동적 행동화에 대한 도덕적, 법적인 규제가 있다. 지구상에서 제일 강한 성적 잠재력을 가지고 있다는 점과 최대한의 자제력을 함께 지니고 있다는 점에서 인간은 가장 성적인 동물이며 동시에 가장

비 성적인 존재이다(김민규, 2001).

D. Morris(1991)는 인간의 성행위 기능을 열 가지로 분류한 바 있다.

(1) 생식 기능

섹스가 가지고 있는 가장 기본적인 기능이다.

(2) 짝짓기 기능

인간은 원래 암수가 짝을 짓는 동물이며 배우자가 될 가능성이 있는 한 쌍의 남녀는 성행위를 통해 짝을 짓는다. 짝짓기 기능이 워낙 중요하기 때문에 성행위가 가장 격렬하게 그리고 규칙적으로 일어나는 시기는 처음 짝을 짓는 시기에 집중되어 있다.

(3) 유대감 강화기능

섹스는 짝과의 유대감을 유지시키고 강화하는 기능을 갖고 있기 때문에 성행위가 짝짓기를 끝냈다고 해서 사라지는 것은 아니다. 별거했던 부부들이 재회하면 짝짓기 과정을 다시 거치는 것이나 마찬가지이기 때문에 신혼초야처럼 격렬한 성행위가 되살아날 수 있다.

(4) 긴장 완화 기능

섹스의 또 다른 기능은 긴장을 감소시키는 것이다. 생리적 욕구가 해소되지 않으면 긴장감이 경험되기 때문에 해소되지 않은 성적 긴장감을 발산시키기 위해서 성행위를 하게 된다. 사창가를 찾거나 자위행위를 하는 것도 섹스가 생리적 욕구의 해소 기능을 갖고 있기 때문이다.

(5) 호기심 충족 기능

인간이 가지고 있는 가장 훌륭한 자질 중의 하나는 호기심과 탐구심이다.

섹스의 영역에서도 예외가 될 수는 없기 때문에 성행위에 참여하는 남녀는 다양한 동작, 소리, 접촉, 체위, 향수 등을 써서 자극하는 새로운 방법을 끊임없이 탐구함으로써 타고난 호기심을 서로 충족시키고 있다.

(6) 보상 기능

인간이 그렇게도 끈질기게 섹스에 대한 미련을 버리지 못하는 것은 섹스를 하는 것 자체가 주는 보상 때문인지 모른다. 마치 아이들이 놀이 자체를 위해 놀이를 하듯이 성인들은 섹스 자체가 쾌감을 주기 때문에 섹스에 몰입한다.

(7) 권태감의 극복 기능

섹스의 또 다른 기능은 무료함이나 권태감을 극복하는 것이다. 공허한 환경에서 무엇인가 흥분수준을 증가시킬 수 있는 자극을 찾는 과정에서 단조로움을 개선하는 치료수단으로 섹스가 동원된다.

(8) 마음의 안정 기능

섹스는 자극을 제공해 줄 뿐 아니라 과도한 자극상황에서 마음을 안정시키는 기능도 갖고 있다. 불안할 때 담배를 피우거나 다리를 떨고, 음료수를 마시듯이 마음을 안정시키기 위해 섹스를 하는 경우도 있다. 수험생들이 스트레스가 심해질수록 자위행위에 몰입하는 것이나, 전장에 투입되기 전의 군인들이 여자를 찾는 것도 섹스의 정신적 안정 기능 때문이다.

(9) 돈을 벌기 위한 수단

섹스는 돈을 벌기 위한 수단으로도 사용된다. 창녀의 성교는 일종의 상거래이다. 스트립쇼, 룸싸롱에서 손님 접대하기 등은 섹스가 돈을 벌기 위한 수단으로 사용되는 예이다.

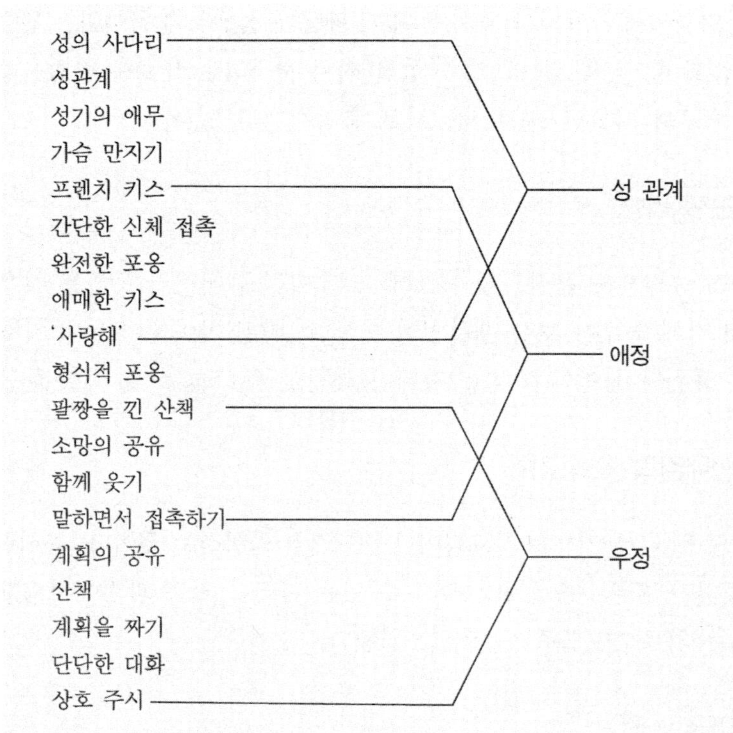

[그림 9-3] **성의 사다리**

2) 성반응의 네 단계

성관계시 남녀가 체험하게 되는 신체적 반응과 변화에 대해서 심장박동과 근육의 긴장도를 측정할 수 있는 기기들을 사용하여 과학적으로 연구하기 시작한 것은 1970년대이다. 이러한 연구를 통해 Kaplan 박사는 욕구(Desire), 흥분(Excitement), 절정(Orgasm)의 3단계 모델을 제시한 반면, Lief 박사는 욕구(Desire), 충동(Arousal), 충혈(Vasocongestion), 절정(Orgasm) 그리고 만족(Satisfaction)의 5단계 모델을 주장하고 있다.

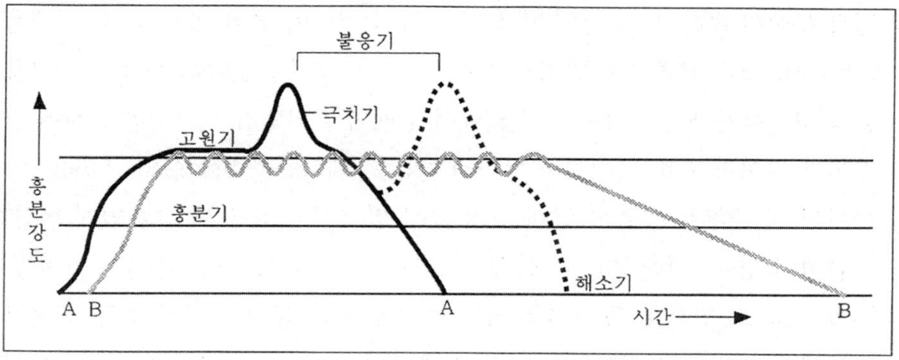

[그림 9-4] **남성 성 반응 주기**

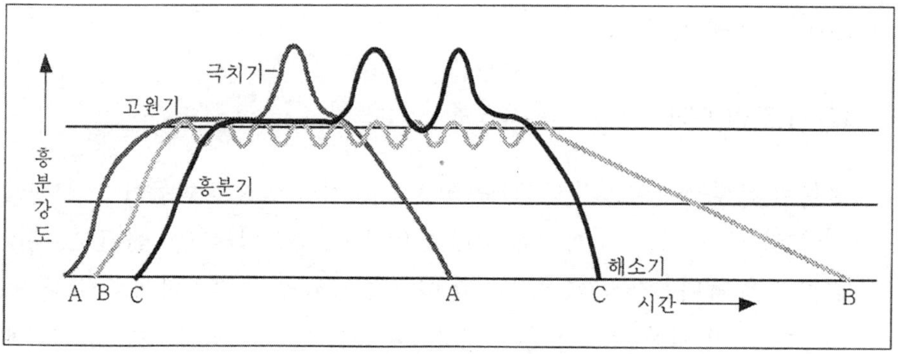

[그림 9-5] **여성 성 반응 주기**

일반적으로 많이 알려진 Masters와 Johnson은 남녀의 성반응을 4단계로 구분하고 단계별로 신체적인 변화와 특징을 설명하고 있다.

(1) 흥분의 단계

이 단계(Excitement)의 특징은 마음이 들뜨고 몸이 달아올라 열기를 느끼면서 저항할 수 없는 성욕에 휩싸이는 시기로서 짧게는 4~5분 정도, 길게는 수시간까지 지속될 수 있다. 근육의 긴장도가 점진적으로 높아지고 심장박동은 빨라지기 시작해서 피부의 색깔이 홍조를 띄기 시작한다. 젖꼭지가 단단해지며 유방도 점점 부풀어 오른다. 성기 주변에 많은 양의 혈액이 몰려 여자의 경우, 대음순(Labia Majora)은 양쪽으로 벌어지고 음핵(Clitoris)과 소음순(Labia Minora)도 부풀어 올라 딱딱하거나 두꺼워진다. 질벽에서 질액이 분비되기 시작하며 동시에 질의 깊이가 깊어지고 또 넓어져서 발기된 남성의 페니스를 받아들일 준비를 한다. 동시에 질 내부는 신축성 있게 그리고 질 입구의 근육은 탄력성 있게 변한다.

남성의 경우, 강한 발기와 함께 고환의 크기가 확대된다. 늘어져 있던 음낭(Scrotal Sac)도 탄력성 있게 수축되어 몸체에 달라 붙고 요도를 통해서 약간의 요도액이 분비되어 질삽입을 용이하게 만들어 준다. 흥분단계에서는 이렇게 복잡하기도 하지만 신비스러울 정도의 신체적인 반응과 변화를 보여 준다. Masters와 Johnson은 흥분의 단계를 오르가슴을 대비한 시발역(Orgasmic Platform)이라고 칭하였다.

(2) 고조의 단계

흥분의 단계에서 고조의 단계(Plateau)로 이어지면 심장의 박동이 더욱 빨라지고 혈압이 가속적으로 상승되어 성기 부위에 최대의 혈액량이 몰린다. 따라서 남성의 경우 페니스가 100% 발기되고 여자의 경우 성기 부위의 모든 부분(대음순, 소음순, 음핵 등)이 더욱 부풀어 올라 음핵(Clitoris)을 만지면 아플 정도로 예민해지고, 소음순 부위의 색깔이 분홍색에서 짙은 자주색 내지 붉은 와인 색으로 변한다. 또 질벽 혈관과 그 주변의 세포조직의 혈압 차이로 인해 질액이 최대한도로 분비한다. 유방은 부풀대로 부풀어 올라 마치 터질 듯 커지며 매우 민감하게 변한다. 남녀 모두 마치 어린 아이가 홍역을 앓듯이 배, 가슴, 등, 어깨 피부에 붉은 반점들이 나타나고 호흡은 거칠어지고 심장박동과 혈압도 불규칙적으로 변하면서 전신에 걸쳐 짜릿한 경련이 일어난다. 눈이 감겨지고 자신도 모르게 절묘한 황홀감에 빠져든다.

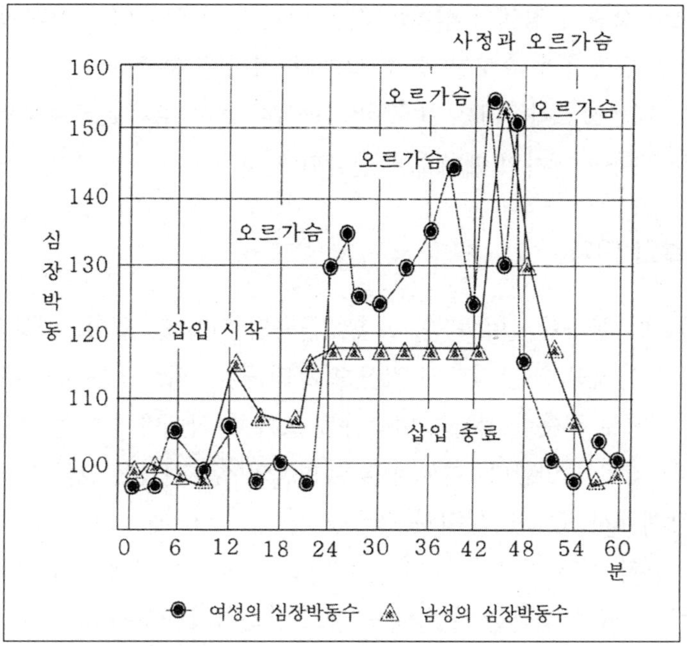

[그림 9-6] **성 반응 단계와 심장박동의 변화**

(3) 절정의 단계

성적 흥분의 최고 절정은 세번째 단계(Orgasm)에서 경험한다. 오르가슴에 이르면 마치 세상이 그 자리에 멈추는 듯한 강렬한 황홀감에 사로잡힌다. 신체 모든 부위의 근육이 자동적으로 수축되는가 하면 혈압도 더욱 높아지고 심장박동도 더 빨라지면서 산소의 흡입량이 최대한도로 늘어난다. 머리끝에서부터 발가락에 있는 근육까지 짜릿한 경련현상이 일어나면서 말로는 어떻게 표현할 수 없는 강렬한 성적인 쾌감이 한 번, 두 번, 세 번…… 반복되면서 순식간에 황홀한 느낌에 휘말려든다. 그리고 곧바로 성적인 긴장이 완전히 풀린다. 남성의 경우 일반적으로 사정을 할 때 오르가슴을 느끼는데, 사정은 두 과정을 거쳐 이루어진다. 첫 번째 과정(Emission Phase)은 전립선의 정액 주머니에 정액이 꽉 들어차면 사정을 하고 싶은 느낌을 갖는다. 바로 사정하기 직전 내지 사정하려는 찰나의 감각을 느끼는 시점이다. 두번째 과정(Expulsion Phase)은 방광의 출구를 폐쇄하여 오줌과 정액이 섞이는 것을 방지한 다음 페니스 아래쪽의 근육을 주기적으로 수축시켜 요도를 통해 정액과 정자를 분출한다.

여자의 경우, 오르가슴이 오면 질내의 근육이 짧은 주기로 수축운동을 일으켜 이로 인한 압력이 남자의 페니스에 전달되어 사정을 하도록 강한 자극을 준다.

(4) 회복의 단계

오르가슴이 끝나면 심장박동, 호흡, 근육의 긴장도, 혈압, 피부의 색깔 등 변화되었던 신체의 모든 상태가 정상으로 되돌아온다. 이 단계(Resolution)의 특징은 심리적으로 뿌듯한 기분과 만족감을 느끼며, 상대방에 대한 친근감 그리고 육체적 피로감을 동반한다. 여성의 경우 회복의 속도가 남성보다 느리기 때문에 회복의 단계에서 조그만 성적인 자극을 받아도 손쉽게 오르가슴을 다시 느낄 수 있다. 소위 여러 차례 오르가슴(Multiple Orgasm)을 경험할 수 있다. 그러나 남성의 경우, 일단 사정을 하면 어느 정도의 준비기간(Refractory Period)이 지나지 않으면 다시 만족스런 성관계를 가질 수 없다. 준비기간은 연령에 따라 큰 차이가 있어 10대의 경우는 4~5분에서부터 70대의 경우는 하루 또는 그 이상 걸릴 수도 있다.

표 9-2 성 반응 단계에 따른 남녀의 신체 반응(Masters & Johnson, 1966)

단계	남 성	여 성
흥분기	남근의 발기(길이와 직경의 확대) 고환이 올라붙음 유두 발기 성적인 홍반(50~60%) (얼굴, 목 등에 붉은 반점) 심장박동 증가, 혈압 상승 근육 긴장도 증가	질의 윤활 작용 개시 질 내부의 길이 및 폭의 확장 유두 발기 및 유방 팽창 질벽의 충혈 음핵 몸체와 귀두부의 팽창 성적인 홍반(유방) 직장 괄약근의 수축
고조기	남근 귀두부의 색깔 변화 요도선에서 액체 분비 고환이 배쪽으로 밀착	질 외부와 음순 내부 충혈 지속 음핵 길이가 50%까지 축소 유두의 충혈 현상 증가

	고환의 크기 50%까지 증가 심박, 혈압, 호흡의 계속 증가	가슴, 등, 허벅지까지 홍조현상 심박, 혈압, 호흡의 증가
절정기	고환 부위에서 부고환, 정낭, 전립선, 음경까지 축소 0.8초 간격으로 3~4회의 사정 항문 괄약근 수축(3~4회) 심박 및 호흡의 최고조 성적 홍조의 절정 소리지름(일부)	질의 입구 쪽에서 강한 수축 시작 (최초 수축은 2~4초, 나중의 수축은 3~15초 : 남성과 같이 0.8초 간격) 신체 여러 부위에서 강한 근육수축 심장 및 호흡의 최고조 성적 홍조의 절정 소리지름(일부)
회복기	음경 크기의 지속적 감소 고환의 위치와 크기 복원 유두 발기 및 홍조 소멸 심박, 호흡, 혈압의 복원 발한 현상(30~40%의 남성) 근육 이완	질의 크기 및 색깔의 평소상태 복원 음순의 크기와 색깔의 평소상태 복원 유두 및 유방의 크기 복원 심박, 호흡, 혈압의 복원 발한 현상(30~40% 여성) 홍조현상 사라지고 근육 이완

다. 성 이상행동

다음은 성 기능 장애 클리닉 소장인 홍성묵 박사의 「아름다운 사랑과 성」(1999)이라는 책자에서 발췌한 성 지식에 관한 검사 문항들이다.

성 지식에 관한 검사

Ⅰ. 성 기관의 구조와 기능

1. 정자는 남자의 고환에서 생산한다.
2. 정자는 사정할 때만 방출된다.
3. 전립선은 남녀 모두에게 있는 성 기관이다.
4. 남성호르몬 테스토스테론은 남성에게서만 분비된다.
5. 여성호르몬 에스트로젠은 여성에게서만 분비된다.
6. G 반점은 여성의 질 안에서만 발견된다.
7. 처녀막은 첫 성교시에만 파열된다.
8. 난소는 자궁의 좌우에 하나씩 있다.

9. 여성은 일생 동안 배란할 난세포를 가지고 태어난다.
10. 여성의 경우 요도와 질구는 다른 통로이다.
11. 남성의 경우 요도와 정액 분출로는 다른 통로이다.
12. 정자나 난소 속에서 23개의 염색체가 있다.
13. 남성은 일반적으로 두 개의 Y염색체를 가지고 있다.
14. 모든 여성은 처녀막을 가지고 태어난다.
15. 일반적으로 여자가 남자보다 사춘기에 일찍 도달한다.
16. 남자는 일생 동안 정자를 생산해 낸다.
17. 여성은 일생 동안 난자를 생산해 낸다.
18. 음낭의 온도는 몸의 다른 부위에 비해 약간 높다.
19. 남성의 음경과 여성의 음핵은 유사한 조직구조이다.
20. 음경은 하나의 음경 해면체와 하나의 요도 해면체로 구성되어 있다.
21. 여성의 성적 기능은 젖가슴 크기와 직접 관련이 있다.
22. 여성의 성기에서 질의 안쪽 깊은 곳이 더 민감하다.

Ⅱ. 임신 및 출산

1. 월경주기의 중간 부분이 임신가능 기간이다.
2. 유방이 클수록 임신 가능성이 크다.
3. 난자는 배란된 후 24시간 내에만 정자와 수정이 가능하다.
4. 아기의 성은 정자와 난자가 수정하는 순간 결정된다.
5. 임신을 위하여 여자는 성관계시 오르가슴을 느껴야 한다.
6. 임신의 마지막 3개월 동안에 성관계를 하면 태아에게 해롭다.
7. 일반적으로 아이가 태어날 때 머리가 먼저 나온다.
8. 콘돔을 사용하면 완전히 피임이 보장된다.
9. 여자는 매달 한 개의 난자를 성숙시켜 배란한다.
10. 남성의 염색체는 정자의 꼬리 부분에 있다.
11. 한 번의 성교만으로도 임신이 가능하다.
12. 정자의 생존기간은 대략 48~72시간이다.
13. 여성의 배란은 일반적으로 생리하기 직전에 일어난다.
14. 1회 사정시 정자의 수는 수만 개 정도이다.
15. 출산 후 월경이 없는 기간에는 피임을 하지 않아도 된다.
16. 여자로 하여금 임신하게 하려면 남자는 사정을 해야 한다.

Ⅲ. 성 건강

1. 키스를 통해서 성병이 전염되지 않는다.
2. 한 번의 성교만으로도 성병에 감염될 수 있다.
3. 헤르페스(herpes) 성병은 항생제로 완치될 수 있다.
4. 임질은 항생제를 먹거나 주사를 맞으면 완치될 수 있다.
5. 매독의 증상이 일시적으로 사라지는 잠복기간에는 타인에게 전염되지 않는다.
6. 항우울제의 복용은 성 기능 약화를 예방할 수 있다.
7. 비만증은 발기장애의 원인이 될 수 있다.
8. 흡연은 성 기능 장애의 원인이 된다.
9. 여성이 경험하는 성 기능 장애 중 가장 흔한 것은 성욕상실이다.
10. 여성의 오르가슴 장애는 치료되지 않는다.
11. 성병에 걸렸던 사람은 불임이 될 수 있다.
12. 성병에 감염된 산모는 신생아에게 성병을 감염시킬 수 있다.
13. 성병에 한 번 걸린 후 치료가 제대로 되지 않으면 죽을 수도 있다.
14. 성병을 완치한 후에는 그 성병에 대한 면역성이 생긴다.
15. 성 관계 전이나 후에 항생제를 먹으면 성병이 예방된다.
16. 에이즈 감염자와 깊은 키스를 하면 에이즈에 감염될 수 있다.
17. 에이즈의 주요 원인은 동성연애에 기인한다.
18. 에이즈 감염자와 같은 방을 쓰면 에이즈에 감염될 수 있다.
19. 에이즈 감염자와 면도기를 같이 쓸 경우 에이즈에 감염될 수 있다.
20. 성 관계 후에 성기를 비누로 깨끗이 씻으면 성병에 걸리지 않는다.
21. 임신 2개월 내의 인공유산은 여성의 건강에 해롭지 않다.
22. 발기장애는 중년 이후 남성에게만 일어난다.
23. 몽정은 성적으로 문제가 있음을 의미한다.

Ⅳ. 성 행위

1. 남자는 사춘기 이전에 사정할 수 있다.
2. 여성이 오르가슴을 느낄 때 질벽 근육에 강렬한 경련이 일어난다.
3. 남성은 한 번의 성교에서 여러 번의 사정이 가능하다.
4. 여성은 한 번의 성교에서 오르가슴을 여러 번 경험할 수 있다.
5. 성교시 남성의 흥분속도는 여성보다 빠르다.
6. 여성의 경우 폐경기 이후에는 성 욕구가 거의 없어진다.
7. 여성의 경우 성교를 하지 않아도 오르가슴을 경험할 수 있다.
8. 남성의 발기력은 노인의 경우에도 유지된다.

9. 자위행위는 일반적으로 건강에 해롭다.
10. 자위행위는 남녀 모두에게 자연스러운 현상이다.
11. 남성은 여성에 비하여 성적 욕구가 강하다.
12. 출산 직후 여성의 성적 욕구는 증가한다.
13. 아기에게 젖을 먹일 때 어머니가 성적 쾌감을 느낄 수 있다.
14. 남성은 완전히 발기되어야 사정할 수 있다.
15. 여성이 느끼는 오르가슴의 강도는 남성의 성기 크기와 직접 관련이 있다.
16. 정관수술을 하면 오르가슴은 경험하나 사정은 하지 않는다.

죽음과 적응

제10장

죽음은 무로 돌아가는 것(nonexistence)이다. 죽음에 대한 반응은 공포와 부정이다. 인간은 누구나 태어나서 죽는다. 죽음은 누구도 피할 수 없음에도 불구하고 죽음에 대한 생각이나 이야기를 피하는 경향이 있다. Freud는 죽음이란 누구에게나 자연스럽고 피할 수 없는 것이지만 사람들은 마치 그것을 다른 사람에게만 일어나는 것처럼 행동한다고 한다. 그러나 사람은 나이가 들면 들수록 앞으로 자신이 살 수 있는 시간이 얼마 남지 않았음을 느낀다. 특히, 친구의 사망, 신체적 조건의 변화는 죽음에 대해 깊이 생각하게 한다.

1. 죽음의 의미

가. 죽음에 대한 태도

Kastenbaum은 치명적인 병에 걸렸을 경우 죽음에 대한 공포는 노인에 비해 젊은 사람이 무척 높다고 한 연구에서 밝혔다.

연령 집단에 따라 '죽음이 무엇을 의미하는가?'를 조사한 연구에서 K. Back(1971)는 45세 이상의 사람들에겐 별 차이가 없음을 발견했다. 그러나 여성이 남성보다 죽음을 더 잘 수용하는 것으로 나타났다. 즉, 여성은 죽음을 자비로운 어머니나 이해심 많은 의사의 품에 있는 것 같은 평화로운 경험으로 간주하는 반면, 남성은 피 묻은 손으로 이빨을 드러낸 도살자나 교수형을 집행하는 사람과 직면해 있는 것처럼 적대적인 것으로 보는 경향이 짙었다.

종교의 유무에 따라서 내세에 대한 믿음이 다르다(E. S. Shneidman, 1971). 그러나 종교적 신념이 죽음의 공포에 어떤 영향을 미치는가에 관해서는 일치된 연구결과가 없지만 종교를 지닌 사람이 그렇지 않은 사람보다 죽음에 대한 공포를 적게 갖는다.

죽음에 대한 공포가 선천적인 것인지 학습된 것인지는 확실하지 않다. 죽음에 대해 왜 그렇게 두려워하는지 물어 보았을 때 사람들은 고통에 대한 두려움, 육신의 상실, 내세에 대한 두려움과 고통, 그리고 사랑하는 사람과의 이별을 답하였다.

죽음은 무로 돌아가는 것이다. 죽음에 대한 반응은 공포와 부정이다. 기독교인에게 죽음은 영생에 이르는 문이다.

일반적으로 사람들은 죽음 자체보다는 죽음 후의 세계에 대해 아무 것도 알 수 없다는 무력감, 죽는 과정, 특히 고통 속에서 천천히 죽어가는 과정을 두려워한다(Marshall & Levy, 1990 ; Thorson & Powell, 1988).

죽음에 대한 태도조사 연구에서 보면 젊은이들은 친구나 가족에게 슬픔을 가져다주는 상실을 제1위로 꼽았고, 40세 이상의 나이든 사람들은 자녀를 돌보지 못하는 상실을 제일로 쳤다.

종교 또한 영향을 미치는 요인이다. 모든 연령집단에서 가장 신앙심이 깊은 사람이, 즉 내세에 대한 신념이 가장 큰 사람들이 죽음을 가장 덜 두려워한다. 종교적인 사람에게 죽음은 영생에 이르는 문이기 때문이다. 신앙심이 전혀 없는 사람들이 그 다음으로 죽음을 덜 두려워하고, 죽음에 대해 가장 큰 두려움을 나타낸 사람들은 신앙심이 약간 있는 경우였다(Downey, 1984 ; Kalish, 1985 ; Keller, Sherry, & Piotrowski, 1984).

우리나라 말기암 환자 30명을 대상으로 하여 죽음에 대한 태도를 면접조사한 윤은자(1998)의 연구에서 보면, 죽음을 눈앞에 둔 환자의 태도는 크게 3가지로 분류되었다. 분류된 비율은 종교의존형 40.0%, 과학신봉형 36.7%, 냉소주의형

23.3% 이었다. 이들은 종교나 학력, 성별, 연령에 따라 각기 다른 태도를 보였는데 고학력일수록 종교에 의지하는 비율이 높았고, 저학력 남성일수록 현대의학을 믿는 과학신봉자가 많았다. 이에 대해 연구자들은 고학력자들의 경우 암이 말기에 이르러 죽음을 눈앞에 두게 되면 현대의학과 의사의 한계를 인정하는 데 반해, 저학력 환자들은 현대의학과 의사에게 지나치게 의지하고 신봉하는 태도를 갖기 때문인 것으로 해석하고 있다. 또한 무신론자이면서 저학력일수록 죽음에 냉소적이었다. 일반적으로 노년층일수록 삶에 대해 애착적인 태도를 보이는 경향이 많은 데 비해, 중년층의 말기암 환자들은 오히려 죽는다는 사실에 그다지 집착하지 않는 현상을 나타냈다.

우리나라 노인 약 2,000명을 대상으로 죽음에 대한 태도를 알아본 이가옥 등(1994)의 연구에서 죽음을 생각해 본 적이 없는 사람은 2.0%에 불과하여 대부분의 노인이 죽음에 대하여 생각해 본 경험이 있었다. 또한 죽음을 생각할 때 '편안하다(15.3%)', '담담하다(54.1%)'로 대부분의 노인들은 죽음을 담담하고 당연하게 받아들이는 것으로 나타났다. 성별로는 '편안하다'는 응답이 여자노인 17.8%, 남자노인 11.4%로 여자노인이 남자노인에 비하여 높지만, '담담하다'는 여자노인 51.4%, 남자노인 58.1%로 남자노인이 여자노인에 비하여 높게 나왔다. 연령이 높아질수록 '편안하다'와 '담담하다'의 비율이 높아져서, 상대적으로 나이가 많은 노인층에서 죽음을 의연하게 받아들이고 있는 것으로 나타났다.

나. 죽음이 두려운 이유

현대 생활에서 접하는 갑작스런 죽음의 유형은 크게 3가지로 어린 시절의 죽음(premature Death), 자살, 협심증, 심근경색증으로 갑자기 사망하는 경우와 같은 예기치 않은 죽음(Unexpected Death), 교통사고, 범죄로 인한 비참한 죽음(Calamitous Death)이다. 이와 같이 죽음은 연령, 성별, 지위, 지역에 관계없이 누구에게나 찾아온다.

특히, 현대사회에서는 뜻하지 않은 죽음(Unitimely Death)을 맞이하는 경우가 많아지면서 죽음은 더욱 두려운 것이 되었다. 죽음을 두려워하는 이유는 다음과 같은 여섯 가지의 이유 때문이다.

① 죽음은 산 사람에게는 미지의 세계이기 때문이다.
② 영원한 분리를 의미하기 때문이다.
③ 가족, 친지와의 이별을 뜻하기 때문이다.
④ 몸이라는 신체 기관이 상실되기 때문이다.
⑤ 나는 어디로 가는가와 관련된 생각 때문이다.
⑥ 고통스러울 것으로 예상하기 때문이다.

2. 죽음 개념의 발달과 수용과정

가. 죽음 개념의 발달

1) 아동기

J. Piaget는 전조작기까지 아동의 인지 발달 수준은 제한되었기 때문에 죽음의 이해가 어렵다고 보았다.

(1) 전조작기(2세~7.5세)

죽음에 관하여 자아중심적인 견해를 가지고 있고, 죽는 이유에 대하여 마술적인 사고나 환상을 갖고 있다.

(2) 구체적 조작기(7.5세~12세)

죽음에 관하여 좀 더 구체적으로 이해할 수 있게 된다. 이 시기 아동들은 어떤 행동이나 무기에 의해 죽을 수 있음을 알고 죽음에 관해 세세한 면에까지 관심을 가진다.

(3) 형식적 조작기(12세 이후)

추상적인 방법으로 죽음을 개념화할 수 있고 죽음에 이르는 과정에 관하여 논리적으로 생각한다. 모든 사람은 죽는다는 것과 죽음이라고 하는 것은 돌이킬 수 없는 것이라는 것을 받아들이게 된다.

Piaget의 제자인 Nagy(1948)는 아동들이 갖는 죽음의 개념 발달 단계를 다음과 같이 연령별로 나누어 접근하였다.

① **1단계–5세 이전 시기** : 이 시기의 아동들은 죽음을 일시적인 것이라고 생각하며 죽음이 돌이킬 수 없는 것이라는 사실을 부인한다. 죽음을 하나의 출발이나 잠으로 간주한다. 따라서 5세 이전의 아동들은 죽은 사람이 영원히 갔다는 것을 인정할 수 없기 때문에 죽은 사람이 언제 돌아오는지, 지금 어디에 있는지, 지금 무엇을 느끼는지를 물어 보기도 한다.

② **2단계–5~9세 시기** : 이 시기는 저승사자가 데려갔다고 생각하며, 죽음을 의인화하는 경향이 있다. 예를 들면, 죽음을 해골로, 요괴로, 살인자로 묘사한다. 이 시기의 아동들에게는 죽음이 비록 보이지 않는 실체일 수 있으나, 그럼에도 불구하고 사람들을 어디론가 영원히 데려가는 것으로 본다.

③ **3단계–9세 이후 시기** : 죽음은 영원한 끝이라고 보는 성인과 유사한 죽음 개념을 갖는다. 9세 이후 아동들은 죽음이 삶의 종지부를 찍는 것이라고 생각하며 죽음은 신체작용의 불능과 관련이 있다는 것도 안다. 따라서 이 시기의 아동들은 죽음을 돌이킬 수 없으며, 어쩔 수 없는 것이고, 몸의 생명이 끝난 것으로 받아들인다.

죽음에 대한 아동들의 태도와 감정은 다양한 요소들을 반영한다. 특히, 아동의 인지 발달 수준과 죽음이나 분리의 경험이 이들의 반응에 영향을 미친다. 비록 아동들이 어른들의 용어로 죽음을 이해할만한 인지 능력을 개발하지 못했을지라도 그들은 나름대로 죽음을 의식한다. 이러한 의식은 어른들이 아동들에게 그들의 감정, 생각, 염려들을 나눌 수 있는 기회를 마련해야 함을 시사한다.

물론 죽음은 아동의 인지 발달 수준에 따라 다르게 받아들이고 이해한다. Bertoia와 Allan의 1988년 연구에 따르면, 6세 이전의 아동들은 죽음이 점차적인 것이며 늙은 사람들에게만 일어나고 돌이킬 수 있는 것으로 믿는다. 반면 6세에서 10세까지의 아동들은 죽음의 종결성과 보편성을 이해한다. 따라서 이 시기의 아동을 위한 죽음 관련 상담 내용에는 친척이나 친구의 갑작스런 죽음, 식구의 오랜 투병, 아동의 죽을 병, 자살과 애완동물의 죽음을 다룬 내용들이 담겨 있다.

2) 청년기

통상 10대의 경우, 사망한 부모는 이상화되는 반면, 생존해 있는 부모나 그를 지지하려고 돕는 사람은 분노나 반항의 대상이 되는 경향이 있다.

그러나 청년이 성숙한 경우에는 사망한 부모를 비난하는 감정이 떠올라 절망과 흡사한 비탄, 애도 반응을 잠시 보일 수 있으나 건강한 성인의 경우와 마찬가지로 이 같은 비탄 반응에서 벗어나 모든 정서적 애착으로 인해 어려움을 일으키는 문제는 나타내지 않는다. 웰펜스타인에 따르면, 청년기에 이러한 건설적인 유형의 애도 반응은 청년이 부모로부터 정서적인 독립을 하기 위한 발달 과정을 훌륭히 통과한 뒤에야 비로소 가능한 것으로, 죽음의 경험은 청년을 성숙시키는 요인이 됨을 시사하고 있다. 청년 후기는 가족과의 정서적 결속을 단절하기 위해 적극적으로 투쟁하는 시기이기도 하므로, 생존해 있는 부모와의 '심리적 애도 실험' 과정을 통해 결과적으로 청년은 부모에 대한 유아적 의존을 포기할 수 있게 된다.

그러나 부모의 사망으로 이 시기의 문제 반응을 보인다면, 이는 사망한 사람에 대한 기억의 이미지를 좁은 범위 속에 갖고 있는 것으로 그것은 친구나 부모의 대리자와 밀접한 관계를 다시 한 번 발전시키는 계기를 마련하게 된다.

청년기에 정서적인 애착으로부터 자연스런 분리작업을 이루어 낸 경우라면, 그 뒤의 인생을 통해 이별과 상실을 처리하는 모델로서 작용하게 되어, 결과적으로 자살이나 극단적인 병적 형태와 같은 이탈행동을 나타내지 않고도 사랑하는 사람의 죽음을 직면할 수 있게 된다. 자신의 죽음에 대한 실제적 사고와 지각은 청년 후기에나 나타난다.

3) 성인기

성인 생활에서는 결혼한 부부나 형제 또는 평생의 친구가 수개월간 강제로 떨어져 있게 될 때 반항, 절망, 이탈의 증상을 나타낼 수 있다. 이러한 증상은 가족 내에서 죽음이 일어났을 때에 가장 뚜렷하게 드러난다. 예컨대 어머니로부터 강제로 떨어진 유아가 언어나 표정을 통해 직접적으로 절망 상황을 표현하듯이 가족의 죽음을 경험한 성인에게서도 긴 애도의 기간이 강한 반응과 함께 나타날 수 있다.

4) 노년기

Erickson의 심리사회적 발달 단계 중 마지막 단계인 65세 이후의 노년기에는 일반적으로 죽음을 앞두고 인생을 반추하는 과정을 통해 자신의 삶을 회고하면서 자아통합(Integrity)이나 절망감(Despair)을 갖는다.

자아통합감(Integrity)을 갖는 경우는 심리사회적 성장과 발달이 최고점에 이르는 것을 통해 인생의 진정한 의미를 발견하게 된다. 따라서 자신의 인생을 수용하고 죽음을 두려움 없이 직면하는 능력을 나타낸다.

반면, 절망감(Despair)을 갖는 경우는 이제껏 살아온 자신의 인생을 덧없이 낭비한 것으로 생각하고 타인을 원망하며 우울 경향을 짙게 나타내고 죽음에 대해 억울한 생각을 가지게 된다.

나. 죽음의 수용과정

Kubler Ross는 죽음의 경험이 출생의 경험과 거의 동일하다고 보았다. 임종 현장의 임상 경험을 쌓은 그녀는 죽음을 다른 존재로 새롭게 태어나는 것이라는

결론을 내렸다. 즉, 그녀는 죽음의 순간과 그 이후는 출생의 경험과 동일하며 다음과 같은 세 단계를 거친다고 보았다.

① **죽음의 1단계** : 육체적으로 죽었다고 하는 것은 마치 나비가 되기 위해 고치를 벗어날 때의 현상과 같다고 보며, 더욱 아름다운 집으로 이동하는 것이라고 했다.

② **죽음의 2단계** : 정신적인 에너지를 제공받는 단계로 이승에서 새로운 인식을 가지고 모든 것을 받아들이게 되는데 마치 육체를 빠져나간 영혼처럼 느낀다. 이는 수술시 육체이탈 체험 사례를 통하여 검증되긴 하지만 과학적인 설명은 아직 불가능한 단계이다. 그러나 이 상태에서 완전한 조화를 경험 한다.

③ **죽음의 3단계** : 이전 단계에 있었던 의식이 없어지고 앎을 소유하게 되는 우주의식/영적 에너지를 갖게 되는 단계이다. 따라서 죽음이란 결코 고통을 의미하는 것이 아니라고 보는 것이 Kubler Ross의 견해이다.

또한 Kubler Ross는 급작스런 죽음을 맞는 사람이나 오랜 동안 질병을 앓아 온 임종 환자나 인간은 죽음이란 통고 앞에서 다음과 같은 5단계의 심리적인 수용 과정을 거치는 것으로 보았다.

1) 부정의 단계

죽는다는 갑작스런 충격에 대한 일종의 완충장치 단계이다. 죽음이란 현실에 대해 고통을 덜 느끼도록 충분한 시간을 주어 부정과 거부의 단계를 잘 넘기도록 이끌어 주어야 한다.

2) 분노의 단계

공격적인 분노의 화살을 타인에게 돌릴 수 있다. 이 단계에서는 인내심을 갖고 들어 주고 수용적인 태도를 취해야 한다.

3) 타협의 단계

죽음을 뒤로 미루고 싶어하고 운명이나 신과 타협하려고 한다. 이 때는 죽음을 앞둔 사람을 신중하게 대하고 피하지 말며, 미성숙한 행동을 보이더라도 함부로 판단하지 않는다.

4) 우울의 단계

자신을 상실하는 것이 안타까워 불안이나 슬픔을 보일 수 있다. 가까운 장래에 중요한 사람들과의 예상된 이별로 아주 깊은 비탄의 상태를 경험한다. 이 때 지나친 간섭은 죽음을 수용하려는 잠정적인 준비 상태를 방해할 수 있으므로 삼간다.

5) 수용의 단계

앞의 네 가지 단계를 거쳐 오면서 환자는 재기를 위한 여러 가지 노력과 시도를 해왔다. 그러나 마지막 시기에 이르러서는 매우 허약해지면서 죽음을 수용한다. 의사, 간호사, 가족, 친지도 이 순간에 와 있는 환자를 보면서 죽음이란 반드시 무섭고, 불쾌하며, 회피해야 할 것만은 아니라는 사실을 깨닫는다. 환자는 마지막 순간 죽음을 있는 그대로 받아들임으로써 마음의 평안을 갖고 임종한다. 이 단계를 Kubler Ross는 '최후의 성장'(final growth)이라고 불렀다.

3. 상실 경험

상실은 우리 삶에서 다양한 형태로 나타난다. 그 중에서 가장 큰 상실은 사랑하는 사람과 사별하는 것이다. 죽음은 죽는 사람뿐만 아니라 남게 되는 사람들에게도 큰 고통을 안겨준다. 어쩌면 죽는 사람에게는 죽음이 고통의 끝이겠지만 남아있는 사람들에게는 고통의 시작이 될 수 있다.

사랑하는 사람을 잃게 될 때 사별, 비탄, 애도의 경험을 한다. 사별(bereavement)은 상실이라는 객관적인 사실로서 유족의 신분상의 변화를 뜻한다. 예를 들면, 아내에서 미망인으로, 자녀에서 고아로의 변화를 말한다. 비탄(grief)은 사별에 대한 정서적 반응으로서 충격, 무감각, 분노, 우울, 공허함 등 다양하게 표현될 수 있다. 애도(mourning)는 사회문화적, 종교적 관습에 따라 유가족들이 슬픔을 표현하는 행위를 말한다. 예를 들면, 상복을 입고, 장례식에 참여하는 등 장례관습이 애도행위이다. 비탄과 애도의 차이는 비탄은 죽음에 따르는 정서적 반응이고, 애도는 문화적으로 승인된 행동적 표현이다.

가. 사 별

'부모가 죽으면 산에 묻고, 자식이 죽으면 가슴에 묻는다'라는 말이 있다. 사별의 경험은 대상이 누구이냐에 따라 다를 수 있다.

1) 배우자와의 사별

배우자의 죽음은 스트레스 지수가 가장 높은 생활 사건이다. 배우자 사별은 부부간에 강하고 오래된 유대관계를 가졌던 경우라면 더 큰 슬픔으로 다가온다.

노년기 사별에 관한 연구에서 Parkes(1993)는 배우자 사별은 인생의 동반자 상실을 의미한다고 보았다. 특히 여자노인은 남자노인보다 더 오래 살고 남편보다 나이가 적은 경우가 많기 때문에 남편과 사별하고 혼자 되는 경우가 많다.

사별이라는 스트레스에 대해 처음에는 젊은 성인이 더 강렬한 비탄 반응을 보이지만 1년 반이 지나면 반대로 된다(Kastenbaum, 1991). 사별을 경험하는 연령층에 따라 비탄의 반응이 차이를 보이는 이유는 다음과 같다.

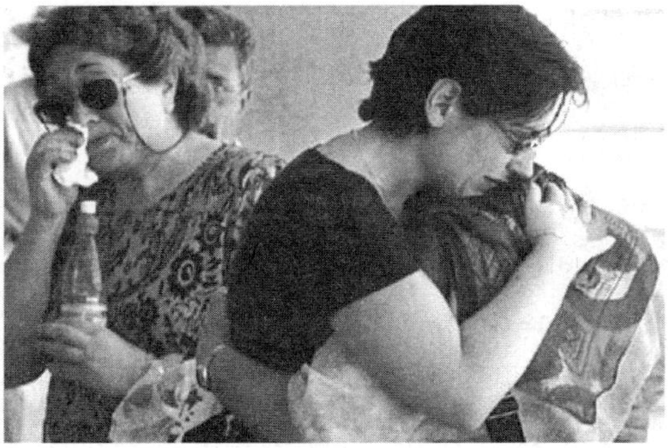

첫째, 젊은 배우자의 죽음은 예상치 못한 경우가 많다. 예상치 못한 죽음의 경우 상실감이 더 크다(DiGiulio, 1992).

둘째, 젊어서 사별하는 경우 같은 연령대의 모델이 적다.

셋째, 노년기 사별의 경우 오랜 결혼생활을 통해서 얻어진 동반의식이 손상 받는다.

넷째, 젊어서 혼자된 경우 재혼의 기회가 더 많다.

일반적으로 남녀 모두 사별로 인한 비탄수준은 비슷하다(Blieszner & Hatvany, 1996). 그러나 일반적으로 과부가 홀아비보다 경제적 문제, 법적 문제, 재혼 가능성에 있어서 불리하다. 반면, 과부는 홀아비보다 다양하고 광범위한 우정망을 형성하고, 말년에 과부가 되는 것이 보편적인 현상이기 때문에(70세 이상이 되면 2/3 이상이 과부가 되기 때문에 부부가 함께 사는 것이 오히려 드물다), 많은 과부들은 다른 과부들로부터 정서적 지원을 받을 수 있다. 이러한 정서적 지원은 남편과의 사별을 보상해 주고, 혼자서 살아가는 삶에 쉽게 적응할 수 있게 도와 준다.

우리나라 중년기 여성이 경험하는 배우자 사별 스트레스와 적응에 관한 연구(강인, 1998)에서 배우자 상실감으로 인한 스트레스는 경제적 스트레스, 자녀관련 스트레스, 대인관계 스트레스였다. 이 가운데 자녀교육, 자녀양육 등 자녀관련 스트레스를 가장 많이 경험하며, 다음으로는 경제적 스트레스, 배우자 상실감으로 인한 스트레스, 대인관계 스트레스 순으로 나타났다. 또한 배우자 상실감으로 인한 스트레스가 높은 사별여성들은 생활만족도가 낮고, 우울증이 증가하는 것으로 보인다.

과부 대 홀아비의 비율은 5 : 1 정도이다(Lund, Caserta, & Dimond, 1993). 따라서 사별에 관한 대부분의 연구가 홀로된 여자노인을 대상으로 하고 있다. 사별한 남자노인에 관한 연구는 별로 없지만 대체로 남자노인들은 더 외로워하고 혼자된 것에 적응을 잘 못하는 것으로 보인다. 일생을 통해 가족참여도가 낮았고, 감정을 억제해 왔으며, 가정관리나 요리에 무관심했기 때문에 홀로 된 삶에 적응하기가 무척 어렵다. 또한 정서적 지원, 집안 일, 가정의 대소사 등을 아내에게 의존해왔기 때문에 재혼의 필요성이 여성보다 훨씬 더 절실하다(Martin-Matthews, 1988 ; Wister & Strain, 1986).

2) 자녀와의 사별

자녀의 죽음은 부모에게 말할 수 없는 아픔을 남긴다. 부모들은 자식의 죽음에 대해 격렬한 비탄 반응을 보인다. Klass(1996)는 아동의 죽음은 사망의 유형 중 최악이라고 여긴다. 왜냐하면 부모가 죽기 전에 어린 자식이 죽는 것은 마치 자연을 거스르는 일로 간주하기 때문이다. 자녀의 죽음으로 죄책감, 실의에 빠진 부모는 자신의 감정이 이해받지 못할 때 더 큰 상처를 받는다. 그들에게는 아픔을 겪는 사람들(부모, 조부모, 친구, 형제자매, 친척 등의 죽음을 경험한 사람들)로부터의 격려가 큰 힘이 된다.

노부모에게 성인 자녀의 죽음 또한 견디기 힘든 일이다. 자녀의 죽음을 부모로서의 정체감 상실로 받아들이고 죄책감, 분노, 불안감, 고립감을 경험한다. 성인자녀의 죽음이 배우자나 부모의 죽음보다 아픔이 덜하다는 연구결과도 있는 반면, 오히려 가장 큰 비탄 반응(절망감, 좌절감, 분노, 불안, 신체적 이상)을 보인다는 연구결과도 있다(Despelder & Strickland, 1992).

3) 부모와의 사별

부모와의 사별은 아동기든, 청년기든, 성인기든 어느 시기에 발생하든지간에 오랜 기간 지속적인 영향을 미친다. 자녀들은 그들이 받아온 사랑, 애착, 관심 등의 상실뿐만 아니라 보모와의 관계를 향상시킬 수 있는 기회도 사라진다(Buchsbaum, 1996).

노부모의 죽음은 젊은 부모의 죽음보다 덜 고통스럽다는 연구가 있다. 왜냐하면 성인 자녀는 시간이 지나면서 부모의 죽음에 대한 마음의 준비를 할 수 있기 때문이다(Moss & Moss, 1995 ; Norris & Murrell, 1990). 그러나 이 경우도 대부분의 자녀들은 부모가 천수를 누렸다고 생각하지 않는 경향이 있다(Moss & Moss, 1995).

나. 비탄 과정과 요인

죽음에 직면했을 때 그것을 궁극적으로 인정하는 단계가 있듯이 사랑하는 이의 죽음을 받아들이는 데에도 단계가 있는 것으로 보인다. 여러 학자들은 이 단계를 여러 가지 다른 말로 표현하고 있지만(Bowlby, 1974 ; Parker, 1972 ; Spangler & Demi, 1988) 여기에는 부정과 분노, 우울, 인정과 적응이라는 공통 요소가 있다. 즉, 비탄의 단계는 Kbler Ross가 제안한 죽음을 인정하는 5단계와 매우 유사하다.

1) 충 격

처음 얼마동안 격렬한 슬픔에 압도되어 충격과 의혹의 상태에 빠진다. 종종 당황하고, 넋을 잃고, 혼란을 겪으며, 숨이 가쁘고, 가슴이나 목이 답답하고, 메스껍고 공복감 등의 신체적 증상도 나타난다. 그리고 상실에 대한 분노와 고인의 생존 시 더 잘해주지 못한 것에 대해 죄책감을 느끼기 시작한다. 이 단계는 Kbler Ross의 부정과 분노의 단계와 유사하다. 그러나 상실에 대한 인식이 자리를 잡으면서 초기의 마비 증세는 걷잡을 수 없는 슬픔으로 바꾸며 종종 울음으로 표현된다.

2) 그리움

고인에 대한 그리움으로 고인이 살아있다는 느낌에 사로잡힌다. 고인과 대화하고, 신체적으로 접촉하고 목소리를 들으며, 한 방에 있음을 느끼고, 심지어 눈앞에 고인의 얼굴이 보이기까지 한다. 고인이 살아 돌아올 수만 있다면 무엇이든 하겠다는 흥정의 마음이 생기는데 이는 Kbler Ross의 흥정의 단계와 유사하다. 불면증, 극심한 슬픔, 불안 등의 증상을 보이고 심할 경우 사랑하는 사람과 다시 만나는 방법으로 자살을 생각하기도 한다.

3) 절 망

시간이 지나면서 고인에 대한 강렬한 그리움과 슬픔의 감정은 약해지지만 이제 고인과 다시 만나는 것이 불가능하다는 사실을 깨달으면서 우울증, 절망감에 빠진다. 매사에 무관심하고, 냉담한 반응을 보이며, 심지어 패배감을 느끼기도 한다. 이 단계는 Kbler Ross의 우울의 단계와 유사하다.

4) 회 복

일상활동을 재개하게 되는 회복단계는 대체로 사별 후 1년 이내에 나타나며 Kbler Ross의 인정의 단계와 유사하다. 이제 고인의 유품을 정리하면서 심한 고통과 그리움보다는 평온한 감정으로 고인을 회상할 수 있고, 따라서 사람들을 만나면서 인간관계를 회복하고, 새로운 취미활동을 하거나 새로운 사회적 관계를 형성한다.

비탄의 과정과 강도 및 그 지속기간에 영향을 미치는 몇 가지 요인이 있다(Cook & Oltjenbruns, 1989).

배우자와의 사별 후 여성은 남성보다 건강문제가 더 많이 발생하며, 죽음에 대한 불안, 분노의 감정, 고립감, 우울증을 더 많이 경험한다(Parkes & Brown, 1972 ; Sanders, 1979). 여성은 또한 남성보다 자포자기하는 경향이 더 많다(Glick, Weiss, & Parkes, 1974).

어린 자녀의 죽음에 대해 어머니가 아버지보다 더 격렬한 반응을 보인다(Peppers & Knapp, 1980). 그러나 비탄 과정에서 보여주는 전반적인 적응면에서는 차이가 없다(Parkes, 1975).

어린 아동들은 비탄을 경험한다. 그들은 심리적으로, 신체적으로 비탄을 표현한다. 잠자다 오줌을 싸거나 손가락을 빠는 등의 퇴행적 행동을 보이거나, 공격적인 행동, 떼쓰기 등이 보편적으로 나타나는 반응이다(Elizur & Kaffman, 1983).

학령기 아동이 부모와 사별하는 경우 그에 대한 반응은 죄책감 또는 혼자된 부모를 보호하려는 욕구 등으로 표현된다(Berlinsky & Biller, 1982 ; Ikeman et al., 1987 ; Kaffman & Elizur, 1979). 형제자매의 죽음에 대한 반응은 질병에 대한 두려움, 죽음에 관해 더 알고자 하는 욕구, 부적절한 행동 등으로 나타난다(Koch-Hattern, 1986 ; Spinette, Swarner, & Sheposh, 1981).

청년기가 되면 비탄에 대한 반응이 성인과 거의 유사하다. 청년이 비탄의 감정을 충분히 표현하지 못하게 될 경우에 는 여러 가지 행동 문제를 보인다(Aubrey, 1977 ; Shoor & Speed, 1976). 성인들의 경우 고인과의 친밀도뿐만 아니라 자신의 성격에 따라 비탄의 양상이 달라지는 것으로 보인다(Gut, 1974 ; Sanders, 1980).

의존적인 성격을 지닌 사람들은 일반적으로 불안수준이 높고 좌절감을 잘 견디지 못한다. 이런 사람들이 사랑하는 사람을 잃게 되면 심각한 우울증, 병적인 비탄에 빠지고, 그로 부터 회복하는 데 시간이 오래 걸린다(Gut, 1974 ; Parker & Brown, 1972).

4. 임종환자와 안락사

가. 임종환자 보살피기

우리는 대부분은 죽어가는 사람과 상호 작용하는 것에 대하여 불안감을 느낀다. 그러나 죽어가는 사람에게는 이전보다 더 많은 지지와 애정이 필요하다. 죽어 가는 사람이 무시당한다고 느낄 때에는 심한 경멸감, 고립감, 낮은 자기 존중감, 실존적 공허를 경험한다.

임종 환자를 보살피는 일은 죽음을 알고 있는 경우와 그렇지 않은 경우, 가족과 주변인이 할 수 있는 역할은 상이하다.

1) 임종 환자가 자신의 죽음을 알고 있는 경우

가능한 품위 있게 죽음을 맞이하도록 신체적 정신적으로 편하게 해 주어야 한다.

① 인생을 재조명하고 자신의 삶이 의미 있었음을 발견하고 삶의 갈등, 죽음의 불안, 공포를 최소한으로 줄일 수 있도록 돕는다.

② 인간적인 접촉을 자주 한다.

③ 자연스럽게 일상적인 이야기를 평상시처럼 해 준다.

④ 커피, 술, 담배, 진통제 등 원하는 대로 드리고 편하게 해 드린다. 까다로운 의사의 지시는 따를 필요가 없다.

⑤ 어린 손자녀의 방문은 바람직하다. 어린이가 싫어하면 데려가지 않는다. 그러나 죽음대비 교육은 어릴 때부터 시작하는 것이 바람직하다.

2) 임종 환자가 자신의 죽음을 모르고 있는 경우

이 경우는 환자나 보호자 모두가 매우 곤혹스럽다. 모두가 알면서 환자 자신만 모르는 침묵 상태는 오히려 환자를 고독하게 만들 수 있고 불안하게 만들 수 있다.

① 말해 주지 않아도 환자는 자신의 죽음을 알고 있는 경우가 2/3 정도나 된다.

국내 연구에 따르면, 환자 자신의 절대 다수가 자신이 죽어 가고 있다면 그 사실을 알고 싶어한다. 그리고 가족의 90% 정도는 죽음을 솔직히 알려야 한다고 생각한다. 그 이유로는 재산 처리, 장례 절차에 대해 본인의 의사를 존중하고 환자와 생존자 간에 쌓인 적대감, 오해 등을 풀기 위해서이다.

② 죽음을 통고할 때 지녀야 할 태도는 다음과 같다.

· 정신적 충격을 최소화하기 위해 환자의 심기를 잘 살펴 말한다.
· 희망을 잃지 않고 끝까지 최선을 다하도록 격려한다.
· 위로는 현실적으로 해야 한다.
· '죽는다, 불치병이다'라는 용어는 가급적 피한다.

나. 호스피스 입원

호스피스 프로그램은 죽음을 연기시키는 것이 아니라 환자가 편안하게 임종하도록 이끈다. 말기 임종 환자가 생의 마지막 수개월을 유쾌하고, 편안하며 가능한 의미 있는 시간을 보내도록 이끄는 데 목적을 두고 있다. 호스피스에서는 임종 환자가 겪는 고통 전반을 관리해 준다. 임종 환자에게 맞는 적절히 배합된 통증 완화제를 고통이나 통증이 심해지기 전에 투여한다. 고통스런 통증으로부터 헤어난 환자가 가장 바라는 것은 따뜻한 대화이다.

많은 사람이 호스피스를 선호하는 이유를 알아보기 위해 영국의 성요셉병원(Saint Joseph)의 168명을 대상으로 조사한 연구 결과를 인용해 보면 가족의 피로 때문에(26.2%), 혼자 살고 있으므로(16.7%), 가족의 불안 상태를 고려하여(12.5%) 가족이 가정에서 보호하기를 거부하여(6.0%), 휴식을 위해 입원했으나 건강 상태가 악화되어(5.4%), 가족이 일을 해야 하기 때문에(3.6%) 등으로 나타났다.

호스피스에서 실시하는 고통 관리는 다음과 같다.

1) 신체적 고통 관리

① 임종환자를 가장 쇠약하게 만드는 것이 신체적 고통이다.

② 신체적 고통, 통증, 다른 신체 증상은 일상 생활에서의 동작에 지장을 준다.

③ 신체적 고통은 흔히 의학적 접근인 진통제를 사용한다.

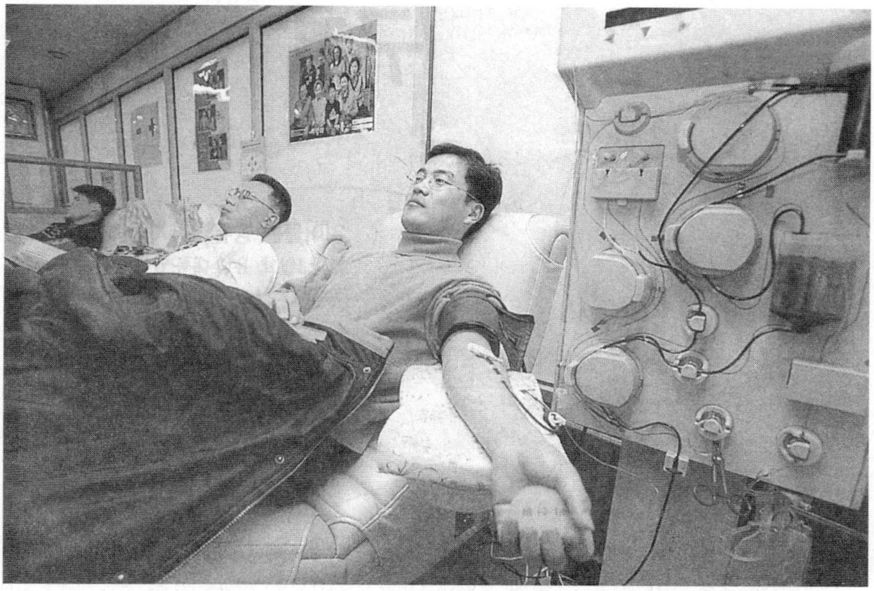

지난 1월 12일 지역 주민들이 지하철 4호선 노원역에 위치한 헌혈의 집에서 헌혈을 하고 있다.

2) 심리적 고통 관리와 정서적 지지

① 임종 환자는 마음가짐의 균형을 잘 유지하려고 노력하지만, 갈등 등이 너무 커서 혼자서 새로운 죽음이란 경험을 통제하는 데 종종 어려움을 느낀다.

② 심리적 고통의 표출법은 크게 소리내어 운다든지, 가족에게 마구 설쳐댄다든지, 전문가에게 불만을 토로하는 것이다.

③ 불안, 초조, 고독, 공포, 우울, 노여움, 무서움의 감정 등이 마음 깊이 자리하고 있다.

④ 의학적 접근인 진정제(Tranquilizer)를 사용하기도 한다.

⑤ 심리적 지지법을 열거해 보면 '침대 옆에 앉아 있는다. 경청하고 감정에 초점을 맞춘다. 안이한 격려는 피한다. 이해적 태도를 보인다. 함께 투병할 것이라고 말한다. 예상되는 질병의 변화에 대응할 준비를 한다. 질문할 기회를 준다. 희망을 유지하도록 도와 준다. 비언어적 대화를 나눈다.' 등이다.

3) 사회적 고통 관리

① 직업상의 문제, 경제상의 문제, 가정 내의 문제, 가족관계, 인간관계, 유산 상속 등 호스피스에서는 인간관계에 얽혀 있는 문제들을 향상시키는 역할을 한다.

② 최후까지 사회생활을 유지하는 것이 임종 환자에게 매우 중요하다.

③ 사회적 고통이 가능한 작게 끝나도록 이끈다.

④ 대화함으로써 죽음에 대한 마음의 준비를 할 수 있게 된다.

4) 영적인 고통 관리와 영적 지지

① 영적 고통, 인생의 의미에 대한 의문, 가치 체계의 변화, 고통의 의미, 죄의식, 죽음의 공포, 신의 존재를 추구함, 생사관에 대한 고민을 다룬다.

② 호스피스는 종교적 기반을 갖고 있는 경우가 대다수이므로 자원 봉사자들도 흔히 죽음이 모든 것의 끝이라고 생각하지 않는다.

③ 종교적 고통은 환자마다 각기 다르고 다른 형태로 나타난다.

④ 임종 환자가 갖고 있는 종교적 아픔이나 정신적 고통은 대단히 깊고 주관적 정신적인 갈등을 내포하므로 이는 특별히 훈련받은 성직자나 상담가가 실시하는 것이 바람직하다.

호스피스 자원 봉사자는 한 인간으로 타인을 보살피는 것을 통해 인간의 가치와 존엄성에 대한 사랑을 실천하고 자신의 잠재 능력을 실현하는 기회를 더불어 갖게 된다.

다. 안락사(euthanasia)

안락사의 문제는 불치병 환자들의 고통을 덜어주기 위해서 제기된 이래, 현재까지도 많은 논란이 되고 있으며, 1998년 호주에서 안락사법이 통과되기에 이르기도 하였다. 사람이 자연적 질병이나 사고로 인해서 사망하는 문제에 대해서는 별다른 법률적, 도덕적 논란은 없다. 그러나 자비 또는 환자를 위해서 환자를 죽이는 행위인 안락사에 대해서는 논란이 많다.

안락사(euthanasia)란 단어의 어원은 희랍어의 eu, 즉 착하다 또는 선량하다는 뜻과 thanatos, 즉 죽음이란 말이 합쳐진 것이다. 안락사란 선량하고 자비로운 동기에서 어떤 사람을 죽게 하는 것을 말한다. 안락사에는 몇 가지 형태가 있다.

① 소생 가망이 없는 환자에게 병원이나 의사가 환자의 생명 연장을 위해서 더 이상 조치를 취하지 않는 것

② 환자 자신이 의사나 가족의 도움을 받아 스스로 생명을 끊는 경우

③ 환자의 생명을 책임지고 있는 의사 등이 적절한 상황이나 시기가 되었다고 판단하면 죽도록 해주는 것

④ 환자의 신체적, 정신적 고통이 너무 크고 회복 가능성이 전혀 없을 때, 환자의 허락 없이 자비로운 살인(mercy killing)을 하는 경우

안락사를 반대하는 사람들의 이유는, 어떤 경우에도 사람을 죽게 하거나 예외가 있어서는 안 된다는 것이다. 만일 안락사를 허용하는 예외가 생기면, 비생산적이고, 극단적인 상황에 처해있는 만성질환자, 노인성 치매환자 등까지 이러한 예외가 적용되는 비인도적 처사가 발생할 수 있기 때문이다(Kieffer, 1979). 즉, 살아갈 가치가 없는 생명은 없으며, 어떤 이유에서라도 생명을 인위적으로 끊어버릴 수는 없으므로 안락사는 금지되어야 한다는 것이다.

이에 반해서 안락사 찬성론자들은 모든 사람은 자신의 삶과 죽음을 스스로 통제할 권리와 존엄성을 가지고 있으므로 안락사에 대한 결정은 개인에게 달려있다는 것이다. 예컨대, 가족 계획에서 정당화되는 출생의 제한(birth control)이나 죽음의 제한(death control)은 논리적이고 윤리적 차원에서 똑같이 취급되어야 한다는 것이다(Fletcher, 1974).

참고 문헌

강봉규(1992). 교육심리학. 서울 : 형설출판사.

강봉규(1999). 심리학의 이해. 서울 : 동문사.

고려대학교 부설 행동과학연구소(2000). 심리척도 핸드북. 서울 : 학지사

권두승 외(2001). 성인학습 및 상담. 서울 : 교육과학사.

권석만(2001). 인간관계심리학. 서울 : 학지사.

김경희(1990). 아동정신병리학. 서울 : 학문사.

김경희(1999). 발달심리학. 서울 : 학문사.

김계현(1998). 상담심리학. 서울 : 학지사.

김계현 · 김동일 · 김봉환 · 김창대 · 김혜숙 · 남상인 · 조익환(2000). 학교상담과 생활지도. 서울 : 학지사.

김광웅(1978). 사회과학 연구방법론. 서울 : 박영사.

김명숙(1998). 융합적 접근에 기초한 아동의 창의성 측정도구 연구, 성균관대학교 대학원 박사논문

김선외(1996). 심리학의 이해. 서울 : 집문당.

김애순 · 윤진(1997). 청년기 갈등과 자기이해. 서울 : 중앙출판사.

김영채(2001). 창의적 문제해결. 서울 : 교육과학사.

김유숙(2000). 가족상담, 서울 : 학지사.

김유진 외(1993). 심리학개론. 서울 : 형설출판사.

김정한 · 황혜자 · 설기문 · 박영태(1996). 지역사회 주민의 성장을 위한 심리교육 프로그램의 개발. 학생연구. 제24집. 동아대학교 학생생활연구소. pp. 5~86.

김정희 외(1994). 심리학의 이해. 서울 : 학지사.

김정희 외(1995). 심리학의 이해. 서울 : 학지사.

김정희(1987). 지각된 스트레스, 인지세트 및 대처방식의 우울에 대한 작용. 서울대학교 박사학위 논문.

김제한(2000). 발달심리학. 서울 : 양서원.

김충기(2000). 진로교육과 진로상담, 서울 : 동문사.

김충기(2000). 교육심리학. 서울 : 동문사.

김형태(2001). 집단상담의 이론과 실제. 서울 : 동문사.

김혜숙(1993). 신체매력이 대인지각과 인상평정에 미치는 영향. 한국심리학회지 : 사회, 제7권 2호.

김혜숙(1999). 집단범주에 대한 고정관념, 감정과 편견. 한국심리학회지 : 사회, 13(1).

박경애(1999). 인지 · 정서 · 행동 치료. 서울 : 학지사.

박신자(2000). 심리학의 이해. 서울 : 형설출판사.

박영숙(1989). 심리검사의 이론과 활용. 서울 : 하나의학사.

사미자 외(1998). 한국교회와 정신건강. 서울 : 장로회신학대학교 출판부.

서창원(2001). 심리학. 서울 : 시그마프레스.

설기문(1990). 행복증진을 위한 집단상담 프로그램. 학생연구. 제18집. pp. 45~65.

설기문(2000). 인간관계와 정신건강. 서울 : 학지사.

신용일 외(1997). 심리학 개론. 서울 : 동문사.

신응변 외(1990). 심리학. 서울 : 박영사.

여광응 외 공저(1997). 교육심리학. 서울 : 민음사.

오세진 외(2001). 인간행동과 심리학. 서울 : 학지사.

원호택 외(1999). 인간관계와 적응. 서울 : 서울대학교 출판부.

원호택(1998). 이상 심리학. 서울 : 학지사.

이광웅, 전용석 공저(1997), 인지 및 대인간 문제해결 기능향상을 위한 Think Aloud, 도서출판 특수교육.

이남표 외(1998). 정신건강과 심리치료. 서울 : 학지사.

이민규(2001). 현대생활의 적응과 정신건강. 서울 : 교육과학사.

이순영(1997). 마음을 지배하는 79가지 신드롬. 서울 : 산들.

이은해(1990). 아동연구방법. 서울 : 교문사.

이장호 외(1998). 집단상담의 원리와 실제. 서울 : 법문사.

이장호 외(2000). 상담심리학의 기초. 서울 : 학문사.

이장호(1995). 상담면접의 기초. 서울 : 중앙적성출판사.

이춘재 등(1998). 청년심리학. 서울 : 중앙적성출판사.
이현수(1985). 이상행동의 심리학. 서울 : 대왕사.
이형득 외(1990). 상담의 이론적 접근. 서울 : 형설출판사.
이형득(1987). 인간관계 훈련의 실제. 서울 : 중앙적성 출판사.
임선하(1993). 창의성에의 초대. 교보문고.
장선철 외(2000). 아동상담. 서울 : 동문사.
장선철 외(2002). 심리학개론. 서울 : 동문사
장선철(1993). 유아생활지도. 서울 : 동문사.
장선철(1994). 건전한 성격론. 배영사 교육신서 142. 서울 : 배영사.
장선철(1995). 유아부적응 행동의 이해와 지도, 서울 : 창지사.
장선철(2000). 유아생활지도. 서울 : 동문사.
장선철(2000). 특수교육. 서울 : 동문사.
장연숙(1994). 아동연구법. 서울 : 창지사.
장현갑 외(1996). 스트레스와 정신건강. 서울 : 학지사.
장휘숙(2001). 아동발달. 박영사.
장휘숙(2001). 아동발달. 서울 : 박영사
전경숙(1995). 마음의 세계 : 인간행동의 심리 생리적 이해. 서울 : 중앙적성출판사.
전경원 · 박정옥 공저(1997). 창의적인 문제해결적. 서울 : 서원
전국대학카운슬러협의회(1990). 상담의 이론과 실제, 서울 : 중앙적성출판사.
정태일 외(1995). 인간관계교육프로그램. 서울 : 보진제.
청소년 대화의 광장 (1996). 청소년 진로상담. 서울 : 청소년 대화의 광장.
최승희외(2001). 심리학. 서울 : 박영사.
최인수(1998). 창의성을 이해하기 위한 여섯 가지 질문, 한국심리학회지 : 일반 제17권 1호.
최인수(2000). 창의성을 이해하기 위한 체제모델. 생활과학 제3권 1호.
하워드 가드너(저) 문용린 옮김(1999). 비범성의 발견. 서울 : 해냄
하주현(1999). 아동기에서 청년기까지의 창의적 인지와 창의적 인성의 발달경향 연구. 성균관 대학교 대학원 박사논문.
한국교육심리학회(1992). 심리검사 제작의 이론과 실제.
한국교육심리학회(2000). 교육심리연구. 제14권 제2호.
한국청소년개발원(1996). 인간관계수련.활동. 서울 : 서원.
한국카운슬러협회(1985). 변천하는 사회 성장하는 청소년, pp. 91-97.
한양대학교 학생생활연구소 편(1990). 집단상담프로그램. 서울 : 한국가이던스.
홍대식 역(1988). 심리학의 역사와 체계. 서울 : 박영사.
홍미정 역(1996). 모나리자 신드롬. 서울 : 글담.
홍성묵(1999). 아름다운 사랑과 성. 서울 : 학지사.

홍숙기 역(1987). 성격심리학. 서울 : 박영사.
홍준표 외 공저(1997). 심리학 개론. 서울 : 양서원.
황문수(1999). 프로이드 입문. 서울 : 한림미디어.
황정규(1984). 인간의 지능. 서울 : 민음사.

Annette Spence(1988). Encyclopedia of Good Healty : 임영식 외역(1998). 청소년 스트레스와 정신건강. 서울 : 학지사.
Anthony Giddens(1997). Sociology : 김미숙 외역(1998) 현대사회학. 서울 : 을유문화사.
Charles Grantham(2001). The Future of Work : 장호연 역(2001). 직업의 미래. 서울 : 미래의 창.
Faith Popcorn & Lys Marigold(1999). Cliking : 조은정 외역(1999). 클릭! 미래 속으로. 서울 : 21세기북스.
Knoke, W.(1996). The Essential Road Map to the Twenty-First Century : 황태호, 최기철 역(1996). 21세기 쇼크. 서울 : 경향출판사.
Mazarr, M.(1999). Global Trends 2005 : 김승욱 역(2000). 트렌드 2005. 서울 : 경영정신.

Abe, J. S. & Zane, N. W.(1990). Psychological maladjustment among asian and white American college students : Counseling for confounds. Journal of Counseling Psychology, 37, 437-444.
Adler, R. B. & N. Towne(1990). Looking Out Looking In (6th ed.). Fort Worth, TX : Holt, Rinehart & Winston, Inc.
American Psychiatric Association(1994). Diagnostic and statistical manual of mental disorders(Forth edition-revised). Washington, D.C. : The American Psychiatirc Association.
Anita E. Woolfolk(1997). Educational Psychology, 7E. ALLYN and BACON.
Aooport, G. W.(1961). Pattern and growth in personalty. New York : Holt, Rinehant and Winton.
Aponte, H. J. & Winter, J. E.(1987). The person and practice of the therapist :
Babbie, E. R.(1979). The practice of social research(2ed ed.). Belmont, C. : Wadsworth Publishing Co.
Bailey, K. D.(1978). Method of social research. New York : The Free Press.
Baldwin, M.(1987). An interview with Carl Rogers on the use of self in therapy. In M.
Bandura, A. Ross, D. & Ross, S.(1961). Transmission of aggression through imitation of aggressive models. Journay of Abnornal and Social Pychology, 63, 575-582.
Bandura, A.(1963). The role of imitation in peronality development. The Journal of Nursely

Eduction, 18, 207-215.

Bandura, A.(1973). Aggression : A social learning analysis. Englewood Cliffs, N.J : Prentice-Hall.

Bandura, A.(1986). Social foundations of thought and action : A social cognitive theory.

Barron, F.(1969). Creative person and creative process. New York : Holt, Rinehart & winston.

Bates, C. M., & brodsky, A. M.(1989). Sex in the therapy hour. New York : Guilford Press.

Berkman, L., et al.(1992). Emotional support and survival after myocardial infarction, A prospective population based study of elderly, Annals of Internal Medicine. December 15.

Brennan, J. F.(1982). History and system of psychology. Englewood Cliffs, N.J. : Prentice-Hall.

Brooks, D. M. & Woolfolk, A. E.(1987). The effects of students nonverbal behavior on teachers. The Elementary School Journal. 88(1). 51-63.

Burnard, P.(1990). Learning Human Skills : An Experiential and Reflective Guide for Nurses (3rd ed.). Oxford : Butterworth-Heinemann Ltd.

Buss D. M.(1992). Mate Preference Mechanism : Consequences for Partner Choice and Intrasexual Competition, in J. H. Barkow, L. Cosmides, & J. Tooby eds. The Adapted Mind : Evolutionary Psychology and the Generation of Culture. Oxford : Oxford Univ. Press, 249-266.

Buss D. M.(1996). Sexual Conflict : Evolutionary Insights into Feminism and the "Battle of the Sexes". in D. M. Buss & N. M. Malamuth eds. Sex, Power, Conflict : Evolutionary and Feminist Perspectives. Oxford Univ Press, 296-318.

Csikszentmihaly(1996). Creativity, Harper Collins Publishers.

Dacey, John S. & Travers, John F.(1994), Human Development(2nd ed.), Madison, Wis. : Brown Co.

Donnerstein, E. I., & Linz, D. G.(1986, December). The question of pornography. It is not sex, but violence, that is an obscenity in our society. Psychology Today, 56-59.

Dworetzky, J. P.(1987). Introduction to child development, St. Paul : West Pub., Co.

Dworetzky, J. P.(1988). Psychology(3th ed.), St. Paul : West Pub., Co.

Erickson, E.(1964). Childhood and society, 2nd ed. New York : Norton.

Eysenck, H. J.(1967). The biological basis of personality. Springfield, Ill. : Charles C. Thomas.

Fiske, S. T., & Taylor, S. E. (1991). Social cognition. New York : McGraw-Hill.

Ford, M. E.(1992). Motivating humans : Goals, emotions, and personal agency beliefs. Newbury Park : Sage Publications.

Gall, M. D. & Borg, W. R. & Gall, J. P.(1996). Educational Research. New York : Logman Publishers.

Gerow, Joshva R.(1989), Psychology : An Introduction(2th ed.). Glanview, IL : Scott, Foresman.

Gleitman, Henry(1996). Basic psychology(4th ed.). New York : W.W. Norton.

Guilford, J. P.(1956). Structure of intellect. Psychological Ballefin.

Halloran, J. & D. Benton(1991). Applied Human Relations(3rd ed.). Englewood Cliffs, N. J : Prentice-Hall. 1987.

Havighurst, R. J.(1972). Developmental tasks and education. New York : David Mckay.

Higgins, E. T.(1987). Self-discrepancy : A theory relating self and affect. Psychological Review, 94, 319-370

Hilgard, E. R., Bower, G. H.(1952). Animal intelligence, Theories of learning. Englewood Cliffs, N.J. : Prentice-Hall.

Kassin, Saul M.(1998). Psychology, Englewood Cliffs, N.J. : Prentice-Hall.

Kelley, R., & Caplan, J.(1993). How Bell Labs creates star performers. Harvard Business Review. July-August.

Koffa, K.(1935). Principles of Gestalt Psychology. New York : Harcourt, Brace, & World.

Landreth, G. L.(1991). Play Therapy : The art of the relationship. Texas : Accelerated Development Inc.

Lazarus, R. S.(1991). Emotion and adaptation. New York : Oxford University Press.

Lindgren, Henry Clay(1980). Educational psychology in the classroom(6th ed.), New York : Oxford University Press.

Magoon, T. M.(1980). Counseling psychology in the year 2000. Counseling psychologist, 4, 26-28.

Makay, M., M. David, & Fanning, P.(1995) Message : The Communication Skills Book (2nd ed.). Oakland, CA : New Harbinger Publications, Inc.

Malamuth N. M.(1996). The Confluence Model of Sexual Aggression : Feminist and Evolutionary Perspective. in D. M. Buss & N. M. Malamuth eds. Sex, Power, Conflict : Evolutionary and Feminist Perspectiives. Oxford Univ Press, 269-295.

Malamuth, N. M., & Check, J. V. P.(1984). Debriefing effectiveness following ex- posure to pornographic rape depictions. The Journal of Sex Research, 20, 1-13.

Markus, H. (1990). Unsolved issues of self-representation. Cognitive Therapy and

Research, 14, 241-253.

Maslow, A. H.(1971). The farther research of human nature. New York : Viking Press.

Maslow, A.(1970). Motivation and Personality (2nd ed.). N.Y. : Harper & Row.

Mayer, R. E.(1981). The promise of cognitive psychology. San Francisco : Freeman.

McClelland, D. C.(1985). humana motivation. Gienview Illinois : Soctt, Jresmana and Co.

McCrae, R.(1987). Creativity, divergent thinking, and poenness to experience. Journal of Personality and Social Psychology. 52, 1258-1265.

Medinnus, G. R.(1976). Child study and observation guide, New York : John Wiley & Sons.

Mertens, Donna M.(1998). Research methods in education and psychology, Thousand Oaks, Calif. : Sage Pub.

Millon, Theodore & Davis, D. Roger(1996). Disordevs of Personality DSM-Ⅳ and beyond. New York : J. Wiley.

Morgan, C. T., King, R. A., Robinson, N. M.(1981). Introduction to psychology (6th ed.). New York : McGraw-Hill.

Morris, Charles G.(1982). Psychology : An Introduction(4th ed.). Englewood Cliffs, N.J : Prentice-Hall.

Munn, N. L.(1961), Psychology(4th ed.). Boston : Houghton Mifflin.

Mussen, Conge, Kagan(1991). 아동발달심리학. 서울 : 학문사.

Mussen, Conge, Kagan(1992). 발달심리학. 서울 : 학문사.

Mussen. P., Conger, J. J. & Kagan, J.(1979). Child development and personality, 5th ed., New York : Harper & Row.

Nelson-Jones, R.(1990). Human relationships : A skills approach. Pacific Golve, CA : Brooks/Cole Publishing Company.

Nugent, F.(2000). Introduction to the Profession of Counseling, 3rd Ed., New Jersey : Merrill Imprint of Prentice-Hall.

Osborn, A. F.(1979). Applied imagination(3rd ed.). New York : Charles Scribner's.

Papalia, Diane E., Olds, Sally Wendkos(1985). Psychology. New York : McGraw-Hill.

Pe Bono E.(1985 b). Six thinking hats. New York : Penguine Books.

Pinson-Millburm, N. M., et al.(1996). Grandparents raising grand children. Journal of Counseling and Development. 74. pp. 548~554.

Richard W. Paul(1990). Critical Thinking. A. J. A. Binker.

Rogers, C. R.(1951). Client-Centered Therapy. Boston : Houghton Mifflin.

Rogers, C. R.(1981). A way of being. Boston : Houghton Mifflin.

Rogers, C.(1979). On becoming a person. Boston : Houghton Mifflin.

Rosengren, A., et al.(1993). Stressful life events, social support, and mortality in men born in 1933. British Medical Jouranl. October 19.

Rousseau, D. M.(1990). New hire perceptions of their own and their employer's obligations : A study of psychological contracts. Journal of Organizational Behavior, 11, 389-400.

Santrock, John W.(1986), Psychology-the science of mind and behavior. Dubuque, Iowa : W.C. Brown.

Seligman, M. E. P.(1975). Helplessness : On Depression, Development and Peath. San Francisco : W. H. Freeman.

Sheldon, W. H.(1940). The varietie of human phyique. New York : Harper & Bros.

Sherman, W. H(1942). The varieties of temperament. New York : Harper & Bros.

Simons, J. A., Irwin, D. B., Drinnin, B. A.(1987). Pshychology : The search for understandings. St. Paul : West Pub. Co.

Skinner, B. F.(1953). Science and human behavior. New York : Macmillan.

Smith, C., et al.(1994). Meta-analysis of the associations between social support and health outcomes. Journal of Behavioral Science.

Sternberg, R. J.(1990). A triangular theory of love scale. Department of Psychology, Yale University, New Haven. Manuscript.

Sternberg. R. J.(1988). The Nature of creativity. New York : Cambridge.

Travers, John F., Elliot, & N. Stepher & Kratochwill, R. Thomas(1993). Educational Psychology, Madison. Wis. : Brown & Benchmark.

Wallace, Patricia M.(1987), Introduction to psychology. Cambridge : Cambridge University Press.

Wiersman, W.(2000). Research Methods Education, 7th Ed., Boston : Allyn & Bacon.

Wilson, G. L., Hantz, A. M.(1992). Hanna, Interpersonal Growth Through Communication(3rd ed.). Dubuque, IA : William C. Brown Publishers.

Woolfolk, A. E.(1993). Educational psychology(5th ed.). Boston : Allyn and Bacon.